Henning Struve

Islandpferde

Henning Struve

Islandpferde

rassegerecht halten, reiten und züchten

60 Farbfotos
16 Schwarzweißfotos
22 Zeichnungen

E.U.
VERLAG
EUGEN
ULMER

Die Deutsche Bibliothek – CIP-Einheitsaufnahme

Struve, Henning:
Islandpferde : rassegerecht halten, reiten und züchten / Henning Struve. – Stuttgart (Hohenheim) : Ulmer, 2000
ISBN 3-8001-7452-9

Wollgrasweg 41, 70599 Stuttgart (Hohenheim)
E-Mail: info@ulmer.de
Internet: www.ulmer.de
Printed in Germany
Lektorat: Sigrun Wagner
Layout, DTP und Produktion: Ulla Stammel
Druck und buchbinderische Verarbeitung:
Friedrich Pustet, Regensburg

Vorwort

Liebe Leserin, lieber Leser,

nachdem ich das mir vorliegende Manuskript zu diesem Buch eingehend studiert hatte, fiel mir erstmal spontan dazu ein: „Das Buch ist gut!"
Es gibt im deutschsprachigen Raum bisher nur wenige Leute, die ihr angesammeltes Wissen über das Islandpferd in einem Buch zusammengefasst und so einem breiten Publikum zugänglich gemacht haben. In diese zunächst nur schmale Reihe von rassespezifischer Fachliteratur passt sich „Das Islandpferd" nicht nur nahtlos ein, sondern es ergänzt sie zudem in äußerst sinnvoller Form.

Ich habe Henning vor inzwischen 20 Jahren kennengelernt, während seiner Ausbildung zum Pferdewirt bei Claus Becker, Grenzlandhof, und daraus entwickelte sich eine herzliche Freundschaft, in der ich ihn zudem als echten Pferdemann schätzen gelernt habe, der – manchmal richtiggehend stur – nur das mit Pferden tat, was er auch hinterfragt und verstanden hat. Wir sind damals (und wenn wir die Gelegenheit dazu haben, auch heute) viel zusammen geritten und haben, durchaus auch kontrovers, natürlich über unsere Pferde, aber auch sonst über alles, was mit dieser und anderen Pferderassen zusammenhängt, diskutiert.

Wenn uns die tägliche Arbeit etwas Freiraum ließ, holten wir uns die besten Pferde aus dem Paddock oder von der Weide und sattelten sie für einen längeren Ausritt, den sogenannten „Biesingen-Ritt", bezeichnet nach einem kleinen Dorf am Ende der Strecke. Wir ritten sehr flott, natürlich im Tölt, und hatten einfach Spaß an diesen guten Pferden, die keinesfalls „Turnierkracher" sein mussten; der leichtfüßige, lockere Tölt in jedem Tempo, das gute Temperament verbunden mit einer schönen Aufrichtung am lockeren Zügel waren uns das Wichtigste. Wieder auf dem Grenzlandhof angekommen, waren wir uns einig: Solche Pferde wollten wir züchten, reiten und auch verkaufen. Wenn wir seitdem über Pferde sprachen, und es fällt bei deren Beschreibung der Ausdruck „Biesingen-Tölter", wissen wir sofort: Ein gutes Pferd, das zu reiten einfach Spaß macht.

Dieses Buch nun gibt der viel gerühmten Robusthaltung ihren korrekten Stellenwert zurück, erklärt, dass das robuste Islandpferd eben nicht damit zufrieden ist, in matschigen Ausläufen zu stehen und von Küchenabfällen ernährt zu werden. Andererseits wird deutlich gemacht, dass der Versuch, es zu einem „kleinen Großpferd" zu machen, indem man es mit Zusatzfuttern vollstopft und bei dem ersten Windhauch sofort mit der Pferdedecke zur Hand ist, ebenso ein verkehrter Ansatz zu einer naturnahen Haltung ist.

Der Autor scheut sich auch nicht, das Richtwesen des IPZV kritisch unter die Lupe zu nehmen, und gerade in meiner Funktion sowohl als Reiter-Richter bei Zuchtprüfungen als auch als Trainer von vorzustellenden Pferden muss ich seiner Kritik recht geben, wohl wissend, dass die Tendenz zur Verbesserung inzwischen – auch und gerade in den Reihen der Richter selbst – stärker wird.

So wirken hier Fachwissen und jahrzehntelange praktische Erfahrung zusammen mit dem Ergebnis, sowohl dem Pferdeneuling als auch dem gestandenen Besitzer von Islandpferden Informationen an die Hand zu geben, wie man Islandpferde richtig hält, füttert, handhabt und reitet. Dabei soll und kann es sich nicht um eine weitere „Reitlehre" handeln, sondern um fachliche und sachliche Aufklärung rund um das Islandpferd, ob es sich nun um Zucht und Aufzucht, Umgang, Kauf oder die anfallenden Kosten, die mit einem (eigenen) Pferd zusammenhängen, handelt.

Alles in allem also ein Buch, das ich nicht nur allen jetzigen und künftigen Islandpferdefreunden ans Herz legen möchte, sondern auch allen denjenigen, die eine fundierte Aufklärung über den gesamten Umgang mit Pferden – gleich welcher Rasse – wie auch über moderne, pferdegerechte Haltungs- und Handhabungsformen bekommen möchten.

Birgir Gunnarsson, Mitglied der Vereinigung der isländischen Berufsreiter (FT), Isländischer Turnierrichter und Inhaber des Islandpferdezentrum Sagabaer

Inhaltsverzeichnis

Vorwort 5

Einleitung 8

Geschichtliches 10

Typenlehre – welche Vorfahren hat das Islandpferd? 10
Selektion 13
Rückkehr zum Kontinent 17

Haltung 18

Der Lebensraum des Haustieres Pferd 18
Weidehaltung 18
Offenstall 21
Laufstall 23
Boxenhaltung 24
Neue Wege 25
Hufbeschlag 26

Fütterung 30

Speck auf den Rippen 30
Die Sache mit dem Eiweiß 30
Sommerfütterung 32
Winterfütterung 34

Krankheiten des Islandpferdes 40

Sommerekzem 42
Erkrankungen des Bewegungsapparates 44
Augenerkrankungen 59
Erkrankungen der Verdauungsorgane 60
Erkrankungen der Atemwege 62
Parasitäre Erkrankungen 65

Zucht 68

Zucht im Ursprungsland 70
Zuchtpraxis heute 70
Qualitätsprüfungen – das Schema der FEIF 75

Der Isländer als Reitpferd ... 82

Isländische Reitweise ... 82
Der Kontinent beginnt zu tölten ... 84
Ausrüstung des Reitpferdes ... 84
Ausrüstung des Reiters ... 98
Das Reiten lernen ... 99

Grundausbildung des Islandpferdes .. 108

Umgang ... 108
Gangarten ... 115
Grundsätzliches zur Ausbildung ... 129
Sinnvolle Lektionen ... 134
Im Gelände ... 136
Fahren ... 145

Verband und Vereine ... 150

Veranstaltungen ... 152

Das eigene Pferd ... 154

Die Verkäufer ... 154
Beurteilung eines Jungpferdes ... 156
Kaufvertrag und Ankaufsuntersuchung ... 158
Das liebe Geld – Kosten rund um's Pferd ... 159

Das alte Pferd ... 164

Wann ist mein Pferd alt? ... 164
Bewegung und Beschäftigung ... 164
Der letzte Weg ... 166

Ausblick ... 167

Verzeichnisse ... 168

Danksagung ... 168
Literatur ... 168
Bildquellen ... 170
Register ... 171

Einleitung

Eine Insel im Norden, eine Insel der Gegensätze, der Gletscher, Geysire und Vulkane, Flechten und Moose – Island. Die Menschen, die dort leben, machten nur selten auf sich aufmerksam. In den Medien sah man kaum Schlagzeilen, und wenn, dann weil die Isländer das Walfangverbot nicht unterzeichneten oder weil auf der Insel mal wieder ein Vulkan ausgebrochen war.

Nur eine besondere Spezies von Touristen suchte Island für einen Urlaub auf, nämlich diejenigen, die an Geologie und Botanik interessiert waren und die hier ein reiches Betätigungs- und Beobachtungsfeld vorfanden; weiterhin diejenigen Wanderfreunde, die der teure Flug nicht abschreckte und die auch mit dem gewöhnungsbedürftigen Klima zurechtkamen.

Den meisten Kontinentalen aber war Island so etwas wie ein weißer Fleck auf der Landkarte, der nicht weiter interessierte. – Bis ein paar Leute, die man gemeinhin als Reiter bezeichnet, eine ganz andere, bis dahin fast unbekannte Seite an Island entdeckte: Dass nämlich dieses Volk bei der Besiedlung der Insel dieses ausschließlich zusammen mit Pferden erledigte. Diese Pferde hatten jedoch mit unseren Großpferden eigentlich nur die Rassebezeichnung gemeinsam. Es waren kleine, langbehaarte Ponys, die das ganze Jahr nur im Freien waren, extrem genügsam und trotzdem zu enormen Leistungen fähig. Alles, was auf der Insel zu erledigen war, machte man zu Pferd oder mit dem Pferd, – man aß es sogar. Von der Geburt bis zum Tod war das kleine Pferd dabei: Man holte mit ihm die Hebamme, brachte das Kind zur Taufe, man reiste mit ihm, und wenn endlich der letzte Atemzug getan war, brachte man den Sarg zu Pferde zum Friedhof. Bis in die neueste Zeit ritt man sonntags in die Kirche, und an den angebundenen Ponys konnte der Beobachter erkennen, wie gut betucht deren Besitzer waren. Die blitzsauberen gehörten nicht etwa den Reichen; deren Ponys nämlich waren häufig mit Mistflecken versehen, weil die Besitzer es sich leisten konnten, ihre Pferde im Winter aufzustallen. Die der Armen aber mussten Tag und Nacht draußen im Schnee überdauern und waren deswegen immer sauber. Die ganze Landwirtschaft, die Post, alles war in Island auf das kleine Pferd angewiesen, bis in neuerer Zeit das Flugzeug, Schiffe, Traktoren und geländegängige Jeeps ihnen zumindest einen Teil ihrer Aufgaben abnahmen. Aber auch heute gibt es immer noch Strecken und Gegenden, wo der Isländer nur mit dem Pferd hinkommen kann; fast der gesamte, herbstliche Schafabtrieb auf der Insel ist ausschließlich zu Pferd zu bewältigen.

Inzwischen hat das Islandpferd schon längst ganz Europa erobert und macht sich weiter auf seinen Weg, sich den Rest der Welt zu eigen zu machen.

Zum Abschluss dieser Einführung eine kleine Geschichte: Ein Islandpferd wurde wegen schlechter Futteraufnahme und damit verbundener starker Gewichtsabnahme in eine Pferdeklinik gebracht. Die Tierärztin, Spezialistin unter anderem für Fohlenkrankheiten, Rückenprobleme, aber eben auch für Krankheiten bei Islandpferden, sah sich das Pferd an und meinte unter anderem bei ihren Erläuterungen: „Wir dürfen nie vergessen, dass das Islandpferd nach Island gehört."

Was ist damit gemeint? Man kann sich das in etwa so vorstellen: Klima, Vegetation und Landschaft sind von unserem kontinentalen Verhältnis so verschieden wie die unsrigen von denen Afrikas. Das Islandpferd muss sich also erst umstellen und anpassen, um mit dieser ihm nicht angestammten und deswegen neuen Umgebung zurechtzukommen.

Ist es deswegen vielleicht schlichtweg falsch, das isländische Pferd bei uns nicht nur leben zu lassen, sondern auch als Partner für Freizeit und Sport zu nutzen? Sicher nicht, denn Tausende Pferde auf dem Kontinent, denen es offensichtlich gut geht, sprechen für sich. Jedoch – und darum soll es in diesem Buch gehen – gehen wir eine große Verpflichtung ein, wenn wir diese uralte Pferderasse zu unserem Nutzen unter unseren Bedingungen halten; für den schon Pferdeerfahrenen ist ein Umdenken in mancherlei Beziehung notwendig, dem Neueinsteiger soll geholfen werden, von Anfang an unnötige Fehler zu vermeiden.

Wachsam und freundlich zugleich, das Islandpferd.

Geschichtliches

Man weiß heute sicher, dass es die Wikinger waren, die die ersten Pferde nach Island brachten. Wenn man die Gefährlichkeit einer solchen Seereise in den doch recht kleinen Booten bedenkt, erscheint es logisch, dass die Auswahl der mitzunehmenden Pferde sehr, sehr streng gehandhabt wurde, denn ein nur mittelmäßiges Pferd als schwankenden Ballast im Boot zu haben, musste unsinnig erscheinen. Somit kann man gewiss davon ausgehen, dass nur die besten Pferde mit auf diese Reise gingen. Die Urahnen der Islandpferde stammten somit vom nordeuropäischen Kontinent einschließlich Englands.

Typenlehre – Welche Vorfahren hat das Islandpferd?

Die Abstammung aller unserer Hauspferde ist in der Wissenschaft bis heute letztlich nicht vollkommen geklärt. Strittig ist die Frage, ob ein einheitlicher (hier wird das Przewalskipferd genannt) oder mehrere unterschiedliche Grundtypen die Grundlage der heutigen Pferderassen bilden. Im Allgemeinen wird der Theorie der mehrstämmigen Herkunft die größere Wahrscheinlichkeit eingeräumt.

Grundlage abstammungsgeschichtlicher Untersuchungen bilden Knochenfunde, Abbildungen wie Höhlenmalereien und Darstellungen in überlieferten Schriften. So kann man durch Messungen und röntgenologische Untersuchungen auch einzelner Knochen Rückschlüsse ziehen auf die Stellung der Gliedmaßen, auf die Gesamtgröße des Tieres und – durch Vergleich mit heute noch lebenden Arten – auf die Fortbewegungsart. Zahnformen deuten auf die Art der aufgenommen Nahrung hin, die Ausformung der Atemwege gerade im Schädelknochen weisen die Tiere einer bestimmten Klimazone zu.

Hinzu kommen in den letzten Jahrzehnten die Erkenntnisse der Verhaltensbiologie, die sich wiederum in Zusammenhang bringen lassen mit bestimmten körperlichen Merkmalen. Man darf sich ein solches Abstammungsmodell als ein großes Mosaik aus unzähligen, kleinsten Teilen mit einem Wirrwarr aus vielfach vernetzten Querverbindungen vorstellen; die Menge der fehlenden Steinchen sowie die Stabilität der einzelnen Verbindungen bestimmen die Wahrscheinlichkeit des wissenschaftlichen Modells.

In der wohl am besten abgesicherten Version über die Abstammung unserer Pferderassen, speziell der des Islandpferdes werden zwei grundlegende Ausgangstypen unterschieden. Die großpferdeähnliche Art besitzt kurzkronige Zähne, enge Atemwege, einen recht kurzen Rücken und eine stabile Hinterhand. Kurzkronige Zähne deuten auf die Aufnahme von weicher, also sehr frischer Nahrung hin, da sie wenig Reserve für eine Zahnabnutzung bieten. Daneben weisen auch die anderen Körpermerkmale auf das Leben in warmer Klimazone und meist ebener Geländebeschaffenheit hin.

Die zweite Ausgangsart wird als ponyhaft beschrieben, mit langen Zahnkronen, gleichmäßiger Ausbildung der Vor- und Hinterhand sowie großen Ausweitungen der oberen Atemwege, die der Vorwärmung der kalten Atemluft dienen. Dieser Typ stammt eher aus nordischen Verhältnissen mit harter Nahrung, unwegsamerem Gelände und langen Wintern.

Genauere Untersuchungen lassen nun eine weitere Unterscheidung dieser zwei Ausgangstypen in insgesamt vier sogenannte Prototypen zu, wovon zwei „Kreuzungen“ wegen ihrer Bedeutung für die Herkunft unseres Islandpferdes im folgenden kurz beschrieben werden.

Kreuzung Prototyp I und II

Dieser Pony-Typ ist aufgrund der oben beschriebenen Knochen- und Zahnmerkmale eher den nordischen Klimazonen zuzuordnen. Seine Gangarten waren wenig schwungvoll, aber fließend, also mit Beteiligung der Vor- und Hinterhand, Anzeichen für einen guten Kletterer. Prototyp I stammt

Züchter vom Kontinent informieren sich gerne selbst darüber, was die Pferde in Island zu leisten vermögen.

Urpony.

Tundrenpony.

ursprünglich aus England, das damals noch mittels einer Landbrücke mit dem Kontinent verbunden war. Noch weiter nördlich hat man Überreste eines schwereren, größeren Grundtyps gefunden, der beispielsweise als Vorfahr des heutigen Fjordpferdes angesehen wird; diesem Prototyp II ist ebenso eine starke Beteilung der Vorhand bei der Fortbewegung zu eigen gewesen, wie man sie heute noch bei den Islandpferden findet. Während der englische Grundtyp ein „Wandervogel“ war, war der norwegische Urtyp dagegen eher als standorttreu zu bezeichnen.

Prototyp III und IV

Typ III kommt als Vorfahre der Islandpferde praktisch nicht infrage, er war schlicht zu groß. Man nimmt an, dass von ihm die heutigen Kaltblutrassen abstammen. Typ IV war ein araberähnlicher Galopper mit kurzem Rücken, starker Hinterhand und allen Anzeichen der Anpassung an südliche Lebensräume. Er muss, zumindest eingekreuzt im Typ I, an der Entstehung der heutigen Pferderasse Islands beteiligt gewesen sein. Bei gewissen Zuchtlinien fällt noch heute das araberähnliche Profil des Kopfes auf.

Als Stammväter des Islandpferdes gelten somit einerseits eine Kreuzung aus Typ I und II, wie sie das Germanenpony darstellt, und daneben auch eine Kreuzung aus I und IV, ähnlich dem Keltenpony.

Es sei dazu angemerkt: Bei derart langer Reinzucht, wie sie in Island zweifelsfrei nachgewiesen ist, hätten alle Verhaltensunterschiede der einzelnen Grundtypen längst vollkommen verwischt sein müssen. Nichtsdestotrotz haben sich solche Unterschiede bis in die heutige Zeit erhalten. Daraus schließt man, dass sie genetisch fixiert und uralt sein müssen, und zwar so sehr, dass man die Pferde auch anhand von bestimmten Verhaltensmerkmalen den unterschiedlichen Prototypen zuordnen kann.

Selektion

Natürliche Auslese

Island ist auch heute noch fast ausschließlich an den Küsten und in den küstennahen Regionen bewohnt, das Landesinnere ist für die menschliche Existenz einfach zu unwirtlich und dabei auch noch schlecht zu erreichen. Aber auch diese Besiedlung darf man sich nicht als geschlossenen Ring um die Insel herum vorstellen, sondern als einzeln liegende Höfe und kleine Siedlungen, die häufig Tagesreisen voneinander entfernt liegen. Die größte dieser Siedlungen ist Reykjavik, die einzige Stadt auf Island, in der fast 75 Prozent der isländischen Bevölkerung wohnen.

Wo immer ein Gehöft oder auch eine Siedlung entstand, wurden auch Pferde gehalten und

Entdeckung eines lebenden Ahnen des Islandpferdes

Über lange Zeit war unklar, wer der wirkliche Vorfahre des Islandpferdes gewesen sein muss. Immer wieder wurde darauf hingewiesen, dass viele der heute auf Island einheimischen Haustiere, wie Rinder, Schafe und Hunde, aus Norwegen stammen – warum sollte also das Islandpferd nicht auch norwegische Ahnen haben?

Durch Blutgruppenuntersuchungen, die in Skandinavien durchgeführt wurden, ergaben sich Hinweise dafür, dass Shetlandponies und Islandpferde miteinander verwandt sind. Daraus kann man schließen, dass die Pferde mit norwegischen Landnehmern nach Island gelangten, denn bevor diese nach Island kamen, besetzten sie erst die Shetland-Inseln.

Prof. Ewald Isenbügel berichtete 1978 davon, dass das norwegische Nordlandshest einem leicht gebauten Islandpferd sehr ähnlich sähe. Der isländische Archäologe und Staatspräsident Kristján Eldám vertrat ebenfalls die Meinung, dass hier eine Verwandtschaft bestehen müsse. Auf Inseln westlich und nördlich von Schottland wurden nämlich Pferde gefunden, die dem Islandpferd glichen und deren Vorfahren zweifellos aus Norwegen stammten. Das nordnorwegische Pferd ist wiederum dem kirgisischen Pferd aus dem chinesischen Grenzgebiet ähnlich – womit die Verwandtschaft nach Asien bestätigt sein könnte.

Auch in Hinblick auf die Farbverteilung bei Island- und Nordlandpferd lassen sich viele Gemeinsamkeiten feststellen. Füchse, Braune und Rappen kommen bei beiden Rassen häufig vor, Erdfarben, Isabell und hellgeborenen Schimmel mit Birkauge relativ selten. Und schließlich wurde erst vor einigen Jahren die Tatsache bekannt, dass die nordnorwegischen Pferde genauso wie die Islandpferde über Tölt verfügen – eine Eigenschaft, die bei dem Großteil aller anderen europäischen Pferderassen fehlt.

(Nach Eidfaxi International 1/1999)

gezüchtet. In dieser isolierten Lage der einzelnen Zuchtstätten begründet liegt eine Besonderheit des Islandpferdes: die sogenannte Inzuchtresistenz. Es ist allgemein bekannt, dass die Paarung nah verwandter Individuen einer Gattung zu Missbildungen, Totgeburten oder Unfruchtbarkeit führen können.

Inzucht aber ließ sich in den isländischen Zuchtstämmen nicht vermeiden, denn der Aufwand, andere Tiere von anderen Höfen zu holen, war entweder viel zu hoch oder gar nicht zu bewerkstelligen. So mussten im Laufe weniger Generationen aus Mangel an blutfremden Tieren auch verwandte Pferde angepaart werden, um den Pferdebestand zu sichern. Selbstverständlich ließen die oben geschilderten Folgen der Inzucht auch bei dem Islandpferd damals nicht auf sich warten, nicht aus jeder dieser Anpaarungen entstand ein gesundes, lebensfähiges Fohlen. Dieses Risiko musste getragen werden.

Das Problem der so entstandenen lebensschwachen Pferde erledigte sich im wahrsten Sinne von selbst. Die Pferde wurden – damals noch viel mehr als heute – im Winter absolut sich selbst überlassen, Zufütterung oder gar schützende Unterstände gab es nicht. Folgerichtig konnten nur die stärksten, also widerstandsfähigsten Pferde die langen und harten Winter überstehen und kamen so möglicherweise auch in den Zuchteinsatz. Durch Erbschäden belastete Pferde wurden also durch die natürliche Auslese ausselektiert, mit ihnen im Laufe der Generationen auch all jene Erbfaktoren, die bei Inzucht zu den geschilderten Schwächen führen konnten.

Selbstverständlich funktionierte diese natürliche Auslese auch in Bezug auf alle anderen lebenswichtigen Merkmale, so dass nur absolut überlebensfähige Tiere die Chance zur Fortpflanzung erhielten. Deswegen können wir uns heute zum Beispiel so sehr auf die Trittsicherheit des Isländers verlassen, denn ohne den natürlichen Instinkt, welcher Weg und welcher Boden betreten werden kann, ist ein Überleben in der rauhen Landschaft Islands nicht möglich. Darin begründet liegt auch die Tatsache, dass bei unserem Islandpferd auf dem Kontinent immer das Problem besteht, dass es eher zu dick als zu dünn ist. Der Organismus ist durch die natürliche Selektion über Jahrhunderte hinweg darauf ausgelegt, aus wenig oder inhaltsarmer Nahrung ein Maximum zu verwerten. Diese Eigenschaft geht auch nach Generationen deutscher Zucht nicht verloren.

Trittsicherheit ist für das Überleben in einer rauhen Landschaft wie Island lebenswichtig.

Der Pferdebestand Islands hat sich also aus wenigen, von den Wikingern mitgebrachten Exemplaren in häufig sehr isolierten Einzelzuchten entwickelt. Daher ist der Genpool, also die Menge aller vorhandenen Erbanlagen eines Bestandes, relativ klein. Nun hat sich aber diese Entwicklung des Pferdebestandes aus einigen wenigen Tieren nicht nur einmal so zugetragen, sondern genau genommen sogar dreimal. Denn zwei große Vulkankatastrophen auf der Insel hatten nicht nur für die menschliche Bevölkerung Islands katastrophale Folgen, sondern dezimierten auch den Pferdebestand erheblich, und zwar jeweils wieder auf wenige Prozent seiner ursprünglichen Größe, so dass die Entwicklung von neuem ihren Lauf nahm.

Die Population des Islandpferdes hat sich somit aus einigen wenigen, vom Menschen importierten Exemplaren entwickelt. Die natürliche Auslese hat ein relativ kleines, innerlich wie äußerlich an extre-

me Umweltbedingungen angepasstes Pferd geschaffen, welches sich so bis zum heutigen Tag durch seine besonders ausgeprägten Eigenschaften wie Wesensstärke, Genügsamkeit, intaktem Sozialverhalten und sicherem wie auch robustem Umgang mit naturbedingten Umweltgegebenheiten auszeichnet.

Auslese durch den Menschen

Die natürliche Selektion verstärkt jene Eigenschaften, die einer Population das Überleben in freier Natur sichern, aber nicht zwingend jene, die beispielsweise der Mensch zur Nutzung einer Tierart für seine Zwecke für erforderlich hält. So hat der Mensch bei allen Tierarten, die er sich zu Haustieren gemacht hat, bei deren Vermehrung gezielt spezielle Merkmale ausgewählt, die er bei den zu erzeugenden Nachkommen wiederfinden wollte. Das Wildtier stellt also die Grundlage für das spätere Haustier dar.

Von den nach Island verbrachten Pferden weiß man sicher, dass sie, zumindest zum überwiegenden Teil, bereits „Haustiere", also Reitpferde waren, bzw. aus solchen Zuchten stammten. Der Einsatz der Pferde in Island ergab sich aus den Anforderungen der Menschen. Die Tiere wurden damals in der Landwirtschaft, zum Lastentransport, als Reitpferde, aber auch als fester, allgemein üblicher Bestandteil der menschlichen Nahrung gebraucht.

Isländische Landwirtschaft bedeutet vor allen Dingen Grünlandwirtschaft, und zwar speziell Heuwerbung als Nahrungsvorrat für Pferde und Schafe sowie die wenigen Rinder auf der Insel. Zum Ziehen der Heuwerbungsgeräte und Wagen wurden ausdauernde, nervenstarke, kräftige Pferde mit ruhigem, aber fleißigem Temperament gebraucht. Ähnlich waren die Anforderungen an das Lastenpferd, welches das einzige Transportmittel war, denn ausgebaute Wege zur zweispurigen Nutzung, wie etwa für Pferdewagen, waren die Ausnahme. Da das Lastenpferd, als Handpferd oder freilau-

Seine Erbanlagen entscheiden – zusammen mit seiner Ausbildung – über seinen Einsatz für den Menschen.

fend, aber auch weite Strecken mit den Reitpferden gemeinsam zurücklegen musste, wurde von ihm schon weit mehr Lauffreude als von dem Arbeitspferd verlangt. Gleichgewicht, Trittsicherheit und Unerschrockenheit waren ein weiteres Muss bei diesen Pferden.

An den eben beschriebenen Eigenschaften lässt sich schon erkennen, dass die Grenze zwischen Lasten- und Reitpferd nicht ganz eindeutig zu ziehen ist. Aber an das Reitpferd wurden noch höhere Ansprüche gestellt: Bequeme Gänge, Rittigkeit, Zuverlässigkeit und eher noch mehr Temperament waren hier gefragt und absolut notwendig, um die oft weiten und – für unsere Verhältnisse – absolut unwegsamen Strecken überhaupt überstehen zu können.

In der Tat gab und gibt es in Island Pferdezuchten, die sich auf die Fleischproduktion spezialisiert haben. In der heutigen Zeit nimmt die Zahl dieser Betriebe allerdings ab, da die Nachfrage nach Pferdefleisch, vielleicht auch bedingt durch moderne Importmöglichkeiten, sinkt. Uns auf dem Kontinent interessiert selbstverständlich das Reitpferd, vielleicht auch das Kutschpferd, weniger das Arbeitspferd, und kaum mehr das Pferd als Fleischlieferant. Aber auch dieses war für Island wichtig, eben gerade unter dem Gesichtspunkt der Zuchtauslese durch den Menschen.

Man sollte sich dazu noch einmal die ursprünglichen Gegebenheiten vor Augen führen. Zäune waren in Island bis in die jüngste Vergangenheit weithin unbekannt. Die Pferdeherden wurden zur Weidezeit in das Hochland entlassen, wo sie ohne menschlichen Einfluss bis zum Herbstabtrieb blieben. Die Hengste liefen frei mit, die Bedeckung von Stuten blieb also weitestgehend dem Zufall überlassen. Abgesehen von der Auswahl der freigelassenen Stuten und Hengste kann somit von einer zuverlässigen Zuchtplanung keine Rede sein. Auch diese Auswahl, speziell die Hengste betreffend, wurde allzuoft zusätzlich von der Natur bestimmt, dann nämlich, wenn bei dem Herbstabtrieb die Herden zusammenkamen und sich so auch die Hengste zwangsläufig trafen. Das Resultat war meist, dass einer von Zweien schwerverletzt oder tot auf der Strecke blieb, während sich der Gewinner dessen Herde einverleibte. So musste zu Beginn der Nutzung die weitere Auswahl getroffen werden.

Das Auswahlprinzip bei einem Reitpferd war simpel, aber auf den ersten Blick für einen deutschen Pferdefreund bestimmt nicht nachvollziehbar, auf den Punkt gebracht hieß es: Was sich nicht reiten ließ, kam in den Kochtopf. Für uns klingt das erst einmal brutal. Genau vor dieser Situation steht jedoch der isländische Pferdezüchter, der mit dem Verkauf seines Produktes „Pferd“ den Lebensunterhalt verdient. Nur muss er, um seine Kosten decken und vielleicht noch Gewinn erzielen zu können, sein Zuchtprodukt nicht wie bei uns eher üblich mit allen Mitteln zum Reitpferd machen, sondern bekommt auch für das Fleisch einen guten Preis.

Sicherlich ist diese Auslesemethode vielen frühestens auf den zweiten Blick verständlich, und Hand auf's Herz: Wird wirklich das fachgerecht getötete Schlachtpferd schlechter behandelt als das geknetete „Reitpferd“, dem auch nach seiner „Ausbildung“ mangels ausreichender Reiteigenschaften alles andere als eine gute Behandlung widerfahren mag?

Von der Geburt bis zum Tod war das Islandpferd dabei: Man holte mit ihm die Hebamme, und wenn endlich der letzte Atemzug getan war, brachte man den Sarg zu Pferde zum Friedhof.

Rückkehr zum Kontinent

In der Zeit um 1950 herum war vieles im Umbruch. Die Industrie wurde wieder aufgebaut, die Landwirtschaft den modernen Verhältnissen angepasst. Das bedeutete – neben der beginnenden Flurbereinigung – vor allem die Verdrängung des Pferdes durch die schnell aufkommenden Traktoren. Zwar war man in Pferdezüchterkreisen noch lange der Ansicht, dass für ein kleineres Pferd immer noch Verwendung gefunden werden könne, weil sich beispielsweise für eine kleine Fläche der Einsatz eines Traktors nicht lohnen würde. Die Islandponies allerdings standen hier von vornherein auf vorlorenem Posten, weil ihnen ganz einfach die Lobby fehlte, die die Interessen ihrer Züchter vertrat.

Vor allem waren es Ursula Bruns und Gunnar Bjarnasson, seines Zeichens Zuchtberater der isländischen Regierung, deren unermüdlichem Engagement man es zu verdanken hat, dass die Islandpferde den Weg zurück auf den Kontinent geschafft haben; zwar nicht als Arbeitspferd im ursprünglichen Sinn, aber doch als Reit- und (im geringeren Maß) Fahrpferd, mit dem die Menschen ihrem Hobby nachgehen oder sich als eigenständiger Berufsstand ihr Geld verdienen. Als das Eis erst einmal gebrochen war, waren es dann eben diese Islandpferde, die ein Umdenken in großen Teilen der Pferdewelt einleiteten.

Haltung

Heutzutage mag man durchaus den Eindruck bekommen, das natürliche Leben der verschiedenen Pferde hätte mit dem unserer Reitpferde gar nichts gemein, als würden sie von gänzlich verschiedenen Urahnen abstammen.

Es ist dem Islandpferd zuzuschreiben, den Pferdehaltern in das Gedächtnis zurückgerufen zu haben, dass es in der Pferdehaltung durchaus Alternativen geben kann: Wie ein Urknall ging die Frage durch die „Ponypost“ – dem ersten Infoblatt, das sich mit der anderen Art der Pferdehaltung ernsthaft befasste – ob denn ein Offenstall als Schutz für Pferde wirklich genügen könnte.

Heute, knapp 40 Jahre nach dem ersten wirklichen „Boom“ der Islandpferde, weiß man wesentlich mehr darüber.

Der Lebensraum des Haustieres Pferd

Dieser Lebensraum wird von dem Menschen vorgegeben, optimalerweise so, dass das Pferd möglichst natürlich leben kann und der Mensch es zweckmäßig nutzen kann. Dass es dabei ohne Kompromisse nicht abgeht, dass dabei beide in mancher Hinsicht zu kurz kommen, ist zwar hinzunehmen, nichtsdestotrotz ist es möglich, für beide Seiten eine befriedigende Lösung zu finden.

Im Groben kann man den zur Verfügung stehenden Raum in zwei Bereiche einteilen; zum einen in den Bereich, in dem das Pferd weitgehend sich selbst überlassen bleibt, die Ruhe- und Fresszone, zum anderen in die Arbeitszone, wo der Gebrauch durch den Menschen beginnt.

Ruhe- und Fresszone

Zu diesem Bereich gehören Auslauf, Weide und Stall. Es versteht sich von selbst, dass der Pferdehalter auch hier die Kontrolle über die Pferde, den Zaun, die Türen, das Futter und das Wasser bewahrt, auch den Zugang zu den einzelnen Bereichen muss er regeln. Ansonsten aber gilt die Devise: Hier bin ich Pferd, hier darf ich's sein. Mit anderen Worten: Hier herrscht größtmögliche Ruhe vor dem Menschen. Die Tätigkeiten beschränken sich allein auf das Organisatorische. Wenn beispielsweise ein Zaun in Ordnung gebracht werden muss, ist das kein Anlass, nebenbei ein Pferd zu tätscheln, einen Streit zu schlichten oder irgend etwas zu tun, was die Pferde aus ihrem Rhythmus bringen würde.

Das gleiche gilt für jede Art von Stall. Es wird gefüttert, und damit hat es sich dann. Alle weiteren Arbeiten werden so organisiert, dass sie in Abwesenheit der Pferde (diese sind im Auslauf oder auf der Wiese) erledigt werden können.

Und wenn man bei den Tieren sein möchte, vielleicht, um nur einmal die friedliche Stimmung zu genießen, um einmal abzuschalten, dann sucht man sich einen Platz, von wo aus man in Muße beobachten kann, ohne zu stören; man verhält als Gast.

Arbeitszone

Hier fängt der Bereich des „Nutztieres“ Pferd an. Das heißt, bei dem Betreten dieser Zone ist der Mensch der Chef, das Pferd hat sich diesem unterzuordnen. Zu dieser Arbeitszone gehören zunächst der Anbindeplatz, die Schmiede, der Pferdehänger, dann aber auch selbstverständlich jede Form eines Longier- oder Reitplatzes sowie das Ausreitgelände.

Weidehaltung

Die Haltung ausschließlich auf einer Weide ist in ihrer reinen Form nur für Jung- und Zuchtpferde empfehlenswert, hier allerdings gar nicht wegzudenken. Für die Reitpferdehaltung eignet sie sich nicht oder nur vorübergehend mit starken Abstrichen an die eigentliche Pferdenutzung.

So fühlt er sich am wohlsten, ohne Zaumzeug und Sattel in der Freiheit.

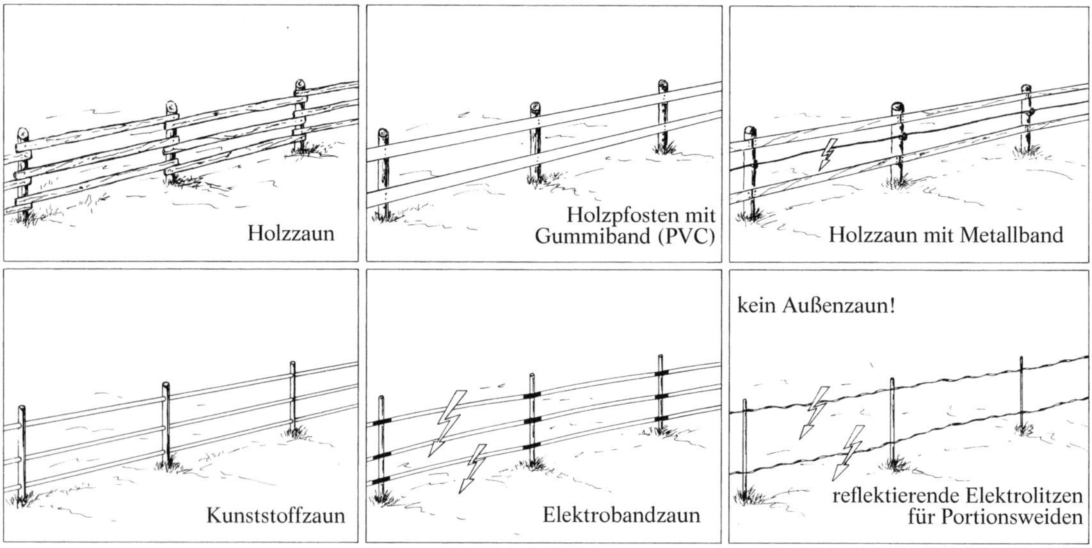

Verschiedene Varianten des Zaunbaus.

Islandpferde werden nicht nur dick, sondern zusehends fett bei unbegrenztem Weidegang. Dies ist bei Zuchtpferden nicht weiter schlimm, denn entweder haben sie ein Fohlen zu säugen oder sie sind im Wachstum begriffen; beides sind Dinge, die viel Energie und Eiweiß verbrauchen. Da die Pferde trotzdem arg in die Breite gehen, gilt die Devise: fett in den Herbst, dünn in das Frühjahr. Anders gesagt, kann man mit der Winterfütterung einiges ausgleichen.

Bei den Reitpferden dagegen sieht es ganz anders aus: Auf Dauer zu fett ist genauso gesundheitsschädlich wie eine dauerhafte, schwerwiegende Mangelernährung. Wer nun glaubt, dass er durch übermäßigen Weidegang erworbenes Fett „wegreiten" kann, irrt. Das klappt nur mit einer gleichzeitig durchgeführten, wohldurchdachten Diät, und auch das braucht seine Zeit.

Also bleibt dem Pferdehalter nur übrig, die Weide zu portionieren. Es gibt hierbei zwei Möglichkeiten: Man teilt die Wiese so ab, dass die Pferde den ganzen Tag dortbleiben können. Der Nachteil: Die Weide wird so kahl gefressen, dass die Pferde in Versuchung kommen, auch die weniger bekömmlichen, vielleicht sogar die wirklich giftigen Pflanzen zu fressen. Außerdem wird hier in nur kürzester Zeit gar nichts Nahrhaftes mehr wachsen.

Die zweite Möglichkeit wäre, einen Teil der Weide so abzutrennen, dass die Pferde dort den größten Teil des Tages (und wenn möglich auch der Nacht) sind und sie nur stundenweise auf die Koppel zum Grasen kommen. Die Nachteile müssen jedoch ebenfalls berücksichtigt werden: Zum einen wird das nun zum Auslauf gewordene Stück sehr schnell zu einer grundlosen Matschwüste zertreten. Hinzu kommt das Fehlen jeglicher Infrastruktur, die einen Paddock zumindest annähernd pferdegerecht macht.

Umzäunung

Am meisten verbreitet in der Pferdehaltung ist längst der Elektrozaun in seinen vielfältigen Erscheinungsformen. Heutzutage gibt es Kunststoffpfähle aus Recycling-Material in den unterschiedlichsten Formen, die oft selbstisolierend ist; die Fehlersuche nach eventuellen Erdungen gestaltet sich relativ einfach. Ob man einen Stacheldrahtzaun pferdesicher machen möchte oder sich ein Komplettsystem schlüsselfertig hinstellen lassen möchte, – hier ist wirklich nichts mehr unmöglich und Vieles nur eine Frage des Geldbeutels. Jedoch spart auch hier gründliche Information so manche Mark!

Aber mit einem Zaun allein ist es eben nicht getan: Es fehlen Anbindevorrichtungen und die Unterbringungsmöglichkeit für Sättel, Zaumzeug und die vielen kleinen notwendigen Dinge, die man so im Umgang mit Pferden immer wieder braucht. Die reine Weidehaltung kann also nur eine kurzfristige Notlösung sein.

Offenstall

Der Begriff „Offenstall“ war lange Zeit die Alternative überhaupt, wenn es um naturnahe Haltung bei Islandpferden ging. Und es ist wirklich etwas sehr Schönes, wenn man nach gewissenhafter Versorgung der Pferde sich unter einem Baum oder gar an einen die Koppel durchfließenden Bach hinsetzt, den Pferden zuschaut und noch ein Weilchen die Seele baumeln lässt.

Doch leider hat die Medaille wiedermal zwei Seiten, wovon die eine zumindest aus viel Arbeit besteht, zusätzlich aber kann sie auch wirklich nervenaufreibend werden, wenn man an die behördlichen Vorschriften denkt. Ich will Ihnen nicht von vornherein jeden Mut nehmen, es mit der Pferdehaltung überhaupt zu versuchen. Es hilft aber auch nichts, die Augen vor den Problemen zu verschließen und zu meinen, es ginge schon alles seinen rechten Weg.

Da nach und nach immer mehr Bauern bedauerlicherweise das Handtuch werfen müssen, wird es leichter, an ein ausreichend großes Stück Weide zu kommen. Meist werden die Flächen, deren Bewirtschaftung nach den heutigen agrarwirtschaftlichen Standards gar nicht mehr lohnt, als erstes abgegeben und finden auch keinen Pächter mehr; solche Stücke eignen sich aber oft in idealer Weise für die Pferdehaltung.

Als ungefähre Größe kann hier nur mit groben Richtwerten gedient werden, sie hängt von vielen Faktoren ab. Man kann etwa 1 bis 4 Morgen (4 Morgen = 10.000 Quadratmeter = 1 Hektar) je Islandpferd rechnen, je nach Bodenqualität, Lage, etc. Weitere wünschenswerte Eigenschaften: Die freie Lage ist geeigneter als die Tallage (Mücken!), ein Bach mit sauberem Wasser spart einem sehr viel

Einfache, solide Offenställe für vier bis sechs Pferde.

Das Islandpferd gehört so viel wie möglich an die frische Luft, uns so wenig wie möglich in den Stall.

Sozialkontakt ist lebenswichtig für alle Pferde.

Arbeit mit dem Wasserschleppen. Voraussetzung ist natürlich, dass die Koppel ansonsten trocken ist. Schließlich ist auch eine ausreichende Verkehrsanbindung sinnvoll, die es auch im Winter zulässt, die Weide noch zu erreichen, ohne dass man gleich an die Anschaffung eines Allradfahrzeugs zu denken braucht.

Außer der Weide braucht man natürlich auch noch ein passendes Gebäude. Eventuell ist es in der Pacht mitinbegriffen und lässt sich direkt oder nach entsprechenden Umbauten als Stall nutzen. Auch wenn das vorhandene Gebäude eigentlich abbruchreif ist, sind die Chancen recht gut, dass man die Genehmigung für einen Neubau bekommt.

Nicht gut dagegen sieht es häufig aus, wenn keine dieser Vorbedingungen erfüllt ist und das in Frage kommende Stück – wie es allgemein zu erwarten ist – im Außenbereich liegt. Nun kommt nur noch die sogenannte Landwirtschaftliche Privilegierung in Betracht. Das heißt, es muss nachgewiesen werden, dass es unabdingbar notwendig ist, gerade diesen Offenstall auf gerade diese Koppel zu bauen. Zwar sind die Bauvorschriften in dieser Hinsicht nicht so streng wie die sonst üblichen, aber auf den Antragsteller kommt eine Menge Papierkram zu: Anmeldung eines landwirtschaftlichen Betriebes, daneben Berufsgenossenschaften und einiges mehr. Schon manch einer hat das Handtuch geworfen, der doch eigentlich nur alles hat richtig machen wollte und kurz vor dem Ziel stand.

Angenommen, bis hierhin hat alles geklappt, dann stellt sich die Frage, was für einen Stall man eigentlich bauen möchte? Nehmen wir an, der Stall soll für zwei Pferde gedacht sein, aber eine Option auf eine Erweiterung von vier Pferden beinhalten. Keinesfalls sollen hier detaillierte Konstruktionspläne ausgebreitet werden, dafür gibt es eine Fülle von Fachbüchern, die sich speziell mit der Materie beschäftigen. Aber den grundsätzlichen Überlegungen soll Raum gegeben werden.

Die Grundlage kann eine dreiseitig geschlossene Hütte sein, genügend groß und mit einer nach Osten, dem Wetter abgewandten, offenen Seite. Mit einem weiteren Schritt wäre der Offenstall in seiner einfachsten Form schon fertig, und zwar den Boden auf ausreichender, eher großzügiger Fläche zu befestigen; welches Material man hierfür verwendet, bestimmen in erster Linie Bodenverhältnisse und Geldbeutel.

Die Überlegungen gehen weiter. Das Sattelzeug kann in einem sicher abschließbaren Schrank innerhalb des Stalls verstaut werden, aber besser wäre es, dafür einen extra Raum vorzusehen. Aber wenn schon ein Extraraum, dann sollte der auch groß genug sein, das Winterfutter und Stroh unterzubringen. Wenn also alles seinen Platz haben soll, hat man sehr schnell eine komplette Stallanlage beisammen, man baut also einen Laufstall.

Laufstall

Der Übergang vom Offenstall zum Laufstall ist eigentlich fließend, den Unterschied kann man wie folgt beschreiben: In den Offenstall gehen die Pferde nur, wenn er vom Wetter her die günstigere Alternative bietet oder aber wenn es Futter gibt,

Das Pony hat die freie Wahl zwischen drinnen und draußen. Die Plastikstreifen schützen den Laufstall vor Wind und Insekten.

das heißt, sie betreten ihn nur freiwillig und werden höchstens mal in Ausnahmesituationen dort eingesperrt. Natürlich sind auch hier Mischformen möglich.

Der Vorteil – vor allen Dingen zur weitverbreiteten Boxenhaltung – liegt vor allem in der großen Bewegungsfreiheit der Pferde, die einen völlig ungehinderten Sozialkontakt untereinander erlaubt, und zwar in der ganzen Bandbreite vom Mähnenkraulen bis zu Rangkämpfen. Der Laufstall ist also entweder nach und nach aus dem ehemaligen Offenstall entstanden, oder er wurde gleich als solcher konzipiert, oder man findet ihn als zusätzliche, ganz selten auch als alleinige Aufstallungsform in professionell betriebenen Ställen. Er beginnt bei zwei bis vier Pferden und geht im Allgemeinen bis maximal zehn, wobei die Anzahl je nach Rasse und Geschlecht stark schwanken kann; wir aber wollen uns hier jedoch auf die Islandpferde beschränken.

Diese Stallform ist vielleicht die beste aller Möglichkeiten, wenn man einige Dinge beachtet, denn sie ist nur unter zwei Grundvoraussetzungen möglich.

1. Die Pferde kennen sich kaum und wechseln zudem ständig. So haben sie nicht die Möglichkeit, sich aneinander zu gewöhnen, der Anlass, Rangkämpfe auszutragen, entfällt. Unter diesen Umständen könnte man auch probieren, Stuten und Wallache gemeinsam zu stellen, was sonst – meiner Erfahrung nach – ziemlich schwierig ist. In diesem Laufstall braucht man auch sonst keine weiteren Vorkehrungen zu treffen, da die Pferde doch nur auf eine kurze Zeit zusammenbleiben. Diese Unterbringungsart findet man in vielen Verkaufsställen.
2. Anders sieht es aus, wenn sich beispielsweise mehrere Besitzer zusammentun (= Haltergemeinschaft) und ihre Pferde gemeinsam halten wollen. Es handelt sich jetzt um ein längerfristiges Vorhaben, das ganz anders geplant werden muss. Es fängt damit an, dass man eher mehr Platz zur Verfügung haben muss, als wenn man die gleiche Anzahl von Pferden in Boxen halten würde. Isländer sind Individuen in vielerlei Hinsicht, somit auch was die Futterverwertung angeht. Man braucht also für jedes Pferd einen separaten Futterständer, der eben nur diesen einen Zweck erfüllt und deswegen viel Platz verbraucht.

Auch ist es sinnvoll, den Raum durch einzelne Gitter, Holzwände o. Ä. zwar nicht zu trennen, aber doch gewollte Umwege einzubauen, damit sich die Pferde besser aus dem Weg gehen können. Und trotzdem ist es zumindest uns nicht gelungen, Stuten und Wallache über einen längeren Zeitraum in einem solchen Stall zusammen zu halten; zu groß waren die gegenseitigen Rangeleien und damit die Verletzungsgefahr. Wer die Möglichkeit hat, möge es für sich ausprobieren, es gibt ja bekanntlich keine Regel ohne Ausnahme.

> Gut durchorganisiert ist die Laufstallhaltung für die meisten Pferde vielleicht der beste Kompromiss zwischen naturnaher Haltung und dem Reitpferdedasein; ob dies aber – zumindest in der meist kleineren privaten Form bei weitestgehendem Verzicht auf Maschinen – weniger Arbeit bereitet als die reine Boxenhaltung, kann jetzt schon verneint werden.

Boxenhaltung

Dies ist die vierte Art, Pferde zu halten, wobei dies noch nichts darüber aussagt, wo die Pferde sonst noch stehen, wenn sie eben nicht im Stall sind. Anders ausgedrückt heißt reine Boxenhaltung, dass die Pferde, so sie überhaupt im Stall stehen, allein oder (seltener) auch zu zweit in Boxen stehen.

So klingt das schon weit weniger dramatisch. Dass die Realität anders aussieht und sich für die Mehrheit der Pferde der ganze Tagesablauf in 23 Stunden Aufenthalt in der Box und eine Stunde „Arbeit" in der Halle nahezu erschöpft, steht schon wieder auf einem anderen Blatt.

Gehen wir einmal davon aus, dass ein Islandpferd sich so viel wie möglich im Freien aufhalten sollte und nur in Ausnahmefällen in den Stall gehört. Diese Notwendigkeit kann vorliegen bei extrem schlechten Wetter, und sei es nur für wenige Stunden nach dem Reiten oder zum Füttern. Wenn ein Pferd – aus Krankheitengründen etwa – von den übrigen abgetrennt werden muss, ist, unabhängig von der sonst üblichen Haltung, eine Box sogar unumgänglich. Es gibt auch Argumente dafür, die Pferde nachts generell aufzustallen. Die Gründe hierfür liegen auf der Hand: Die Pferde stehen sicher vor äußeren Angriffen – man denke nur an die Pferdeschänder der letzten Zeit – und geschützt vor plötzlichen Wetterumschwüngen im Stall, lassen sich mit geringstem Aufwand individuell füttern und haben die ganze Nacht Zeit, sich hinzulegen und ungestört zu ruhen, vorausgesetzt, sie haben eine Einzelbox zur Verfügung.

Jetzt aber ein Wort zur Bauweise der Box. Es ist nirgendwo vorgeschrieben – auch wenn es schwierig werden dürfte, in der einschlägigen Literatur etwa anders zu finden – dass eine Box bis zur Schulterhöhe fest geschlossen und darüber bis zur Decke rundum vergittert sein muss. Wir haben beste Erfahrungen gemacht mit solchen Boxen, die nicht nur größtmöglichen Körperkontakt zwischen den Pferden erlauben, sondern die auch ansonsten so offen wie möglich sind. Damit kommt die Mimik und die Körpersprache so komplett wie möglich bei dem Adressaten, dem anderen Pferd, an und dieser kann entsprechend reagieren, nämlich ebenfalls mit der Körpersprache. So lassen sich der allergrößte Teil der tatsächlich tätlichen Angriffe vermeiden. – Als Höhe der Abtrennungen haben sich für die Islandpferde etwa 125 cm bewährt –. Meiner Meinung nach sollte der Abstand zwischen den Stangen (oder was sonst Verwendung finden mag) so groß wie möglich gelassen werden, auch wenn das mit den gängigen Sicherheitsvorschriften nicht einhergeht. Es muss nur gewährleistet sein, dass sich kein Pferd in irgendeiner Weise festklemmen kann, auf alles andere passt der Isländer alleine auf. Aber trotzdem Vorsicht, denn schließlich gilt: Keine Regel ohne Ausnahme, das heißt, man muss das Pferd die erste Zeit sehr genau im Auge behalten, bis es sich gut eingewöhnt hat.

Die Größe der Box soll man so wählen, dass das Pferd die Möglichkeit hat, sich so zu stellen, dass es von keiner Seite erreicht werden kann, also seine Ruhe hat, wenn es sie braucht. Zwar ist größer auch besser, aber die Größe von 2,30 x 2,30 m reicht im Allgemeinen vollkommen aus, vorausgesetzt, die Pferde bleiben wirklich nur über Nacht in der Box.

Die Frage der Aufstallungsform ist also hauptsächlich vom Verwendungszweck der Pferde und den örtlichen Gegebenheiten abhängig. Vom einfachen Offenstall über den Laufstall bis hin zur der Box gibt es genügend Möglichkeiten, das für sich passende auszuwählen, solange das Prinzip gilt: Der Isländer ist solange wie möglich draußen und so kurz wie nötig drinnen. Die reine Weidehaltung allerdings ist als Dauerlösung für die Reitpferde genauso abzulehnen, wie sie für die Jungpferdeaufzucht unabdingbar zu fordern ist.

Neue Wege

Kombinierte Auslauf-Laufstall-Boxenhaltung

Fortschrittlich denkenden Menschen ist das alles noch nicht genug, deswegen will ich an dieser Stelle ein Haltungsmodell vorstellen, wie es in vielen Variationen denkbar und teilweise auch schon umgesetzt worden ist. Zentraler Punkt ist dabei eine Halle, eingestreut ganz oder teilweise mit Stroh, Spänen oder Hackschnitzeln. In ihr integriert sind mobile Boxeneinheiten, in die man neue oder kranke Pferde separieren kann. Die Wände sind teilweise oder ganz offen und grenzen an den Auslauf, wo Rundraufen, eine beheizbare Tränke und ein Wälzplatz mit Sand die Grundversorgung garantieren. Idealerweise ist dieser Auslauf mit Rasengittersteinen o. Ä. gepflastert. Gefüttert wird mit Heu, Silage oder Fertigfutter von einer Stallgasse aus, je nach Futterart und den Platzverhältnissen in Fressständern.

Der Auslauf grenzt auf einer Seite an einen Treibweg für den sommerlichen Weidegang, daneben ist ein separater Ausgang vorgesehen, am besten als eine Art Schleuse gebaut, so dass man einzelne Pferde in aller Ruhe herausführen kann.

Die mobilen Boxen haben ebenfalls eine separate Tränke, allerdings nicht zugänglich vom Laufstall. Schließlich sollen diese Pferde nach draußen wandern, um zu saufen, das sorgt für Bewegung, und außerdem bekommen auch rangniedere Tiere Gelegenheit, sich einen Platz zum Ausruhen oder zum Fressen zu ergattern. Möglicherweise sind in einem getrennten Gebäude Platz für Quarantäne- oder Warteboxen, bzw. genügend Raum für die Behandlung beim Schmied oder Tierarzt.

Vor allem bei einer größeren Herde sollte alles mit einem Stalltraktor zu versorgen und sauberzuhalten sein. Die Versorgung mit Fertigfutter einem chipgesteuerten Computer zu überlassen, ist sehr wohl möglich und praktikabel, aber spätestens an dieser Stelle macht der Geldbeutel meist nicht mit.

Die meisten Leser werden mir wohl zustimmen, dass eine solche Haltungsanlage ein – nach derzei-

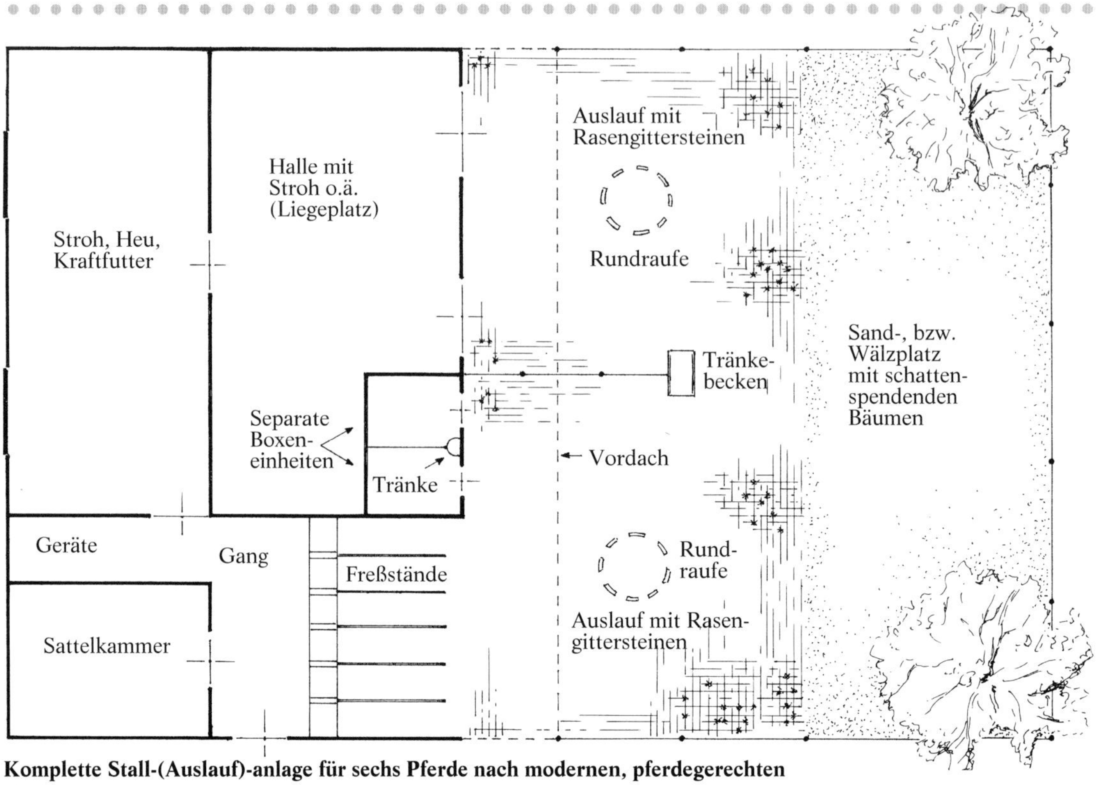

Komplette Stall-(Auslauf)-anlage für sechs Pferde nach modernen, pferdegerechten Gesichtspunkten.

tigem Wissen – Optimum darstellt und für viele so nicht zu verwirklichen ist; einzelne Ideen aber kann jeder für sich nach seinem Portemonnaie nach und nach Wirklichkeit werden lassen. Nicht nur für das Islandpferd, sondern für alle Pferderassen sollte dieser „Neue Weg" das Ziel sein.

Hufbeschlag

Allgemein gilt: Ein Pferd muss dann beschlagen werden, wenn sich der Huf durch das Reiten (oder Fahren) mehr abnutzt, als er zur gleichen Zeit nachwachsen kann, die Hufe also im Laufe der Zeit so kurz werden, dass der harte Teil, das Horn, dem Innenleben nicht mehr genug Schutz bieten kann. Das Pferd läuft dann „fühlig", sucht den weicheren Boden und wird früher oder später lahmen.

Einen Pferdefuß mit Eisen zu versehen, bedeutet immer, so gut der Beschlag auch sein mag, einen Kompromiss, deutlicher gesagt, ein notwendiges Übel. Zwar sind etliche findige Leute dabei, Alternativen zum Eisenbeschlag zu suchen, beispielsweise aus Kunststoff, geklebt oder genagelt. Durchgesetzt hat sich aber noch keine andere Lösung, da deren Vorteile durch andere Nachteile wieder aufgehoben werden.

Warum ist ein Hufbeschlag jedoch ein notwendiges Übel? Wie im Kapitel Hufe (siehe S. 55) zum Thema „Stoßdämpfung" geschildert, ist der Huf keinesfalls starr, wie es beim oberflächlichen Betrachten den Anschein hat. Dieser Hufmechanismus wird durch das aufgenagelte Eisen eingeschränkt, auch wenn die Beschlagsregel eingehalten wird, nicht weiter als bis zur Strahlspitze Nägel zu setzen. Die Hufnägel selbst bergen noch eine weitere Gefahr für den gesunden Huf: Durch das Nageln werden die äußeren Schichten der Hornkapsel verletzt; auf diese Weise entsteht eine Eintrittspforte für Fäulnisbakterien.

Bei dem in unseren Breiten üblichen Heißbeschlag, bei dem das Eisen glühend geformt und angepasst wird, wird zwar eine Zehenrichtung in das Eisen geformt, sie kann der des barfußlaufenden Pferdes jedoch nur ungefähr nachgeahmt werden. Die endgültige Form bildet sich erst allmählich

In Island werden die Eisen kalt angepasst und halten – wenn sorgfältig gemacht, genauso lange wie heiß angepasst.

durch das Ablaufen des Eisens aus. In Island dagegen ist der Kaltbeschlag vorherrschend; das Eisen wird dem Huf also kalt angepasst. Beim Kaltbeschlag werden in aller Regel die Eisen vollkommen plan, also ohne jegliche Zehenrichtung, aufgenagelt. Diese ergibt sich erst durch die entsprechende Abnutzung des Eisens, natürlich auf Kosten der Sehnen und Gelenke, da das Abrollen erst allmählich in seiner normalen Form ablaufen kann.

Bei Islandpferden kommt dem Beschlag neben dem Schutz vor übermäßigem Abrieb noch eine zweite und sehr elementare Bedeutung zu. Wie bei vielen anderen Gangpferderassen wissen die Islandpferde vor allen Dingen durch die Art ihres Bewegungsablaufs zu bestechen; daran erfreut sich bei weitem nicht nur der Turnierreiter. Es ist nur logisch, dass ein beschlagenes Pferd freier auffußt und sich deswegen insgesamt erhabener bewegt. Doch damit nicht genug: Durch unterschiedliches Gewicht der Vorder- und Hintereisen lässt sich der Takt in den unterschiedlichen Gangarten enorm beeinflussen, so sehr, dass in früheren Zeiten auf den Turnieren ein Pferd nach einzelnen Prüfungen umbeschlagen wurde (dem wurde heute durch wesentlich strengere Regeln ein Riegel vorgeschoben).

Wie beeinflusst das unterschiedliche Gewicht der Eisen nun den Takt? Hufeisen werden heute meist industriell gefertigt und sind genormt. Das unterschiedliche Gewicht kommt durch die verschiedenen Stärken der Eisen zustande. Handelsüblich sind Eisen in 6, 8 und 10 mm Dicke, wovon wiederum meist die 8er bzw. 10er Eisen bevorzugt werden. 6er Eisen sind zu schnell abgelaufen und brauchen außerdem einen sehr stabilen Tragrand; ist dieser zu schwach, bricht er durch Verformung des Eisens oft auseinander. Nun ist der Unterschied im Gewicht zwischen 8er und 10er Eisen gar nicht so groß, je nach Größe beträgt er 120–180 g pro Huf. Dies allein könnte den Takt durch verzögertes Auffußen kaum merklich verändern, käme da nicht noch die Beschleunigungskraft durch die Bewegung hinzu. Sie ist zwar noch nie gemessen oder berechnet worden, dürfte aber ein Vielfaches des eigentlichen Eisengewichts betragen. So ist es auch zu erklären, warum ein höheres Gewicht an den Vorderhufen mehr bewirkt als das gleiche an den Hinterhufen, denn der Aktionsradius und damit die Beschleunigungskraft der Vorhand sind wesentlich größer.

Besonderheiten beim Beschlag von Islandpferden

Ob beschlagen oder unbeschlagen, der Schmied sollte bei dem Ausschneiden der Hufe beachten, an der Sohle und dem Strahl nur das wirklich Notwendige wegzunehmen, da die Isländer (immer noch) am häufigsten auf naturgewachsenem Untergrund laufen. Dadurch ist die Gefahr des Eintretens

Richtlinien für einen taktbeeinflussenden Beschlag

- Ein Viergänger mit gleichmäßiger Gangverteilung kommt für den täglichen Gebrauch mit gleichen Eisen vorn wie hinten aus.
- Der Trabtölter wird hinten schwerer beschlagen, vorn kommen 8er, seltener 6er Eisen zum Einsatz. In extremen Fällen kann es nötig sein, das Pferd vorn eine Weile barfuß gehen zu lassen.
- Der Tölter, der zum Pass neigen kann, und der Fünfgänger werden in aller Regel vorn schwerer beschlagen; 10 mm Eisen sind hier die Regel.
- Eine Ausnahme können die Rennpasser bilden: Manche neigen im Pass zu starkem Viertakt, weil sie an der Vorhand mit 10er Eisen schon zu schwer beschlagen sind.
- Eine weitere Besonderheit ist bei vielen Rennpassern noch zu beachten: Aufgrund des lateralen Ganges kann es vorkommen, dass sie sich – vornehmlich mit den Hinterbeinen – streifen oder greifen, was zu bösen Verletzungen an der Innenseite der vorderen Röhrbeine, Ballen und am Kronsaum führen kann. Deswegen stellt der Schmied solche Pferde hinten zehenweit, indem er den äußeren Tragrand höher stehenlässt.

spitzer Gegenstände wesentlich größer als bei solchen Pferden, die nur in der Halle oder auf dem Reitplatz geritten werden und die Auslauf nur in einem Paddock kennen. Das mag manchem Schmied erst einmal zuwiderlaufen, wenn der Huf nicht so „aufgeräumt" wirkt, wie er es sonst gewohnt ist. Sachliche Argumente bei einer Tasse Kaffee dürften aber in den allermeisten Fällen fruchten. Der Hufschmied hat schließlich auch eine Ausbildung absolviert; jede Abweichung von seiner üblichen Technik muss daher schon stichhaltig begründet werden, damit der Schmied guten Gewissens von seinem gewohnten Weg abgehen kann. Er denkt schließlich (und Gott sei Dank) in erster Linie an die Gesundheit des Pferdes.

In einen ordentlich beschlagenen Huf gehören sieben bis acht (vier außen, drei bis vier innen) Hufnägel, das ist sozusagen Standard. Man sollte jedoch durchaus auch versuchen, mit nur sechs Nägeln auszukommen, das ist nämlich in dem meisten Fällen absolut ausreichend. Jeder Nagel mehr hält das Eisen auch nicht länger, birgt aber die Gefahr, dass zu weit hinten genagelt wird. Damit wird die Haltbarkeit der Hufwand möglicherweise unnötig geschwächt, und Fäulnisbakterien können eindringen.

Auch für die Größe und Lage des Hufeisens gibt es eine Norm: Es soll in seinem Verlauf dem Kronrand folgen und hinten maximal bis zur Hälfte des Ballens vorstehen. Es ist schön, wenn das Pferd diese Eisen behält, leider passiert es gerade bei den Gangpferden aber häufig, dass sie krumm- oder gar heruntergetreten werden. Der Schmied sollte also sehr genau hinschauen, wenn er sich das Pferd vor dem Beschlagen vortraben lässt. Auch sollte berücksichtigt werden, dass sich das Islandpferd in Bezug auf die Stellung seiner Gliedmaßen nicht an das Lehrbuch hält. Mit anderen Worten: Die Beine des Islandpferdes sind oft alles andere als gerade, nämlich richtiggehend krumm, was eventuell große Auswirkungen auf den passenden Beschlag haben kann. Muss der Schmied also auch hier häufig mal von der Norm abweichen, wenn das Eisen eine volle Beschlagsperiode halten soll. Die Hintereisen müssen im Trachtenbereich enger als üblich gelegt werden (sehr viele Islandpferde stehen hinten bodeneng). Die Vordereisen müssen im Extremfall genau dem Verlauf des Tragrandes entsprechend geformt werden, damit sie eine Chance haben, auf dem Huf zu bleiben. Allerdings sollte auch der Reiter sein Möglichstes tun, durch entsprechendes Gymnastizieren und maßvolles Fordern des Pferdes einen „normalen" Hufbeschlag zu ermöglichen, will er nicht Fehlbildungen in der Hufform in Kauf nehmen.

Gerade junge Islandpferde haben es sehr oft schwer, unter dem Reiter die Balance zu finden. Trotzdem müssen sie beschlagen werden, um ihren Takt zu finden, auch wenn es ansonsten zweckmäßiger wäre, sie barfuß laufen zu lassen, bis sie genügend Kraft und Kondition aufgebaut haben.

Mit der zunehmenden Verbreitung unserer Robusten hat gleichzeitig die Verschlechterung des Arbeitsplatzes der Schmiede Einzug gehalten: Dem Schmied muss ein befestigter, überdachter Platz zum Beschlagen zur Verfügung gestellt werden. Ist dies direkt am Stall nicht realisierbar, muss man einen anderen Platz finden und den nötigen Weg dorthin in Kauf nehmen.

Spezialbeschläge

Beschlag mit Platten oder Ringen

Ein Beschlag, der die Hufe künstlich verlängert, wirkt ähnlich wie schwerere Eisen auch taktverändernd. Dies geschieht durch zwischen Eisen und Huf gebrachte Leder- oder Kunststoffplatten oder Ringe. Die Platten werden noch mit Hanf oder Silikon gepolstert, was zusätzlich eine dämpfende Wirkung mit sich bringt und das Beschlagsgewicht erhöht. Die Taktverbesserung kommt einerseits durch die verbesserte Stoßdämpfung und andererseits durch die Verlängerung der Zehenachse zustande. Aus den gleichen Gründen wie bei den schwereren Eisen ist die Wirkung an den Vorderhufen wesentlich größer als die an den Hinterbeinen.

Als Dauerlösung eignen sich Eisen mit Kunststoff- oder Lederringen am besten, sofern der Schmied dafür Sorge trägt, dass das verwendete Material hart genug ist; ansonsten graben sich die Trachten mit der Zeit in den Stoff ein, der Hufmechanismus wird mehr beeinträchtigt und die Trachten können wegbrechen, was eine Verschlechterung der Hufstellung zur Folge hätte. Zudem kann mangelnde Härte dazu führen, dass der Ring oder die Platte zusammengedrückt wird, die Hufnägel fangen an zu „pumpen“ und können so Teile der Hornwand wegsprengen. Der Ring hat gegenüber der Platte den Vorteil, dass Strahl und Hufsohle unbedeckt bleiben, atmen können und der Huf auf die übliche Art saubergehalten werden kann.

Luwex-Einlagen

Im letzten Jahr ist eine neue Einlage auf den Markt gekommen, die laut Angaben des Herstellers nahezu alle obengenannten Probleme beheben soll. In ihrer einfachsten Form handelt es sich um einen offenen, hufeisenförmigen Ring aus absolut abriebfestem Kunststoff, auf dem beiderseits hinten sogenannte „Fixiernocken“ aufgebracht sind, die zwischen Trachte und Eckstrebe oder aber in der Strahlfurche auf der Sohle aufliegen. Sie bewirken, dass sich die Einlage so frei mit dem Hufmechanismus bewegen kann, wie es eben die Hufnägel erlauben; demzufolge kann keinerlei Abrieb der Trachten stattfinden. Zudem hat die Einlage angeblich eine gewisse stoßdämpfende Wirkung, so dass auch die Belastung beim Auffußen gleichmäßiger erfolgt, was wiederum das Wegbrechen der Trachten vermindert.

Diese Art von Einlagen ist für extreme Fehlstellungen auch keilförmig zu haben. Dazu werden Keilstücke in unterschiedlicher Stärke angeboten, die, mit einigem Aufwand, auf dafür vorgerichtete Einlagen „aufgeclipt“ werden.

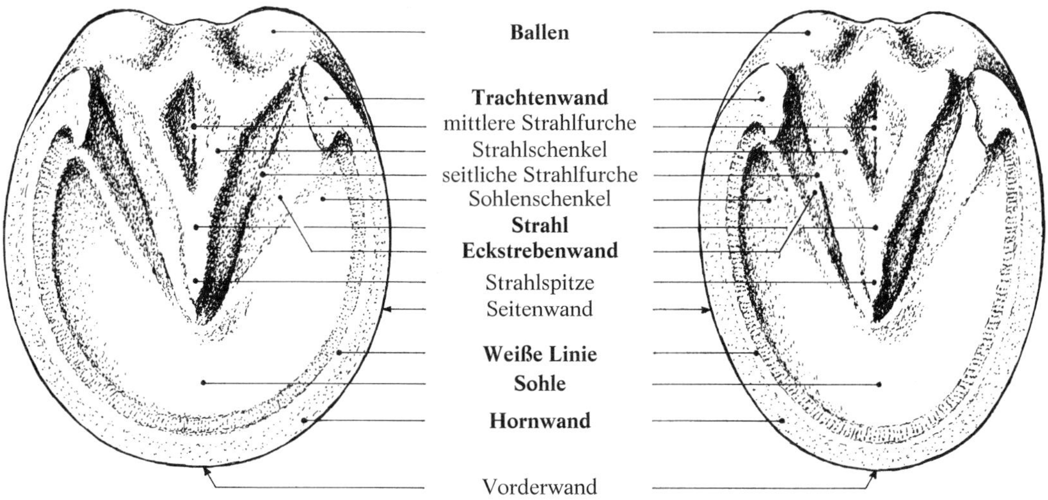

Huf, Sohlenfläche. Links: Vorderhuf, rechts: Hinterhuf.

Fütterung

Wir wollen uns noch mal in das Gedächtnis zurückholen, wohin das Islandpferd eigentlich gehört: Nach Island nämlich. Dass das nicht nur für die tatsächlich importierten Pferde gilt, sondern ebenso auch für die auf dem Kontinent geborenen, soll folgendes Beispiel deutlich machen.

Eine Tierart, die eine bestimmte Eigenschaft nicht erst erlernt, sondern der diese genetisch vorgegeben ist, wird diese Eigenschaft nur dann wieder verlieren, wenn sie nicht mehr notwendig ist oder durch eine wichtigere ersetzt wird. Ist diese Eigenschaft aber für das Überleben eines Individuums nur ein klein wenig von Vorteil, wird sie niemals wegfallen. Genau das ist bei der Futterverwertung des Isländers der Fall, nämlich dass er aus Nahrung mit wenig Inhalt doch noch erstaunlich viel herausholen kann. Mit noch einfacheren Worten: Das Islandpferd wird von Wenig fett.

Speck auf den Rippen

Ein zu dickes Pferd ist vielleicht lediglich „nicht schön", ein fettes Pferd ist sogar im hohem Maße nicht gesund. Nicht allein das Gangwerk leidet darunter, auch Gelenke, Bänder und Sehnen müssen jedes Kilo mehr aushalten. Das Pferd schwitzt eher, und die Kondition will nicht wachsen. Schlimm ergeht es auch der Leber, die mit dem ständigen Überangebot fertig werden muss und, das ist eben das Risiko, dies irgendwann nicht mehr schafft. Dann allerdings ist es meistens schon zu spät.

Wann aber ist mein Pferd zu dick? Einen guten Hinweis geben uns darauf die Rippen des Pferdes. Sie sind zu finden links und rechts von Wirbelsäule, im Brustkorbbereich. Pardon, dort sollten sie zu finden sein. Findet man dort trotz Bohrens mit dem Finger nichts annähernd Hartes, dann ist das Pferd fett. Richtig wäre es, wenn bei dem Darüberfahren mit dem Finger mit mäßigem Druck die Rippen fühlbar sind. Natürlich soll man nicht darauf „klavierspielen" können, andererseits darf man sie aber auch nicht suchen müssen.

Eine andere Methode wäre, das Pferd auf eine Entfernung von fünf bis zehn Meter zu beobachten und darauf zu achten, ob man die Rippen höchstens ahnen oder doch tatsächlich sehen kann, wenn sich das Pferd einmal zur anderen Seite biegt. So kriegt man heraus, ob das Pferd zu dünn ist, allerdings bringt diese Methode keine Gewähr für das Gegenteil.

Dies kann natürlich nur eine Richtlinie sein; das eine Pferd ist sehr grobknochig und kann eher etwas mehr auf den Rippen vertragen, damit es gefällig aussieht, das andere Pferd ist sowieso schon rundlicher gebaut und muss dementsprechend etwas schmaler gehalten werden. Im Zweifelsfall gilt immer „Weniger ist Mehr".

Die Sache mit dem Eiweiß

Den Begriff „Eiweiß" hat vielleicht der eine oder andere mal im Zusammenhang der sogenannten Hufrehe gehört. Dies ist eine äußerst schmerzhafte und, wenn nicht sofort etwas getan wird, sehr folgenschwere Entzündung der Huflederhaut, von der in einem der folgenden Kapitel (siehe S. 57) ausführlicher die Rede sein wird.

Das „Eiweiß" hat zwar seinen Namen daher bekommen, weil es dem Weißen im Ei weitgehend identisch ist, es kommt jedoch in allen tierischen und pflanzlichen Geweben als wichtiger Baustein – hier Protein genannt – vor. Eine sehr wichtige Aufgabe kommt ihm beispielsweise als Baustein bei dem Aufbau der Muskulatur zu.

Und jetzt die Frage: Lesen wir uns den vorherigen Satz ganz aufmerksam durch, müssen wir eigentlich selbst darauf kommen, welche Pferde vor allen Dingen Proteine brauchen:

- Jungpferde, die im Wachstum begriffen sind,
- Tragende Stuten im letzten Drittel der Trächtigkeit, wenn das Fohlen hauptsächlich an Masse zulegt,

Das Verdauungssystem des Pferdes ist auf gleichmäßige Raufuttergaben angewiesen.

- Reitpferde, die auf Leistung trainiert werden und deswegen an Muskelmasse zunehmen.

Alle anderen brauchen nicht mehr als den Erhaltungsbedarf. Weniger ist mehr, wissen Sie noch? Ich kann Ihnen ein bisschen Rechnerei, ein bisschen Beschäftigung mit dieser Materie nicht ersparen, denn dazu ist dieses Thema zu wichtig. Aber ich möchte Ihnen das Thema leichter machen, indem ich mich auf die Dinge beschränke, die für unser Islandpferd wirklich wichtig sind und mit denen – kleine Abweichungen immer mit inbegriffen – wir auch auskommen.

Sommerfütterung

Mitte Mai bis Ende Oktober stehen die Ponies auf der Wiese, zum Reiten werden sie einfach geholt, geputzt und gesattelt und hinterher eben wieder auf die Wiese gestellt… Nein, so einfach geht es nun doch nicht.

Man muss zunächst von Zwei- bis Mehrfachteilung des Grundstücks ausgehen, und zwar in Abhängigkeit von der Zahl der Pferde und der Fläche des vorhandenen Weidelandes. So ist auf der einen Seite der Auslauf, evtl. mit einem entsprechenden Stall. Auf der anderen Seite sind die Weide oder parzellierte Wiesenstücke, auf die wir unser Augenmerk richten wollen. An dieser Stelle sei ein Verweis auf die Fülle von Fachliteratur angebracht, welche zu weiterführenden Themen erschöpfend Auskunft geben kann. Wir beschränken uns hier auf das für das Islandpferd Spezifische.

Düngung der Weideflächen

Sie ist so sparsam wie möglich zu halten und streng nach Bodenproben auszurichten, allerdings vielleicht mit einer Ausnahme: Auch wenn eine Bodenprobe in Ordnung ist, also eine Düngung eigentlich nicht notwendig ist, sollte man trotzdem ein- bis zweimal pro Jahr dünn Kalkstickstoff streuen, sofern auf den Weiden nicht regelmäßig und sehr gründlich die Pferdeäppel abgesammelt werden. Kalkstickstoff tötet nämlich die immer im Kot vorhandenen Wurmlarven ab, vermindert also so eine Reinfektion. Wo möglich sollte auf natürliche Düngemittel zurückgegriffen werden. Faustregel: Je mehr Fläche die Pferde ingesamt zur Verfügung haben, um so weniger braucht man zu düngen.

Pflege

Im Frühjahr gehört es zu den ersten anfallenden Arbeiten, die Wiese abzuschleppen, wofür zum Beispiel eine umgedrehte Wiesenegge (Zinken nach oben) gute Dienste leistet, die zusätzlich noch beschwert sein kann. Dadurch werden die Pferdeäpfel verteilt, Moos entfernt und Maulwurfshaufen eingeebnet. Das Abschleppen kann auch dann nicht eingespart werden, wenn die Pferdeäpfel regelmäßig aufgelesen werden.

Auf reinen Pferdeweiden muss nach jeder Nutzungszeit gemulcht und wiederum abgeschleppt werden (es gibt auch Geräte, die das gleichzeitig erledigen), danach muss eine Ruhezeit eingehalten werden. Hier gilt einmal mehr: Nutzung so kurz wie möglich, Ruhe so lang wie nötig.

Trotzdem kommt man um eine gelegentliche Nachsaat und, vor allem nach Jahren der einseitigen Nutzung, auch um einen kompletten Umbruch mit anschließender Neuansaat nicht herum, es sei denn, man hat soviel Fläche zur Verfügung, dass man ein über das andere Stück für ein Jahr brach liegen lässt, damit es sich ausreichend erholen kann (oder zum Heumachen nutzt nach Großvaters Art).

Wasser

Glücklich ist derjenige, der einen Bachlauf sein Eigen nennt, zumindest auf den ersten Blick. Denn eine Voraussetzung muss der Bach erfüllen: Er muss sauber sein, sozusagen annähernd Trinkwasserqualität haben, sonst ist er auch für Pferde nicht geeignet. Also sind hier – auch wenn eine erste Probe ist Ordnung sein sollte – regelmäßige Wasserproben zu den unterschiedlichen Jahreszeiten notwendig, um in etwa eine Gewähr zu haben, dass das Wasser frei von schädlichen Stoffen ist.

Falls kein natürliches Wasser vorhanden ist, ist das Organisationstalent gefragt. Es gibt viele Möglichkeiten, wie das Wasser zur Koppel transportiert werden kann. Nur eines muss gewährleistet sein, nämlich dass immer und ausnahmslos ausrei-

Raufutter, vorzugsweise Heu oder Stroh, sollte immer ausreichend zur Verfügung stehen.

chend frisches Wasser zur Verfügung steht und alle Pferde auch drankommen können!

Die Praxis

Auf dieser Weide verbringen die Pferde einen Teil des Tages oder der Nacht, wieviel davon, hängt von mehreren Faktoren ab.

- Wie ist der Ernährungszustand der Pferde?
- Wie groß ist das jeweilige Stück?
- Wie ist der Bewuchs (Jahreszeiten beachten!)?

Sie werden wahrscheinlich überrascht sein: In der ersten Hälfte der Weidesaison sind drei bis vier Stunden vollkommen ausreichend, in der zweiten, in der das Gras ja langsamer wächst, fünf bis sieben Stunden. Wie immer kommt unser Auge als kritischer Betrachter hinzu. Einen weiteren Hinweis gibt die Bodengüte: Auf Grenzertragsböden kann kein ebenso energiereiches Futter wachsen wie auf fettem Ackerlandboden. Die Pferde müssen von diesem Boden also längere Zeit fressen, um die gleiche Energie aufzunehmen, was zumindest eine Angleichung an Island darstellt. Wer also die freie Wahl hat: Lieber mehr und karges Land wählen als wenig und fettes. Es ist zwar in allem ungünstiger, weil weitere Wege zu erledigen sind, weil es oft unwegsamer ist, weil mehr Zaun zu kontrollieren ist und vieles mehr. Aber für unsere Islandpferde ist so ein Weideland um so gesünder.

Zusatzfutter

Grundsätzlich ist in einer kräuterreichen, gesunden Weide alles drin, was ein Pferd bei normaler Nutzung als Reitpferd braucht, lediglich ein Salzleckstein sollte immer zur Verfügung stehen. Das Vitamin- und Mineralstoffangebot lässt sich kaum schätzen oder berechnen, es kann sich nur

Alternative zur Rundraufe: das Fressgitter.

aus Futterproben bestimmen lassen oder umgekehrt, durch Blutuntersuchungen beim Pferd, und darauf sollte man im Zweifelsfall zurückgreifen. Prophylaktisch irgend ein Gemisch zu verfüttern wäre verkehrt, weil sonst wieder einmal des Guten zuviel getan wird.

Was soll man nun aber die restliche, weit überwiegende Zeit mit den Pferden tun, wenn die Wiese tatsächlich zu inhaltsreich ist und die Pferde nur zeitweise zum Grasen rausgelassen werden können?

Im Paddock, jenem abgeteilten Stück, das für die übrige Zeit zur Verfügung steht, wächst innerhalb kürzester Frist rein gar nichts mehr. Eventuell vorhandene Büsche oder Bäume sind, soweit die Tiere sie erreichen können, abgenagt. Jetzt greift man auf Stroh zurück, welches man in Rundraufen (Rundballen) oder in Krippen zur freien Aufnahme anbietet. Die Pferde haben immer etwas zum Knabbern und der Beschäftigungsdrang ist befriedigt.

Winterfütterung

Heu

Früher war das sorgfältig geworbene Heu das wichtigste Grundfutter und aus der Pferdefütterung überhaupt nicht wegzudenken. Dass sich die Fütterungspraktiken so geändert haben, liegt nicht etwa an einem veränderten Geschmacksempfinden unserer Pferde, sondern an anderen Gründen. Zum einen ist die geänderte Heuwerbung daran schuld. Nicht mehr Qualität, sondern in erster Linie Quantität zählt, und so werden schnellwüchsige Gräser zusätzlich durch reichlich Stickstoffdüngung hochgeputscht, mit tiefeingestellten Kreiselmähern mit Knickzettern (der durch zusätzliches Knicken der Halme für schnellere Trocknung sorgen soll) gemäht und nach ausreichender Trocknung in Rundballen gewickelt. Der mitgepresste Schmutz aus dem zum Teil gemähten Erdboden erhöht praktischerweise das Gewicht und damit auch den Preis.

Das so geworbene Produkt ist qualitativ mit jenem Heu, das auf extensiv gedüngten Wiesen mit hoher Pflanzenvielfalt mit Messerbalken oder noch früher mit Sensen gemäht und nach schonendem Wenden in kleine Niederdruckballen gepresst wurde, nicht zu vergleichen.

Zum anderen macht uns die wachsende Allergiebereitschaft, die bei dem isländischen Pferd auch noch besonders ausgeprägt sein mag, zunehmend Sorgen. Hat es bislang ausgereicht, Heu nasszumachen oder in Extremfällen auch auf andere Futtermittel auszuweichen, wenn ein Pferd „ohne Grund" hustet, so reicht das schon seit längerem nicht mehr aus. In neuester Zeit wird vermehrt Pilzbefall mit Husten in Zusammenhang gebracht, und hier schließt sich der Kreis: Der Befall mit Schimmel- und anderen Pilzen ist aus der hochtechnisierten Heuwerbung nicht mehr wegzudiskutieren. Jeder Pferdehalter sollte aus diesen Gründen nur nach bestem, wenn möglich traditionell geworbenem Heu Ausschau halten, auch wenn dafür tiefer in den Geldbeutel gegriffen werden muss.

Grassilage

Mit dem Rückgang der Heufütterung hat gleichzeitig – und wohl auch mit dadurch verursacht – die Grassilage enorm an Bedeutung gewonnen, und das vor allem, seit die Rundballensilage im Vormarsch ist.

Und dies eigentlich auch zu Recht. Zwar gelten, was das Mähgut anbetrifft, die gleichen Kriterien wie auch beim Heu. Bei schlechter Auswahl findet sich auch hier eine gewisse Einseitigkeit durch geringe Artenvielfalt, was durch vermehrten Einsatz von Zusatzstoffen wettgemacht werden müsste. Ansonsten ist man aufgrund der schnelleren Anwelkzeit wesentlich weniger wetterabhängig. Die Krümelverluste beim Wenden halten sich in Grenzen und Nährstoffverluste stehen durch luftdichten Abschluss der Silage in gar keinem Vergleich zu denen des Heus.

Dies sind also alles nur Vorteile, doch wo bleiben die Nachteile? Einerseits ist die Herstellung von Silage ein gar nicht einfaches Unterfangen. Es gehört viel Fingerspitzengefühl dazu, den richtigen Zeitpunkt für den jeweils nächsten Arbeitsgang zu finden, sonst wird beispielsweise die Silage zu trocken und gärt nicht richtig durch oder sie bleibt zu nass und wird faulig. Zum anderen ist die Lagerung ein Problem. Eine Biss- oder Pickstelle genügt, um einen ganzen Ballen zu Abfall werden zu lassen, weil der Gärungsprozess auf absoluten Sauerstoffausschluss angewiesen ist. Hier hilft nur eine Lagerung unter Netzen und eine sorgfältige Kontrolle der Ballen vor dem Verfüttern.

Und schließlich kann statistisch gesehen, etwas ganz Seltenes eintreten. Doch wenn es passiert, ist es für die Tiere oft tödlich, in jeden Fall aber mit einem sehr langwierigen, für den Besitzer sehr teuren Gesundungsprozess verbunden. Die Rede ist vom sogenannten Botulismus-Bakterium, im Volksmund auch „Leichengift“ genannt. Wie kommt es in das Futter und warum ist Silage so besonders gefährlich? Im Prinzip ist das Bakterium überall, es vermehrt sich aber dort explosionsartig, wo es die geeigneten Bedingungen vorfindet, zum Beispiel in Tierkadavern unter möglichst anaeroben (= unter Luftabschluss) Bedingungen. Ins Futter kommt das Bakterium – außer durch Zufall – mit den Tierleichen durch zu tief eingestellte Mähteller und Pickups, also der Mähgutaufnehmer der Pressen. Im ungünstigen Fall können die Erreger auch in Heu- oder Strohballen hinreichend Sauerstoffarmut für ihre Vermehrung finden, aber ideal ist es eben in den Silageballen, wo die anaeroben Verhältnisse ja die Vorbedingung für den Gärprozess sind.

Wie wirken diese Bakterien, genauer gesagt deren Ausscheidungen, denn sie sind das eigentliche Gift? Sie lähmen durch Besetzen der entsprechenden Nervenendigungen die Gesichts-, Schluck- und Verdauungsmuskulatur, auch die Schweifrübe ist betroffen. Bei schweren Vergiftungen zeigen sich auch Lähmungserscheinungen der Atem- und aller übrigen Muskeln, was natürlich dann in kürzester Zeit zum Tode führt. Das Vertrackte daran ist, dass das Pferd (oder ein anderer Pflanzenfresser) direkt von der betroffenen Stelle gefressen haben muss, um die Ausscheidungen des Virus aufzunehmen. So kommt es vor – wie bei uns geschehen –, dass von drei Pferden in zwei Boxen zwei krank wurden; eines in der Doppelbox (das am darauffolgenden Tag starb) und eines in der daneben liegenden Einzelbox (es überlebte, wenn auch mit einem immensen Aufwand), während das andere in der Zweierbox völlig gesund blieb.

Eine einfache Gegenmaßnahme ist es, die zu verfütternde Silage für mindestens zwei Stunden dem Tageslicht auszusetzen (dazu reicht auch ein bedeckter Himmel), wodurch die Erreger abgetötet werden. Wer das wider besseres Wissen unterlässt, handelt – trotz der geringen statistischen Wahrscheinlichkeit des Auftretens – grob fahrlässig und wird es im Falle eines Infekts bitterlich bereuen.

Stroh

Pferde sind physiologisch so angelegt, dass sie den ganzen Tag, von mehreren kleinen Pausen unterbrochen, fressen müssen, um dem Darm einen ununterbrochenen Nahrungsfluss zu gewährleisten, da – vereinfacht gesagt – das Magenvolumen sehr klein ist und außerdem die Nahrung sich selbst weiterschiebt. Kommt es dabei zu größeren Unterbrechungen, kann es zu Koliken kommen, die sehr gefährlich werden können. Nun kann man aber die Pferde nicht ganztägig Gras oder Silage fressen lassen, weil sie sonst, wie oben ausführlich besprochen, in kürzester Zeit unangenehm fett werden würden.

Stroh ist sehr eiweißarm, doch beträgt der Energiegehalt immerhin 40–60 Prozent von dem des Heus, also bitte in die Berechnung der Gesamtration mit einbeziehen. Bei freier Aufnahme (Fütterung ad libitum) frisst ein Isländer zwischen vier und maximal sechs Kilo/Tag.

Wo Publikumsverkehr möglich ist, können Hinweistafeln durchaus nützlich sein.

Welches Stroh ist geeignet? Haferstroh ist optimal und wird von den Pferden schon fast zu gern gefressen. Nur ist es nicht leicht zu bekommen und muss vor dem Pressen sehr gut getrocknet sein, da es wegen des relativ hohen Grünanteils leicht Schimmelpilze ansetzt. Gerstenstroh wird auch gern genommen, nur muss man hier vorsichtig sein wegen der Grannen, die sich im ungünstigen Fall im Zahnfleisch festsetzen und dort unter Umständen tiefe Löcher verursachen können. Roggenstroh wird nur dann gefressen, wenn gar nichts anderes da ist, da es zu viele Bitterstoffe enthält. Vorsicht geboten ist außerdem, weil es sehr hart ist und deswegen vor allem bei älteren Pferden zu sogenannten Anschoppungskoliken führen kann.

Am weitesten verbreitet ist das Weizenstroh. Es wird gern gefressen, ist gut verträglich und in den meisten Gegenden in ausreichender Menge zu haben. Nur sollte man sich vor der Ernte erkundigen, ob es nicht mit einem Halmverkürzer gespritzt wurde, weil es dann nur noch aus dem harten Stengel besteht und ähnlich unverträglich ist wie das Roggenstroh.

Der Vollständigkeit halber sollte auch Triticale-Stroh nicht unerwähnt bleiben. Es stammt aus einer Kreuzung zwischen Gerste und Roggen und scheint weder die Bitterstoffe des Roggenstrohs noch die langen Grannen des Gerstenstrohs zu enthalten, jedenfalls wird es als Futterstroh sehr gut angenommen. Wer die Möglichkeit hat, sollte einen Versuch nicht scheuen.

Grassamenstroh ist ein Produkt der Grassamengewinnung. Gut getrocknet gepresst ist es als Raufutter durchaus geeignet. Nur sollte man die Alleinfutterration dann etwas kleiner ausfallen lassen, weil dieses Stroh doch gehaltvoller ist als die sonst gängigen Sorten.

Einzelfuttermittel

Sich in dem Angebot an Fertig-, Zusatz-, Vitaminergänzungs- und Kraftfutter zurechtzufinden, scheint heute fast unmöglich, zu komplex ist das im Handel befindliche Angebot. Unser Isländer braucht ganz einfach ein eiweißreduziertes Kraftfutter. Alles andere ist eine Geschmacks- und Geldfrage.

Pellets

Jeder namhafte Hersteller von Futtermitteln hat neben den üblichen Kraft-, Aufzucht- und Zusatzfuttern auch ein eiweißreduziertes Mischfutter im Lieferprogramm. In ausreichender Menge gegeben soll es den Nährstoffbedarf eines durchschnittlich

Er braucht sich um Rationsberechnungen nicht zu sorgen...

gerittenen Ponys oder Pferdes komplett abdecken; nur noch Raufutter (Stroh oder Heu) muss aus ernährungsphysiologischen Gründen zugefüttert werden. Eiweißreduziert heißt, das „verdauliche Rohprotein" ist im Vergleich zu anderen Futtersorten gesenkt. Statt 18–25% sind es hier nur 8–11%. Es besteht im Allgemeinen aus Grünmehlen (Gras oder Luzerne, getrocknet und gemahlen), Hafer und Rübenschnitzeln. Vitamine und Mineralstoffe sind für die Grundversorgung meist ausreichend beinhaltet.

Pellets werden von fast jedem Isländer gern genommen, lassen sich gut dosieren und sind einfach zu handhaben. Meiner Meinung nach sind sie dem Heu (wegen der genannten Nachteile) vorzuziehen, auch wenn es abends im Stall gemütlicher klingt, wenn die Ponys ihr Heu mümmeln.

Müsli

Ein Mischfutter der besonderen Art, so scheint es zunächst. Es sieht meist so lecker und bekömmlich aus, dass zumindest der „Körnerfreak" selbst kaum widerstehen kann. In Wahrheit aber entspricht es in Bezug auf die Inhaltsstoffe den Pellets, nur optisch ansprechender aufbereitet. Dies mag ein Zugeständnis vielleicht an die „Müsli-Generation" sein, es folgt der unterschwelligen Werbung „Was uns Menschen lecker vorkommt, ist bestimmt auch für das Tier gut". Sie selbst entscheiden, ob Sie das aufwendig aufbereitete „Müsli" zu einem entsprechend höheren Preis wählen oder Ihrem Pferd einfach weiter die entsprechende Menge Pellets in die Krippe schütten. Wirklich entscheidend ist die Aussage des Beipackzettels, der jedem aufbereiteten Futter beigefügt sein muss und die Zusammensetzung offen legt.

Sollte ein Pferd dem normalen Futter tatsächlich so kritisch gegenüberstehen, dass es die Aufnahme nahezu verweigert, kann es aber in der Tat angebracht sein, für eine gewisse Zeit auf so ein Futter auszuweichen. Auch bei älteren Pferden kann über einen gewissen Zeitraum dieses Futter sinnvoll sein, da die spezielle Aufbereitung zumindest eine bessere Verwertbarkeit dieses Futtermittels verspricht.

Hafer

Ebenso wie das Heu gehört Hafer zu den althergebrachten Pferdefuttermitteln; es ist auch heute noch von klassischen Heu-Haferrationen die Rede. Nur sind heute die tatsächlichen Bedarfszahlen sehr viel weiter erforscht, und man weiß, dass Heu und Hafer den Nährstoffbedarf des Pferdes keineswegs abdecken.

Ein ähnliches „Muss“ wie das Raufutter: Der Salzleckstein.

Trotzdem behält der Hafer seinen festen Platz in der Pferdefütterung. Er ist im Gegensatz zu pelletiertem Futter ein natürliches Futtermittel, enthält viel Energie und nicht allzu viel Eiweiß. Er könnte sogar den Hauptanteil einer Futterration stellen, wäre da nicht das Gerücht, an dem durchaus etwas Wahres dran ist: Zuviel Hafer macht die Pferde „kirre im Kopf“, schwer kontrollierbar und so fort. An der Energie kann es nicht liegen, davon haben andere Futtermittel noch mehr. Die wahre Ursache für dieses Phänomen wurde noch nicht gefunden.

Jetzt aber zu einer jener Besonderheiten, die das Islandpferd auszuzeichnen scheinen. Zwar kann man kurzfristig den oben beschriebenen Effekt hervorrufen, wenn man plötzlich einen größeren Teil der normalen Ration durch Hafer ersetzt. Doch nach spätestens einer Woche ebbt er wieder ab und der Isländer scheint sich schlichtweg daran gewöhnt zu haben. Also ist Hafer, zumindest in normalen Mengen, ohne weiteres für unser Reitpferd einsetzbar.

Hafer ist im ganzen Korn oder gequetscht erhältlich, der gequetschte ist etwas teurer. Tut man seinem Pferd etwas Gutes, wenn man die gequetschte Variante wählt? Nein, es sei denn, man hat eine eigene Haferquetsche. Denn nur täglich frisch gequetscht behält der Hafer noch die gesamten Inhaltsstoffe, während sackweise gekauft sich diese relativ schnell zersetzen. Bei der Fütterung von gequetschtem Hafer kommt man wegen der höheren Verdaulichkeit möglicherweise mit geringeren Mengen aus; dies hat aber andererseits wieder den Nachteil, dass die Pferde weniger kauen müssen. Im Normalfall ist ungequetschter Hafer also absolut ausreichend.

Zusatzfutter

Es gibt nichts, wogegen oder wofür die Futtermittelindustrie noch kein Zusatzfutter entwickelt hätte. Auch für Islandpferdehalter könnte evtl. etwas Sinnvolles in der breiten Palette angeboten werden.

Vitamine sind „Biokatalysatoren“, die der Körper nicht selbst herstellen kann. Sie verhindern die unterschiedlichsten Mangelerscheinungen, die auf Dauer zu schweren Schäden führen können. Mineralstoffe müssen ebenfalls von außen zugeführt werden. Man denke beispielsweise an das Salz bzw. Natrium, das ja eine erhebliche Rolle im Stoffwechsel (Schwitzen) spielt. Außerdem gibt es einige wenige Zusatzstoffe, deren Einsatz von Fall zu Fall sinnvoll sein kann, so beispielsweise Weizenkleie als Verdauungshilfe bei älteren Pferden.

Ein Tipp zum Abschluss: Gehen Sie nie in ein entsprechendes Geschäft und sagen „Das nehme ich auch noch mit, mal sehen, vielleicht wächst die Mähne ja doch ein Stück schneller“. Informieren Sie sich vorher und kaufen Sie nur gezielt das ein, was wirklich sinnvoll ist oder zu dem ein Fachmann (der im besten Fall selbst nichts daran verdient) Ihnen geraten hat.

Rationsbeispiele

Die folgenden Beispiele sollen für ein Islandpferd bestimmt sein, das drei- bis fünfmal in der Woche ein oder zwei Stunden geritten wird.
Ein einfacher Salzleckstein sollte immer zur Verfügung stehen. Das Vitamin-/Mineralfutter ist nur als Beispiel genannt, andere Marken haben ebenfalls eine entsprechende Ergänzung im Programm.

- **Ration auf Heu-Basis**

Heu	ca. 6,5–7 kg
Weizenstroh	ca. 3 kg
Equisel	ca. 15 g

Zusätzlich muss auf den Selengehalt geachtet werden.

- **Ration auf Grassilage-Basis**

Silage	ca. 5–5,5 kg
Weizenstroh	ca. 3,5 kg
Equisel	ca. 15 g

Bei dieser Ration muss auf eine ausreichende Vitamin E-Versorgung geachtet werden, wobei auch dann der Gesamtenergie-Gehalt zu gering ist. Besser wäre eine zusätzliche Fütterung von 1,5 kg Hafer.

- **Ration auf Hafer-Basis**

Hafer	ca. 2,5–3 kg
Weizenstroh	ca. 5–6 kg
Equitop forte	ca. 30 g

Zugefüttert werden müssen lediglich noch Selen und Kupfer, beispielsweise als ein- bis zweiwöchige „Kur" in regelmäßigen Abständen.

- **Ration auf eiweißreduzierter Alleinfutter-Basis**

Hemo-Voran	ca. 2,5–3 kg
Weizenstroh	ca. 4–5 kg
Marstall Piano	ca. 80 g

Auch hier müssten zusätzlich, eventuell als „Kur" Zink, Selen und Mangan gegeben werden.

Futterration

Hier muss jeder Pferdehalter selbst rechnen (oder rechnen lassen), denn ein allgemein gültiges Rezept gibt es nicht. Zur Vereinfachung sollte man sich zwei Verhältniszahlen merken. Da wäre einmal das Verhältnis von Calcium zu Phosphor (Ca:P), das zwischen 1,5:1 und 3:1 liegen sollte. Das zweite wäre das Verhältnis von verdaulichem Eiweiß zu Energie, was optimalerweise 5,0 (g verdauliches Eiweiß) :1 (Megajoule Energie) sein sollte, wobei hier die verträgliche Bandbreite (des Eiweißüberschusses) relativ groß ist. All diese Angaben findet man auf dem Beipackzettel, der jedem Futtermittel beigelegt werden muss. Bei landwirtschaftlichen Produkten richtet man sich nach den Tabellen der Deutschen Landwirtschaftlichen Gesellschaft (DLG), die allgemein gültig sind und ständig auf den neuesten Stand gebracht werden.

All diese oben im Kasten genannten Rationsbeispiele können nur Richtwerte wiedergeben. Der tatsächliche Bedarf ist zu sehr abhängig von individuellen Unterschieden, von der jeweiligen Belastung, von eventuell überstandenen Krankheiten, von der Wetterlage usw. In diesen Rationen wird zwar der theoretische Grenzwert an Trockensubstanzgehalt wegen des hohen Weizenstrohanteils überschritten; die Islandpferde vertragen dies jedoch ohne weiteres.

Unseren eigenen Pferden wird seit Jahren eine Kombination aus den beiden letzten Rationsbeispielen gefüttert, wobei für alle Pferde tagsüber in den Ausläufen Stroh zur freien Aufnahme zur Verfügung steht. Die jeweils genannten Vitamin/Mineralergänzungen werden bei uns **nicht** grundsätzlich gegeben, sondern nur bei Verdacht auf einen Mangel, der beispielsweise bei Blutuntersuchungen festgestellt wurde.

Krankheiten des Islandpferdes

Wenn man hört, das Islandpferd sei robust und langlebig, darf dies trotzdem nicht darüber hinwegtäuschen, dass auch dieses zähe Gebrauchspferd einmal krank werden kann. Hier soll vor allem auf die Krankheiten eingegangen werden, die bei Isländern am ehesten auftreten, womit nicht gemeint sein soll, dass sie bei anderen Pferderassen nicht vorkommen können.

Jede Art von Erkrankung muss als Störung des natürlichen Gleichgewichtes gesehen werden. Ist dieses zur einen oder anderen Seite – auch nur geringfügig – verschoben, muss man schon von Krankheit sprechen. Dabei ist gleichgültig, ob diese Störung des Gleichgewichtes wie bei einer Infektion von innen oder von außen wie etwa bei einem Knochenbruch herbeigeführt wird.

Das freilebende, wilde Pferd bekommt natürlich keinerlei tierärztliche Versorgung. Jede Lahmheit, jede Kolik führt zwangsläufig dazu, dass sich die Überlebenschancen des Individuums verkleinern, – eine Schwächung also, bei der sich die natürliche Auslese einschaltet. Es überlebt nur das robusteste, widerstandsfähigste Pferd. In der Obhut des Menschen kann dieser jedoch regulierend eingreifen; das heißt, auch das weniger widerstandsfähige Tier hat eine Überlebenschance. Regelmäßige Wurmkuren, Ausschneiden der Hufe oder Zähneraspeln, um nur einige Präventivmaßnahmen zu nennen, führen zu einer besseren Lebensgrundlage, die es beispielsweise einem mit genetischen Defekten versehenen Tigerschecken erlaubt, trotz seiner geringeren Widerstandskraft unter menschlicher Obhut zu überleben.

Andererseits gibt es bei der Haustierhaltung auch Schädigungen, die man mit Fug und Recht als „Zivilisationskrankheiten“ bezeichnen kann. Einmal treten sie durch die Haltung selbst auf, man denke nur an die Problematik der Atemwegserkrankungen. Zum anderen spielt dabei auch die Nutzung eine große Rolle. In diesem Zusammenhang sind Erkrankungen der Gliedmaßen oder des Rückens zu nennen.

Nichtsdestotrotz dürften die Pferde unter menschlicher Obhut im Durchschnitt ein wesentlich höheres Alter erreichen als in freier Wildbahn; um wieviel höher die Lebenserwartung tatsächlich liegt, hängt davon ab, wieweit wir in der Lage und Willens dazu sind, eben diese Zivilisationskrankheiten so gering wie möglich zu halten. Man muss sich noch einmal vor Augen führen, was die Lebensgrundlage für das Lebenwesen Pferd bildet. Es ist ein Herdentier mit ausgeprägten sozialen Instinkten, es ist im Allgemeinen ein friedliches, im Angriffsfall zur Flucht neigendes Individuum, und es braucht viel Raum und Luft um sich herum. Es ist zwar nicht zum Reiten geboren, doch vor allen Dingen durch seine besondere Rückenkonstruktion durchaus dafür geeignet, wenn man einige grundsätzliche Dinge beachtet.

Wie schafft man es nun, das Pferd einigermaßen gesund zu halten und es trotzdem für uns zu nutzen? Die bisher bekannteste Art, Pferde zu halten, war und ist die Boxenhaltung; der sogenannte Ständer, in dem das Pferd ständig angebunden war, hat gottseidank bis auf wenige Ausnahmen ausgedient. Die Bauart der Boxen kann so beschaffen sein, dass durch halbhohe Boxenwände zumindest halbwegs ausreichend Sozialkontakt, zum Beispiel durch Mähnenkraulen, gewährleistet ist. Ist der Stall – auch im Winter – gut durchlüftet und kommen die Pferde so oft wie möglich in den Auslauf oder auf die Weide, sind zumindest die elementarsten Bedürfnisse der Pferdehaltung erfüllt.

Bei dem Stichwort „gut durchlüftet“ fällt auf, dass die gängige Meinung ist, ein Pferd hätte „zugfrei“ zu stehen oder dass Zugluft für ein Pferd schädlich sei. Was ist eigentlich „Zug“? Eigentlich nichts anderes als eine gerichtete Luftbewegung, wobei diese „Zugluft“ allgemein kühler ist als die Umgebungstemperatur. Wo aber stehen die Pferde im hügeligen Gelände, wenn sie die freie Wahl haben? Zumindest auf halber Höhe, an warmen

Das Pferd ist ein Herdentier und braucht viel Raum und Luft um sich herum - auch im Winter.

Tagen auch ganz oben, weil dort nämlich die größte Luftbewegung (und die weiteste Übersicht) herrscht. Nur wenn diese Luftbewegung unangenehm kalt wird, ziehen sich die Pferde in geschütztere Täler zurück.

Wirklich gesundheitsschädlich ist dagegen jene kalte Luftbewegung, die nur punktuell auftritt und gegen die sich ein Pferd nicht wehren kann, durch Aufstellen der Fellhaare beispielsweise. Also jenes Loch in der Boxenrückwand, durch welches es erbärmlich „zieht", oder der Luftzug durch die lückenhafte Abdeckung der Offenstalldaches, dem das Pferd nicht entkommen kann, da der gutmeinende Mensch den Stall vorn geschlossen hat, weil es draußen „wirklich zu kalt" sei. So ist das also mit dem Zug: Solange er nicht so kalt ist, dass die Pferde anfangen zu frieren und er großflächig auf das Tier trifft, ist er nicht schädlich, sondern sorgt nur für den äußert wünschenswerten Luftumsatz.

Jeder Halter sollte sich darüber im Klaren sein, dass zu den Voraussetzungen für eine umfassende Versorgung des Pferdes ein guter Tierarzt, der auch wirklich etwas von Pferden versteht, dazugehört. Ziel dieses Kapitels ist es, dem Leser zu zeigen, wie man Krankheiten vorbeugt und was man unterstützend zur tierärztlichen Versorgung selbst tun kann.

Sommerekzem

Das auf dem Kontinent gehaltene Islandpferd wurde nahezu gleichzeitig durch zwei Eigentümlichkeiten bekannt: Es beherrschte eine vierte, damals nahezu unbekannte Gangart, die man in der Fachwelt zuerst als „Lahmheit" bekrittelte, und es bekam häufig eine Krankheit, die man bald „Sommerräude" oder „Sommerekzem" nannte.

Es handelt sich um eine Hautkrankheit, die ausschließlich in der warmen Jahreszeit auftritt. Die Pferde scheuern sich unentwegt, Schopf, Mähne und Schweif gehen zum großen Teil aus, blutige und geschwollene Krusten („Wellblechmuster" an Mähne und Schweif) bilden sich, und in schlimmen Fällen ist auch die Bauchnaht, Brust und Kruppe betroffen. Mit anderen Worten, die Tiere leiden erheblich.

Sobald es kalt wird, verschwinden die Symptome ohne weitere Behandlung wieder, die Haare wachsen nach, und gegen Ende des Winters sehen die Pferde wieder ganz vernünftig aus, bis eben die ersten warmen Tage kommen und das Elend wieder von vorn beginnt.

Man erkannte ziemlich schnell, dass die Ursache in Insektenstichen oder -bissen zu finden war. Denn wenn die Pferde ausschließlich im Stall gehalten wurden, war das Ekzem so gut wie verschwunden. Nach und nach kamen Lotionen, Salben, Shampoos, Sprays sowie die verschiedensten Futterbeimischungen auf den Markt, welche die Symptome mehr oder weniger milderten. Es entstand zuweilen ein wahrer Glaubenskrieg, welches Mittel wohl am erfolgversprechendsten war. Eine wirkliche Heilung bringen sie wohl alle nicht, weil eben viel zu viele Faktoren eine Rolle spielen. Wenn es überhaupt Untersuchungen über die Wirksamkeit eines Mittels gegeben hat, waren diese zwar in der Praxis bewiesen, aber nicht unter wissenschaftlichen Gesichtspunkten abgesichert.

Heute ist der Kenntnisstand folgendermaßen: Es handelt sich bei dem Sommerekzem wahrscheinlich um eine allergische Reaktion, wobei Insektenstiche eine wichtige Rolle spielen. Die Veranlagung scheint genetisch fixiert zu sein, ist also vererbbar, wenn auch noch nicht geklärt ist, ob diese Veranlagung linear – also Mutter/Vater auf Tochter/Sohn – weitergegeben wird oder ob ein Generationensprung – Großmutter/Vater auf Enkel/in – möglich ist.

Es scheint aber deutlich zu sein, dass auf dem Festland gezogene Tiere, die am Ekzem erkranken, dies auch in verstärktem Maße an ihre Nachkommen weitergeben. Auch soll die Allergiebereitschaft zum Teil beeinflussbar sein, denn es wird behauptet, dass fett gefütterte Pferde eher und stärker vom Sommerekzem befallen werden.

Auf dem Kontinent gezogene Pferde bekommen, wenn überhaupt, das Ekzem meist schon im ersten Lebensjahr, wo hingegen die Originalimporte ihr ganzes Leben lang gefährdet sind. Es nützt also nichts, sich vielleicht ein älteres Importpferd zu kaufen, um diesbezüglich sicher zu gehen. In Deutschland ist es seit geraumer Zeit üblich, die hier gezogenen Pferde mit einer zumindest zeitlich begrenzten Garantie auf Sommerekzem-Freiheit zu verkaufen; zeitlich begrenzt deshalb, weil eben das

Ekzemer scheuern sich unentwegt, sie leiden erheblich.

Ekzem auch durch falsche Haltungsbedingungen mitverursacht werden kann.

Es ist inzwischen auch bekannt, dass diese Allergie nicht auf das Islandpferd beschränkt ist. Man findet das Sommerekzem bei allen nordischen Pferde- und Ponyrassen, bei Haflingern, und auch der Warmblüter und selbst der Araber sind nicht dagegen gefeit.

Was also kann man tun, wenn man Besitzer eines Ekzemers (geworden) ist? Ekzemer gehören in den Stall. Natürlich nicht ganztägig, man hat nämlich festgestellt, dass die Stunde vor Sonnenuntergang und die nach Sonnenaufgang besonders gefährlich sind; wahrscheinlich, weil dann jene Insekten besonders aktiv sind. Es ist, wie bei allen Maßnahmen gegen das Sommerekzem, eine Frage des individuellen Ausprobierens.

Im Paddock und auf der Weide gilt es, diese Pferde besonders gegen Insekten zu schützen. Dazu gehört ein lange wirksames Fliegenspray zur äußerlichen Abwehr wie auch Futtermittel (zum Beispiel Knoblauch in seinen verschiedenen Darreichungsformen) zum Schutz von innen heraus. Neuerdings auf dem Markt sind auch sogenannte Ekzemdecken, sehr leichte Decken, die den Ekzemer ganz oder teilweise verhüllen und so vor Insekten schützen. Dies ist meiner Meinung nach die letzte Möglichkeit, die man dann wählt, wenn gar nichts anderes hilft: Die Pferde sehen einfach abenteuerlich aus.

Offene Krusten behandelt man mit auf dem Markt erhältlichen Salben, Ölen und Shampoos. Hier gibt es kein Allheilmittel – nach einer Weile des Herumprobierens findet man das Produkt, welches dem Pferd am besten hilft.Auch gibt es komplette Kuren, die man anwenden kann. Doch hier ist Vorsicht geboten, denn teilweise werden die Inhaltsstoffe nicht oder nicht komplett angegeben, so dass man sich nicht sicher sein kann, was man seinem Pferd auf die Haut oder in den Magen gibt.

Auch die geographische Lage, wo das Ekzempferd gehalten wird, spielt eine nicht zu unterschätzende Rolle. Eine Gegend, in der jede fast jeden Tag der Wind leicht weht, ist auf jeden Fall günstiger als ein geschlossenes, windstilles Tal, in dem die Luftfeuchtigkeit auch dadurch höher ist, weil womöglich noch ein Bach hindurchfließt. Auf den ostfriesischen Inseln oder in Seenähe können die meisten Pferde ohne Aufwand ekzemfrei gehalten werden. Unser Hof beispielsweise ist so gelegen, dass fast ständig Wind vorherrscht. Manch (ehemaliger) Ekzemer bleibt daher bei uns nahezu oder ganz von seinen Leiden verschont. Als eines unserer Pferde sich im Auslauf beim Raufen eine Kopfverletzung zugezogen hatte, die ein Reiten für Wochen ausschloss, wollten wir ihm etwas Gutes tun und schickten ihn auf Urlaub auf eine Talweide. Nach zwei Tagen holten wir ihn ganz schnell zum Hof zurück. Wir hatten schlichtweg vergessen, dass er eigentlich ein Ekzempferd war, und so sah er auch aus: Nicht nur Mähne und Schweif, sondern auch Schultern, Brust und Kruppe waren blutig aufgescheuert. Eine Woche nach seiner Rückkehr war gottlob kaum noch etwas zu sehen.

Zwei Besonderheiten zum Schluss: Es handelt sich hierbei meines Wissens um noch nicht wissenschaftlich abgesicherte Methoden, und doch sollen sie hier nicht unerwähnt bleiben. Ein Tierarzt in der Eifel hat eine Art der Desensibilierung entwickelt, eine Injektionskur mit Fliegenextrakten, die – wenn das Sommerekzem noch nicht aufgetreten ist, zu etwa 60% Erfolg verspricht, das heißt, ca. 80% der importierten Pferde bleiben nach Behandlung ekzemfrei. Wenn man davon ausgeht, dass 60% der Direktimporte irgendwann in ihrem Leben vom Ekzem befallen werden (die Zahl wird allerdings von Deutschen und Isländern kontrovers diskutiert), hätte man somit eine relativ hohe Wahrscheinlichkeit, dass das Pferd ekzemfrei bleibt.

Ein anderer Weg versucht, das Übel an der Wurzel zu packen und sucht dies bei den Pferden in Island selbst. Ein Humanmediziner aus dem Saarland leitet über das Schwitzverhalten und über die Anzahl der Schweißdrüsen in der Haut der Pferde eine Prognose ab, ob die Pferde ekzemfrei bleiben oder nicht. Mit anderen Worten, er injiziert eine bestimmte Substanz (deren eigentlicher Sinn darin liegt, die Rosse bei der Stute herbeizuführen; das verstärkte Schwitzen indes ist eine Nebenwirkung) und beobachtet dann, ob es zu einem Schweißausbruch kommt. Schwitzt das Pferd nicht oder wenig, wird es nach seiner Aussage kein Ekzem bekommen. Sollte diese Methode einmal wissenschaftlichen Untersuchungen standhalten, könnten die gefährdeten Tiere in Island bleiben, was ihnen hier so manches Leid ersparen würde. Er jedenfalls ist so überzeugt von seinen Untersuchungen, dass er auf von ihm persönlich importierte Ponies ebenfalls eine Garantie für Sommerekzem-Freiheit gibt, wie sie sonst nur auf dem Kontinent geborenen Islaniden gewährt wird.

Etwas Grundsätzliches noch zum Abschluss dieses Themas: Man wird zu Zuchtzwecken nicht auf Direktimporte verzichten können, zu groß und wertvoll ist der vorhandene Genpool in Island. Wenn jedoch die europäischen Züchter genügend Pferde zu fairen Preisen für den „alltäglichen Gebrauch" anbieten würden, würde die Importrate auf ein Minimum zurückgehen. Auf diese Weise könnte man vielleicht die isländischen Verantwortlichen endlich dazu bringen, das notwendige Geld aufzuwenden, um den tatsächlichen Ursachen des Ekzems auf die Spur zu kommen und so den Pferden dieses Leid zu ersparen.

Erkrankungen des Bewegungsapparates

Als Bewegungsapparat des Pferdes bezeichnet man die Beine von der Hüfte beziehungsweise von der Schulter an abwärts. Da hierbei insbesondere auch der Rücken eine wichtige Rolle spielt, soll er in diesem Kapitel jedoch mit abgehandelt werden. Wiederum geht es darum, die Beine des Pferdes durch sorgfältigen Umgang gesund zu erhalten, denn Vorsorge ist immer besser als Heilung.

Gesunde Aufzucht

Unser Islandpferd soll zwar vorwiegend als Reitpferd genutzt werden, jedoch beginnt diese Vorbereitung darauf nicht erst im reitfähigen Alter, sondern eigentlich ab der Geburt. Das möglichst natürliche Aufwachsen im Herdenverband wurde schon ausführlich unter besonderer Berücksichtigung des Sozialverhaltens behandelt, aber auch für

Durch genügend Bewegung mit möglichst vielen Altersgenossen auf weiträumigen Weiden trainiert sich der Organismus von selbst.

den gesamten Organismus ist es von großer Bedeutung.

So sind, wie kürzlich in einem Fachblatt zu lesen war, die Züchter von Military-Pferden zu einer besonders robusten Aufzucht ihrer Jungpferde aufgefordert worden, weil die Vielseitigkeitspferde besonders belastbare Knochen haben müssten. Dies ist natürlich insofern ein Trugschluss, denn Dressur- und Springpferde – von den „Freizeit"-Pferden ganz abgesehen – brauchen ebenso stabile Beine.

Durch genügend Bewegung mit möglichst vielen Artgenossen auf wirklich weiträumigen Koppeln, gerne auch bergab und bergauf, trainiert sich der Bewegungsapparat quasi von selbst. Sehnen und Knochen werden gefestigt, die Muskeln aufgebaut und der Kreislauf gestärkt. Wieder einmal gilt gerade das Islandpferd zu Recht als besonders robust, was die Stabilität der – wahrlich in vielen Fällen nicht besonders geraden bzw. „korrekten"– Beine betrifft, – vorausgesetzt die Aufzuchtbedingungen stimmen. Also auch hier von Hände weg von dem vermeintlich günstigen Angebot eines Ponys mit isländischer Abstammung, das hinter dem Haus im Obstgarten groß geworden ist. Es lohnt sich, beim Kauf eines Isländers nachzufragen, wo und wie er aufgewachsen ist, und was mit ihm in Bezug auf Ausbildung schon getan worden ist.

Auch beim Isländer gibt es Stellungsfehler, die sich auf Dauer leistungsmindernd auswirken können; dazu gehören etwa Fehlstellungen des Hufes. Regelmäßiges Ausschneiden und Rundfeilen des Hufes gehören zu der absolut notwendigen Pflege sowohl bei Jung- als auch bei erwachsenen Pferden, je nach Bodenverhältnissen und Belastung vier- bis achtmal pro Jahr. Wenn bei dem Saugfohlen eine Fehlstellung des Hufes festgestellt wird, ist es für den sachkundigen Schmied in den allermeisten Fällen überhaupt kein Problem, diese durch behutsame Korrektur beim Ausschneiden nach und nach zu beheben. Je älter das Pferd wird, um so vorsichtiger muss die Umstellung erfolgen. Und spätestens bei dem ausgewachsenen Tier sollte auch der Tierarzt hinzugezogen werden, um zu entscheiden, ob überhaupt noch eine Korrektur erfolgen soll, oder ob nicht möglicherweise die Sekundärfolgen, also die Folgen, die durch die Korrektur der Hufstellung an Sehnen und Gelenken entstehen können, vielleicht sogar ernster ausfallen würden als die des Stellungsfehlers selbst.

Ich hatte bereits das reitfähige Alter angesprochen. Das Islandpferd gehört zu den spätreifen Rassen, das heißt, es ist erst mit etwa sieben Jahren voll ausgewachsen. Wenn ein Züchter so lange warten sollte, bis er sein Nachwuchspferd in die Ausbildung nehmen kann, würde der Preis in astronomische Höhen steigen. Das ist auch nicht nötig. In Island selbst ist es üblich, das Pferd mit etwa 5 Jahren unter den Sattel zu nehmen; dieses Alter wurde lange Zeit auch auf dem Kontinent übernommen.

Doch hier wie dort gibt es Ausnahmen, und die Gefahr besteht, dass diese Ausnahmen zur Regel werden. Das hat zwei Gründe: Übertriebener Ehrgeiz und falsch angelegte Zuchtprüfungen. Das sogenannte Landsmòt, ein Riesenfest der Pferde, das in Island alle 2 Jahre stattfindet, beinhaltet neben dem sportlichen Wettbewerb auch Zuchtprüfungen, bei denen Zuchtpferde die FEIF-Prüfung ablegen oder Nachwuchspferde zur Nachkommenbewertung ihrer Eltern vorgestellt werden. Was bei diesen Vorstellungen viereinhalb Jahre alte Pferde unter dem Sattel zu leisten vermögen, ist einerseits bewundernswert, andererseits muss dies mit einer massiven Überforderung der konditionellen, physischen und psychischen Kräfte einhergehen. Mag sein, dass die Pferde sich nach der Prüfung in dem anschließenden Urlaub noch vom psychischen Stress erholen können. Die körperliche Überbelastung wird an ihren Schäden erst später zu erkennen sein. Die Behauptung, die oft zur Verteidigung dieses verfrühten Reitens zu hören ist, nämlich, dass die Pferde von Natur so gut wären, dass man keinerlei Ausbildung bräuchte, sie also so gut wie nicht geritten worden sind, möchte ich doch bezweifeln.

Auch bei uns gibt es Ähnliches, wenn auch in etwas abgemilderter Form. Der IPZV schreibt nämlich vor, dass Zuchtpferde mit fünf Jahren ihre FEIF-Prüfung ablegen sollen. Wäre es denn so, dass lediglich das gezeigte Material benotet werden würde, bräuchte man sich um die Pferde keine Gedanken zu machen. Realität ist aber, dass von diesen eine absolute Sportkondition und dementsprechend ausgeformte Gänge verlangt werden, wenn die Besitzer auf hohe Bewertung Wert legen. Und seit der Einführung der FEIF-Jungpferdebeurteilung ist die ungestörte Jugend des Islandpferdes noch viel früher beendet, fängt der „Ernst des Lebens" bei dem ehrgeizigen Züchter noch viel eher an. Das Fohlen oder Jungpferd wird nämlich bei dieser Materialprüfung an der Hand wie auch freilaufend vorgestellt, was als solches noch gar nicht so gravierend wäre. Das Jungpferd könnte ja schließlich auch nur kurz aus seiner Herde herausgeholt und mit einem Minimum an eigentlicher Ausbildung vorgestellt werden. Aber der Beste gewinnt, und fast immer ist dieser „Beste" das Fohlen, das am perfektesten vorgestellt wurde, womöglich noch mit einem Beschlag versehen und in Top-Schaukondition. Dass dafür eine längere Vorbereitungzeit nötig ist, in der das Jungpferd meist mehr Zeit im Stall als in ungestörter Weidehaltung verbringt, wird in Kauf genommen. Es bleibt nichts anderes übrig, als dem späteren Käufer die Entscheidung zu überlassen, ob er ein solches Pferd kaufen will, das durch seine früh errungenen Lorbeeren gewiss zu beeindrucken weiß, oder ob er nicht ein Pferd vorzieht, das in seiner Entwicklung möglichst wenig gestört worden ist. Wie heißt es doch so treffend: „Der Kunde ist König…".

Dies alles soll nicht heißen, dass die Ausbildung vom Boden aus nicht schon vor dem reitfähigen Alter beginnen kann und auch sollte. Manche Bereiter sind der Meinung, mit 3 Jahren könnte die Ausbildung unter dem Reiter beginnen. Auch wenn es reizt, mit dem Pferd, das doch schon so „fertig" aussieht, früher zu beginnen, es kann sich durch Probleme im weiteren Verlauf des Pferdelebens rächen, weil das Jungpferd bereits erste Schäden in seinem Rücken und/oder den Beinen mitbekommen hat. Davon ganz abgesehen grenzt dies an Kinderarbeit im wahrsten Sinne des Wortes – auch was den Kopf, das Verstehen des Pferdes angeht. Auch bei dem Fünfjährigen muss man behutsam vorgehen, ihn langsam an die Arbeit heranführen, wenn die Ausbildung ohne physischen und physischen Schaden ablaufen soll.

Bei jungen Pferden muss die Ausbildung behutsam vonstatten gehen, um physische und psychische Schäden zu vermeiden.

Rücken

Der Rücken des Pferdes spielt bei den Erkrankungen des Bewegungsapparates eine nicht immer genügend beachtete Rolle. Rückenprobleme können sich direkt in einer Lahmheit ausdrücken, sehr viel häufiger jedoch in Taktunreinheiten, Widerwillen, ja sogar durch Bocken oder Steigen wie auch durch Durchgehen zeigen. Geht das Pferd lahm, wird wohl jeder den Tierarzt holen, bei den anderen vielfältigen Symptomen ist man entweder ratlos oder sucht die Ursache vielleicht fälschlicherweise in dem schlechtem Charakter seines Ponys.

Rückenprobleme können sowohl im Muskel- als auch im Knochenbereich zu suchen sein. Ist gesunde und pferdegerechte Aufzucht, Anreiten im richtigen Alter und schonender Konditionsaufbau gewährleistet, kann vor allem der Sattel Ursache des Problems sein. Auch der bekannte Schweifriemen kann bei einem unpassenden Sattel zu viel zu tun bekommen, er muss ihn so stark zurückhalten, dass er ständig stramm ansteht und einen unangenehmen, oft sogar schmerzhaften Zug auf die Schweifrübe ausübt. Des weiteren ist die Kammergröße – die „Weite" – wichtig für die korrekte Lage des Sattels. Ist sie zu weit, rutscht der Sattel über den Widerrist nach vorn, ist sie zu eng, sitzt er zu hoch über dem Pferd. Der Druck des Reitergewichts wird dann nicht gleichmäßig verteilt, was wiederum den gefürchteten Satteldruck zur Folge hat. Auch in diesem Fall kann der Sattel in der Bewegung zu weit nach vorne rutschen, so dass er über dem Widerrist zu liegen kommt.

Satteldruck

Satteldruck ist in seiner mildesten Form eine Reizung der oberen Hautschichten, was bei dem nächsten Fellwechsel zu einem Nachschieben von weißen Haaren führt, eine Tatsache, die den Reiter für den Rest des Pferdelebens an diese Druckstelle erinnert. Ist der Druck stärker oder andauernder, kommt es zu flächigem Anschwellen der Haut verbunden mit Haarausfall. Außerdem sind die betroffenen Stellen deutlich wärmer. Bei der schärfsten Form des Satteldruckes kommt es zu einem Aufbrechen der Druckstellen, es fließt Blut. Dann allerdings ist der Reiter ohne jedes Gefühl auf einem schlecht sitzenden, wahrscheinlich auch verdreckten Sattel auch noch viel zu lange oder im Extremfall sogar wiederholt geritten, ohne die ersten Anzeichen eines Drucks wahrzunehmen. Es lohnt sich also, einen Fachmann zu Rate zu ziehen, der sich Pferd und Sattel nicht nur im Stand, sondern auch in der Bewegung unter dem Reiter ansieht.

Aber auch schlichtweg falsches Reiten kann der Grund sein für ein steifes, taktmäßig ungleich tretendes Pferd sein. Scheint all dies nicht zuzutreffen, ist wieder der Tierarzt gefragt. Er wird erst einmal den Rücken vor Ort untersuchen, abtasten und, wenn er gründlich ist, sich das Pferd auch freilaufend, an der Longe und geritten vorführen lassen. Wenn sich dann der Verdacht auf ein organisches Problem erhärtet, kann auch eine Blutuntersuchung weiteren Aufschluss über die Ursache geben. Auch kann ein Mangel an bestimmten Futterbestandteilen der verursachende Faktor sein, hier seien beispielhaft wieder Selen und Vitamin E genannt.

Etwas Besonderes, dabei gar nicht selten bei Isländern, sind die sogenannten **kissing spines**; mit „spines" sind die Dornfortsätze der einzelnen Wirbel gemeint, die am oberen, am dorsalen Ende der einzelnen Wirbel stehen und die Aufhängepunkte für die Sehnen der beidseitig der Wirbelsäule entlanglaufenden Muskelstränge bilden. Stehen diese zu nahe beisammen, was Veranlagung oder Überlastung, meist jedoch beides zusammen, als Ursache haben kann, kommt es eben zu diesen kissing spines: Bei der Belastung durch den Reiter kommt es zu Berührung der Enden zweier oder mehrerer Dornfortsätze, was zu Reibungen und damit zu Entzündungen führt. Es gibt die Möglichkeit, an den betreffenden Stellen ein entzündungshemmendes Medikament zu injizieren. Erheblich mehr Aufwand macht in schwereren Fällen eine Operation, bei der die „Reibungspunkte" chirurgisch entfernt werden. Handelt es sich bei dem erkrankten Pferd um eine Stute, die ansonsten gute Voraussetzungen zur Zucht mitbringt, kann auch eine Bedeckung förderlich für die Genesung sein, da während der Trächtigkeit Hormone freigesetzt werden, die indirekt zur Heilung beitragen können. Allerdings sollte abgeklärt sein, dass die Rückenschwäche nicht genetisch bedingt ist.

Muskulatur

Die Muskeln sind nicht nur wichtig für die Fortbewegung, sondern auch für die „Eigenbeweglichkeit", d. h. für Verhaltensweisen wie Ernährung, Körperpflege, Schlaf etc. Eine eventuelle Gefährdung der verschiedenen Muskelgruppen kann herbeigeführt werden durch Fütterungs- und Haltungsfehler, durch Verletzungen oder auch durch Infektionen. Der vernünftige Pferdehalter wird sein Pony gewiss nicht in Watte packen, denn übergroße Vorsicht und naturnahe Haltung widersprechen sich nun einmal. Daraus folgt zwangsläufig, dass auch bei großer Umsicht Verletzungen auftreten können. Sofern Muskeln davon betroffen sind, kann es sich dabei um Zerrungen, Quetschungen sowie um Risse handeln.

Zerrungen kommen immer dann vor, wenn ein Muskel weiter gedehnt wird, als es seiner von der Natur vorgegebenen Funktion entspricht. Das kann beim Spiel oder Kampf mit Artgenossen passieren, es geschieht aber auch unter dem Reiter, wenn dieser Bewegungen verlangt, die dem Pferd nicht möglich sind, sei es durch zu hohes Tempo, verkehrten Beschlag oder unpassenden Untergrund. Häufig sind dabei Muskeln in Oberschenkelbereich betroffen, vor allem wenn das Pferd ernsthaft ausrutscht und eventuell mit den Hinterbeinen „übergrätscht“.

Fütterungsfehler und falsche Reitweise können **Verspannungen** vielfältigster Art zur Folge haben. Erkenntnisse der letzten Jahre haben ergeben, dass in diesem Zusammenhang das Vitamin E und das Spurenelement Selen eine herausragende Rolle spielen. Beiden wird zugeschrieben die Muskelzellen zu schützen, indem sie Giftstoffe (Radikale) an sich binden, bevor sie in die Zelle eindringen und schädigen können. Diese Schädigung äußert sich in mangelndem Entspannungsvermögen vornehmlich größerer Muskeln, wie zum Beispiel den Muskelsträngen entlang der Wirbelsäule. Das heißt nicht, dass automatisch diese Substanzen zugefüttert werden müssen, aber mangelnde Rittigkeit, mit anderen Worten, fehlende Lockerheit in den Bewegungen, kann ein Hinweis auf einen diesbezüglichen Mangel sein und sollte eine darauf ausgerichtete Futter- und/oder Blutanalyse zur Folge haben.

Ein ausschließlich vom Reiter verursachtes Muskelproblem soll noch erwähnt werden, die **Muskelüberlastung.** Damit ist nicht der normale Muskelkater gemeint, der selbst bei schonendem Training nicht immer ganz zu vermeiden ist. Gemeint ist die andauernde Überforderung der Muskeln bei zu langen und zu schnellen Ritten, für die das Pferd nicht vorbereitet ist. Das kann sowohl dem Distanzpferd als auch dem Freizeitpferd passieren, das nur am Wochenende geritten wird. Es kommt durch mangelnde Blutversorgung in der Muskulatur zu einem Sauerstoffmangel, was sich als erstes Warnsignal in den sogenannten „Umkehrwerten“ äußert: Die Atemfrequenz ist höher als die Pulsfrequenz des Pferdes, während sie jedoch auch bei Belastung maximal gleich hoch sein dürfte. Voraussetzung ist natürlich, dass die Puls- und Atemwerte überhaupt gemessen werden, wie es beispielsweise bei Distanzritten üblich ist. Wird dennoch weitergeritten, kommt es als nächstes zu einer Verengung der Blutgefäße und damit zu einer weiterenVerschlimmerung des Sauerstoffmangels. Die Anzeichen dafür sind unsicherer Gang, Schwanken und Taumeln mit einer allgemeinen, starken Schwächung des Allgemeinzustandes.

Sehnen

Im Bereich der Sehnen kann es zu Schäden auf zweierlei Art kommen: Zum einen ist es schlichtweg wieder die Überlastung, die zu „dicken Beinen“ führt, zum anderen traumatische Einflüsse, also Verletzungen unterschiedlicher Ursache.

Gegen die **Überlastung der Sehnen** kann der Reiter wesentlich entgegenwirken: Das Pferd kann auf nahezu jedem Boden laufen, wobei der Grundsatz gilt, dass fester Boden besser ist als weicher. Wichtig ist, dass der Untergrund vor allen Dingen gleichmäßig ist. So ist beispielsweise ein Wiesenweg vielleicht etwas anstrengend für das Gangreiten, aber solange harmlos, wie sich keine Steine darin verstecken, auf die das Pferd unvermutet drauftritt. Für das Gangreiten ist im Allgemeinen ein härterer Untergrund empfehlenswert, in speziellen Fällen ist auch mal (und nur über eine kurze Strecke) das Reiten auf Asphalt möglich. Allgemein ist festzuhalten, je weiter nach oben oder unten der Untergrund „von der Norm“ abweicht, um so mehr muss dies im Training berücksichtigt werden. Solche Strecken sollten daher nicht zu lange und nicht gleich in höherer Gangart zurückgelegt werden. Langsame, aber stetige Steigerung ist wichtig. Je vielseitiger das Pferd trainiert ist – und das betrifft selbstverständlich auch die Anpassung an unterschiedliche Bodenverhältnisse – um so sicherer ist man auch dann, wenn man mal in fremdem Gelände die Wege auskundschaften möchte.

Gefährlich ist es immer dann, wenn die Bodenverhältnisse unvermutet wechseln und der Huf oder das Eisen Haftung verliert, also ins Rutschen kommt. Abgesehen von der Sturzgefahr, bei der der Reiter selbst nicht wenig gefährdet ist, kommt es dabei leicht zu Sehnenzerrungen, Dehnungen oder im schlimmsten Fall auch zum Abriss.

Es kommt immer wieder die Frage auf, wann ein Beschlag fällig ist, ob mit Stollen oder ohne. Der Bewegungsablauf ist natürlicherweise auf ein „Aus-Gleiten“ nach dem Auffußen des Beines eingerichtet. Der Schwung wird also nicht abrupt gebremst, was wiederum den Sehnen zugute kommt. Wenn aber aus dem „Aus-Gleiten“ ein

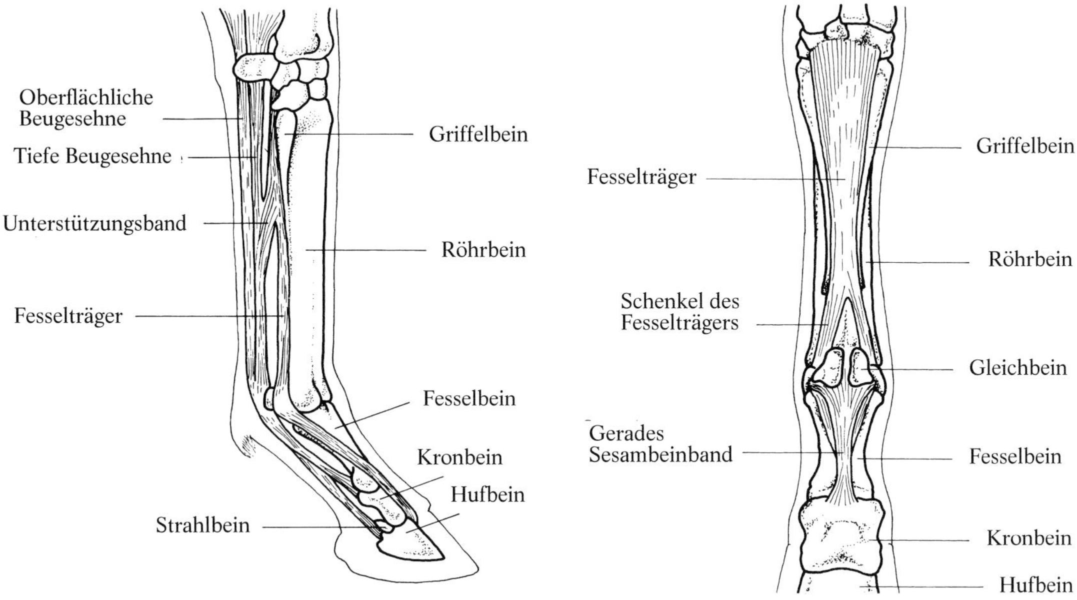

Vorderbein: Das Skelett des Vorderbeines wird beim Reiten stark belastet. Bei rücksichtsvollem Training kann das Pferd aber durchaus auf verschiedenen Böden laufen.

Weg- oder Ausrutschen wird, wird die Bewegung über das natürliches Maß hinaus verlängert, bei einem seitlichen Ausrutschen kommt noch die verkehrte Richtung hinzu. Dann wird es für die Sehnen, aber auch für Muskeln und Gelenke schädlich.

> Wenn es im Training ausreichend berücksichtigt wird, kann das Pferd auf sehr unterschiedlichen Böden laufen.

Der Besitzer muss also abwägen, wann und wo er in welchem Tempo reitet, ob er bereit ist, sein Pferd bei rutschigem, nassem oder eisigem Untergrund lieber auf der Weide oder im Stall zu lassen oder es mit Stollen beschlagen lässt, auch mit dem Nachteil, das natürliche Aus-Gleiten auf griffigem Boden damit zu unterbinden. Zwar gibt es nach wie vor Stollen, die sich bei Bedarf aus- und einschrauben lassen; die Praxis hat jedoch gezeigt, dass vielen Reitern auf Dauer dieser Arbeitsaufwand zu groß ist und sie also die Stollen entweder die ganze Zeit ein- oder ausgeschraubt lassen.

Knochen

Knochenbrüchen geht fast immer ein traumatisches Ereignis, also ein Unfall voraus. Es gilt hier nur zu unterscheiden, ob der Unfall haltungs- oder nutzungsbedingt ist. Die Therapiemöglichkeiten, falls es welche gibt, sind zwar die gleichen, doch die Ursachen, und was man dagegen tun kann, können sehr unterschiedlicher Natur sein.

Weitaus die Mehrzahl der Unfälle passieren im Auslauf oder auf der Weide. Jeder Zaun, gleich welcher Bauart, sollte sicher sein, d. h. keine scharfen Kanten, Schrauben, Nägel, lose Bretter und dergleichen aufweisen. Optimal wäre es, wenn außerdem sämtliche Ecken abgerundet wären. Dies verhindert, dass ein Pferd bei Rangstreitigkeiten hineingetrieben wird, also in der Falle sitzt und sich nur durch einen Sprung nach draußen retten kann. Ebenso sollte der Untergrund einigermaßen eben sein und keine Stolperfallen, Stufen etc. aufzeigen.

Isländer sind in der Regel beschlagen (siehe S. 26), was einem Schlag mit den Hufen mehr Gewalt gibt. Trotzdem gehen solche Streitereien in

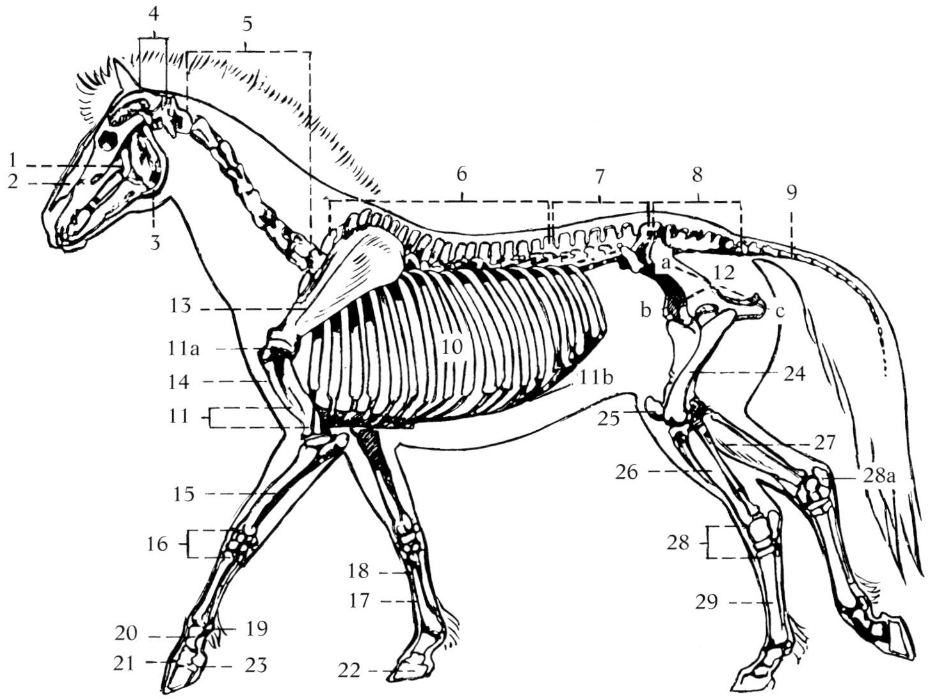

Das Skelett des Pferdes. 1 Jochbein 2 Nasenbein 3 Unterkiefer 4 Hinterhauptsbein 5 Halswirbel (7) 6 Rückenwirbel (18) 7 Lendenwirbel (6) 8 Kreuzwirbel (5) bzw. Kreuzbein 9 Schweifwirbel (18-21) 10 Rippen 11 Brustbein 11a Habichtsknorpel 11b Schaufelknorpel 12 Beckenknochen 12a Hüftbein 12b Schambein 12c Sitzbein mit Sitzbeinhöcker 13 Schulterblatt 14 Oberarmbein 15 Unterarmbein 16 Vorderfußwurzel 17 Vordermittelfuß (Röhrbein) 18 Griffelbein 19 Gleichbein 20 Fesselbein 21 Kronbein 22 Hufbein 23 Strahlbein 24 Oberschenkelbein 25 Kniescheibe 26 Unterschenkelbein 27 Wadenbein 28 Sprunggelenksknochen 28a Sprungbeinhöcker (Fersenbein) 29 Hintermittelfuß

aller Regel glimpflich aus, auch wenn man als unbeteiligter Mensch am liebsten zwischen die Streithähne gehen würde. Prellungen und kleinere Hautverletzungen sind dabei allerdings schon häufiger in Kauf zu nehmen.

Kommt es aber doch zu größeren Schädigungen, sind oft die Knochen betroffen. Meist haben die Beine einen Schlag abbekommen, das Pferd geht hochgradig lahm oder steht gar auf drei Beinen. Das weitere Vorgehen ist immer gleich: Den Tierarzt informieren (in diesem Fall auf Eile drängen!) und, sofern sich das Pferd noch bewegen lässt, es zur weiteren Untersuchung in den Offenstall oder in die Box stellen.

Nun heißt es abzuwarten, bis der Tierarzt kommt, von dessen Diagnose die weiteren Schritte abhängen; meist muss das Pferd zum Röntgen in eine Klinik gebracht werden, sofern es noch transportfähig ist (manche Tierärzte haben aber auch ein transportables Röntgengerät im Auto). Es kann allerdings auch sein, dass im schlimmsten Fall von dem Besitzer eine schnelle Entscheidung abverlangt wird, wie nämlich das Pferd am schnellsten von seinen Schmerzen erlöst werden soll. Sicher ist es so, dass heute viele Brüche, die früher noch unausweichlich den Tod des Pferdes zur Folge hatten, therapiert werden können; die Knochenchirurgie am Tier hat enorme Fortschritte gemacht. Vor allem Fixiermethoden wie Schrauben, Nageln, Einsetzen von Platten u. Ä. geben in vielen Fällen noch eine reelle Chance auf völlige Wiederherstellung. Auch die postoperative Behandlung von Pferden ist heute vor allem durch die Einführung der Schwimm-Therapie sehr erfolgreich.

Auf solchem Untergrund ist gut schlafen - in der trockenen Jahreszeit!

Klar ist jedoch, dass eine solch aufwendige Behandlung auch enorm viel Geld kostet. Auch wenn man es sich leisten kann, so gilt es doch, einen möglichst kühlen Kopf zu bewahren und auf die Erklärungen des Tierarztes zu hören. Er weiß am besten, welche Chancen, aber auch welche Risiken eine solche Behandlung mit sich bringt.

Eine besondere Rolle kommt bei den Knochenbrüchen den **Griffelbeinen** zu. Bei diesen Knochen handelt es sich um die Rudimente (die „Reste") des Zeige- und Ringfingers. Das Pferd gehört ja zu den Zehenspitzengängern, es läuft quasi auf dem zum Huf umgeformten Nagel des Mittelfingers. Im Laufe der Entwicklungsgeschichte sind somit die vier anderen Zehen nahezu vollkommen überflüssig geworden, vergleichbar etwa mit dem Wurmfortsatz des Blinddarms beim Menschen. Diese Griffelbeine sitzen an der Innen- und Außenseite der langen Röhrenknochen unterhalb des Vorderfußwurzelgelenks bzw. des Sprunggelenks. Sie sind schmal-keilförmig geformt und besitzen an ihren spitz zulaufenden Enden eine Art Knopf, das sogenannte Griffelbeinknöpfchen. Meist bricht das Griffelbein hier an dem dünnen Übergang zum Griffelbeinknopf; viel seltener kommt es zu einem Bruch in den stärkeren Bereichen. Im ersten Fall (Abbruch des Knöpfchens) wird dieses operativ entfernt. Teilweise kann man auch ganz auf die Operation verzichten. Oft wächst das Griffelbein von alleine wieder zusammen und lediglich ein kleines Überbein (Kallus) bleibt zurück. Solange dieser Kallus keine Sehne reizt, gibt es keine Probleme. Bei einem Bruch im breiteren Teil wird das abgebrochene Stück entfernt. Eventuell muss der obere Teil des Griffelbeines dann durch Schrauben mit dem Röhrbein fixiert werden. Das Pferd ist nach seiner Genesung wieder voll belastbar, wenn nicht ein Bruchstück des Knochens Sehnen und Muskeln in Mitleidenschaft gezogen hat.

Ein Bruch des Griffelbeines kann wohl auch auf der Weide geschehen, weit häufiger passiert es beim Reiten selbst. Gerade bei den Isländern mit ihren vier oder fünf Gängen, gepaart mit einer hohen Vorhandaktion, streift oder tritt sich das Pferd bei einer forcierten Reitweise, wie etwa auf einem Turnier in den engen Kurven der Ovalbahn, so dass dabei das Griffelbein zu Schaden kommt. Kommt es zu einem Abbruch des Knöpfchens, kann auch einfache „Materialermüdung" die Ursache sein, also Bewegungsüberlastung.

Gelenke

Knochen sind miteinander verbunden durch Gelenke, die je nach Funktion vollkommen unterschiedlich gebaut sind. Auch sie führen, wenn sie in irgendeiner Weise geschädigt sind, zu einer Lahmheit. Eine **Arthrose** (Verschleiß), eine **Entzündung,** abgelöste Knochenteilchen im Gelenk **(Chip)** oder auch Knochenwucherungen, im Allgemeinen **Spat** oder **Schale** genannt, können die Ursache sein.

Sehr selten findet man bei Isländern eine Schädigung der **Hufrolle,** dem Verbund von Sehne, Knorpel und Knochen an der Hinter- und Unterseite der vorderen Hufbeine. Mag ein Grund dafür in der ungewöhnlichen Stabilität des Bewegungsapparates liegen (wofür alle Ponyrassen bekannt sind), mag es mit dem Töltreiten zusammenhängen, das ein verstärktes Untertreten der Hinterhand geradezu zwingend erfordert, man weiß es nicht genau.

Häufiger wird bei Lahmheit ein oder beider Hintergliedmaßen **Spat** festgestellt, eine Knochenwucherung im Bereich des Sprunggelenks, die nicht unbedingt, aber auch an oder in Gelenkspalten stattfindet und dadurch Schmerzen verursacht. Gerade im Anfangsstadium dieser Krankheit tritt die Lahmheit nur zu Beginn des Reitens auf und wird dann allmählich schwächer oder hört ganz auf, das Pferd hat sich „eingelaufen". Die möglichen Therapien reichen vom Spezialbeschlag, der das Gelenk an der schmerzenden Stelle entlasten soll, bis zur Operation, deren Ausgang man jedoch häufig in Frage stellen muss, denn niemand weiß, ob die dadurch beschleunigte Wucherung wirklich die Schmerzen beseitigt. Denn davon hängt eine volle Wiederbelastbarkeit im Wesentlichen ab. Es gibt, abhängig vom röntgenologischen Befund, auch die Möglichkeit, das Pferd trotz seiner Lahmheit weiter zu reiten, bis das störende „Fehlwachstum" abgeschlossen ist. Nur muss man sich darüber im Klaren sein, dass diese Phase mit unter Umständen großen Schmerzen für das Pferd verbunden ist. Andererseits kann es danach vielleicht noch viele Jahre schmerzfrei leben und für den

Besitzer zu reiten sein, wo hingegen sonst der Weg zum Schlachter die einzige Alternative gewesen wäre.

Neuere Untersuchungen in Island haben ergeben, dass zumindest nicht nur genetische Ursachen für Spat verantwortlich zu machen sind. Gerade Freizeitpferde sind, im Gegensatz zu früheren Meinungen, vom Spat befallen. Der Grund hierfür mag sein, dass diese weniger sorgfältig trainiert werden als Turnierpferde und deswegen größeren und sehr wechselnden Belastungen ausgesetzt sind.

Verschleiß und Gelenksentzündungen können in allen Gelenken vorkommen, besonders anfällig sind jedoch Huf- und Sprunggelenk. Wenn dieser Befund durch Röntgenaufnahmen bestätigt wurde, können auch diverse entzündungshemmende Medikamente entweder oral, intravenös oder direkt in das betroffene Gelenk injiziert werden. Mittlerweile ist auch eine Art künstliche Gelenksflüssigkeit auf dem Markt, die ebenfalls in das geschädigte Gelenk gebracht wird.

Auch wenn eine gewisse angeborene Schwäche als Ursache hierfür angesehen werden kann, so hat doch jeder Pferdehalter die Möglichkeit, durch überlegtes Konditionieren (Sprunggelenk) und Achten auf die korrekte Stellung des Hufes direkte Schäden zu vermeiden oder zumindest eine ganze Zeit hinauszuzögern.

Hufe

Man sagt ja ganz richtig „Ohne Huf kein Pferd". Und in der Tat, es gibt kaum etwas Ärgerlicheres als ein Huf mit **schlechtem, sprödem, zu weichem Horn**, vielleicht auch noch verbunden mit zu wenig Wachstum. Das Pferd macht zwar einen fitten Eindruck, dennoch hapert es mit dem Reiten, weil eben der Huf der Schwachpunkt Nummer eins ist.

Der Huf ist eben nicht nur ein „Schuh", der es dem Pferd ermöglicht, dass es damit gehen kann. Er ist auch nicht so unbeweglich, wie es dem unbedarften Betrachter erscheinen mag. So ist er mit daran beteiligt, dass die Stoßkraft des Auffußens nicht ungebrochen nach oben weitergeleitet wird, was unweigerlich zu diversen Schäden an Knochen, Gelenken bis hin zum Rumpf führen würde. Der Huf ist nämlich nur etwa in seinem unteren, vorderen Drittel unbeweglich, nahezu starr, während er sich am Vorderrand des Kronsaumes beim Auffußen zusammenzieht (und dieser auch durch vertikales Nachgeben dämpft), an seinen Enden, den Trachten, hingegen weitet er sich. Das nimmt dem Auffußen schon die erste Wucht, weiter oben wird nochmals abgefedert durch die Stellung der Gliedmaßen und hier besonders durch die Schrägstellung des Fesselbeins, außerdem durch die Winkelung vom Ober- und Unterschenkel zueinander und durch die freie Lagerung der Schulterblätter.

Noch einen weiteren Sinn hat die Beweglichkeit des Hufes: Er unterstützt den Blutfluss in den Adern des Beines. Da sich im Huf viele feine und feinste Blutgefäße befinden, wirkt er gewissermaßen als zusätzliche Pumpe, – jedenfalls solange das Pferd in Bewegung ist, und das ist wiederum bei naturnaher Haltung nahezu ständig der Fall. Hier ist noch umstritten, ob dem Strahl, der keilförmigen Hornmasse in der hinteren Hälfte der Sohle, dabei eine besondere Funktion zukommt oder ob er nur die Rolle einer „Dehnungsfuge" einnimmt.

In allgemeinen Rassebeschreibungen des Islandponies werden häufig die „stahlharten" Hufe erwähnt. Dies allerdings muss bezweifelt werden. Mag sein, dass es bei den freilebenden Herden der Fall ist. Sobald sie aber auf welche Art auch immer mit einem Stall in Berührung kommen, lässt sowohl die Hornqualität als auch – als Folge davon – die Hufform in vielen Fällen sehr zu wünschen übrig, was sich nochmal verstärkt, wenn die Pferde auch noch beschlagen werden. Die Form des Hufes ist dann häufig zu breit und zu flach, oft verbunden mit wenig Trachtenwachstum und als Folge daraus einer zu flachen Stellung.

Dazu kommt die mangelnde Hornqualität, die man von Fall zu Fall als weich-spröde oder auch als glasig-spröde bezeichnen kann. Auf jeden Fall ist sie häufig so, dass man – beschlagen oder barfuß – auf das Reiten zeitweilig verzichten muss, bis genügend gesundes Horn nachgewachsen ist. In vielen Fällen wird die Hufqualität nach dem Import auf den Kontinent besser, was vielleicht auf eine Mangelernährung in Island oder viel wahrscheinlicher, auf mangelnde Stallhygiene hinweist. Auf jeden Fall ist die Form- und Hornqualität bei den auf dem Festland gezogenen Pferden deutlich besser.

Frühjahrszeit ist Rehe-Zeit, also aufgepasst!

Hufgesundheit und Einstreu

Grundlage für einen gesunden Huf sind wieder einmal Haltung und Fütterung. Man ist mittlerweile zu der Erkenntnis gekommen, dass rissiges, sprödes Horn vor allen Dingen durch das Eindringen von Fäulnisbakterien vornehmlich im Bereich der „weißen Linie" verursacht wird. Dies wird natürlich durch das Setzen von Nägeln und Beraspeln der Hufwände, das ja genau in diesem Bereich geschieht, verstärkt. Bei einem unbeschlagenen Huf wäre zumindest dies nicht möglich, da die Wand durch eine sehr harte Schicht, **Glasurschicht** genannt, geschützt ist. In der Haltung der Pferde geht es vordringlich darum, diese Art von Infektion überhaupt nicht zustande kommen zu lassen.

Noch einmal in aller Deutlichkeit: Nässe und sogar Matsch machen dem gesunden Huf nichts aus. Wenn allerdings aus dem Matsch eine „Bakterienbrühe" wird – durch Durchmischung mit Mist und Urin – wird auch der gesunde Huf allmählich von eben diesen Fäulnisbakterien angegriffen und regelrecht zersetzt.

Also nicht der Beschlag, sondern der Untergrund, auf dem sich das Pferd bewegt, ist die Hauptursache allen Übels. Auf der Weide ist dies kein Problem, aber im Paddock und Stall sieht es schon anders aus. Ideal wäre ein trockener Auslauf mit Sand als Untergrund, der auch regelmäßig ausgewechselt würde, tägliches Abmisten natürlich vorausgesetzt. Doch wahrscheinlich sind dazu – aus Zeit- und auch aus finanziellen Gründen – nur die wenigsten in der Lage. Als Alternative käme dann eine Betonplatte in Frage, die ebenfalls sehr sauber gehalten werden müsste, aber auch diese ist sehr teuer und scheitert oft auch an baurechtlichen Fragen; zudem lohnt sich die Investition auf angepachteten Flächen meist nicht.

Eine weitere Möglichkeit ist das Verlegen von Rasengittersteinen, die mit einigem Aufwand auch wieder zu entfernen sind; die Kosten sind hierfür jedoch ebenfalls sehr hoch. Als Kompromiss bietet sich die Strohmatratze an, die aber nur dann einen Sinn macht, wenn regelmäßig frisches Stroh aufgebracht wird, sonst würden die Ponies wieder zuviel mit Fäulnis in Kontakt kommen. Das Gleiche gilt auch für Holz-Hackschnitzel, wobei diese schwieriger zu entsorgen sind. Denn sicher ist, dass eine Entsorgung von Zeit zu Zeit nötig ist, sollen die Pferde nicht nach und nach einen Berg erklimmen.

Werden die Pferde in einem Offenstall gehalten, wäre das Problem so gelöst. Sollen die Pferde jedoch – und sei es auch nur ab und zu – in Laufställen oder Boxen untergebracht werden, hat man das gleiche Problem wieder. Auf nackten Boden kann man kein Pferd stellen, irgendetwas muss eingestreut werden, das Pferdeäpfel und Urin bindet oder aufsaugt. Es gibt zahlreiche Möglichkeiten, wenn sich auch nur wenige als allgemein praktikabel gezeigt haben. Relativ teuer und aufwendig ist die Wechselstreu, bei der täglich komplett ausgeräumt und neu eingestreut wird. Nichtsdestotrotz ist sie gerade bei Problemhufen zu empfehlen, da der Belag logischerweise immer sehr sauber ist.

Alternativ dazu bietet sich die Matratze an, deren Arbeitsaufwand man jedoch nicht unterschätzen sollte. Es genügt keinesfalls, alle paar Tage oder auch täglich frisches Stroh oder anderes Streumaterial aufzubringen, sondern es müssen täglich die Pferdeäpfel und die nassen Stellen ausgeräumt werden, um den Fäulniserregern keinen Nährboden zu geben. Wird dies sorgfältig erledigt, so steht die Matratzenstreu der Wechselstreu kaum nach, hat aber den Vorteil des geringeren Materialeinsatzes, es gibt also weniger Mist. Von Zeit zu Zeit muss die Matratze auch ganz raus, weil die Ausdünstungen nach und nach zunehmen und die Pferde zu weich stehen würden. Pferde brauchen keine dicke Matratze, damit sie „wärmer“ liegen können; sie brauchen frische Luft und einen sauberen, trockenen Boden. In der freien Natur sucht sich das Pferd auch trockene und damit harte Plätze als Ruheplatz aus. Der Hufgesundheit ist damit auch besser gedient, weil der Hufmechanismus – die Beweglichkeit bei Ent- und Belastung – nur dann ausreichend funktioniert, wenn der Boden nicht zu weich ist.

Hufrehe

Vor allem im Frühjahr ist die Hufrehe ein Thema für viele Pferdehalter. Es handelt sich dabei um eine plötzlich auftretende „Vergiftung“ des Blutes; wenn man sich dabei ins Gedächtnis ruft, wie reich der Huf mit Blutgefäßen versorgt ist, wundert man sich nicht, dass gerade hier diese Vergiftung weitreichende Folgen haben kann. Im Frühjahr sind vor allem Ponys für „Weiderehe“ anfällig, eine plötzliche Überversorgung mit stark eiweißhaltigem Gras. Den alljährlich wiederkehrenden Eiweißüberschuss kann der Organismus des Pferdes schon kompensieren, wenn er langsam an das frische Gras gewöhnt wird.

Gerade jedoch genügsame Islandponies reagieren gegen diese Überversorgung mit Eiweiß sehr empfindlich; die überaus schmerzhafte Weiderehe kann vermieden werden, wenn man die Pferde im Frühjahr anfangs nur halbstündig auf die Weide lässt und dies nur allmählich steigert.

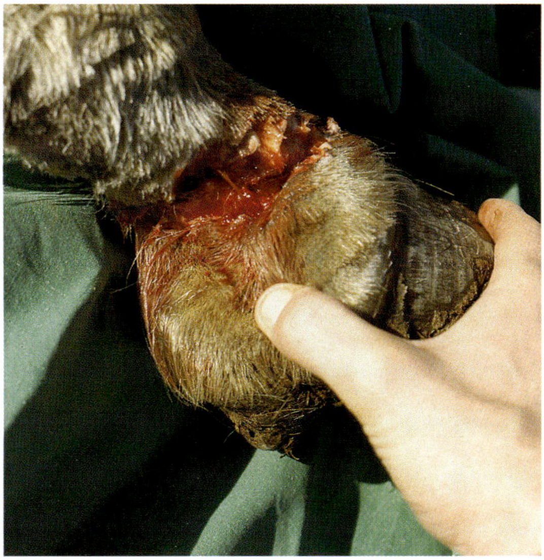

Eine Heuschnur, die vergessen wurde – so können die Folgen aussehen!

Man muss sich die Rehe in etwa so vorstellen: In den Hufen (zuerst sind nur die Vorderhufe betroffen) bildet sich ein Blutstau, der sich nicht wie an anderen Körperteilen durch Anschwellen ausdehnen kann. Vergleichbar ist dies nur mit einem Bluterguss unter dem Fingernagel, nur sind die Schmerzen, analog zur Größe des Hufes, ungleich größer. So steht das Pferd, um seine Vorderbeine weitmöglichst zu entlasten, mit maximal untergestellten Hinterbeinen und weit nach vorne gesetzten Vorderbeinen mitten im grünen Gras, natürlich ohne zu fressen, das nämlich hat es vor Schmerzen eingestellt. Wenn man das Pferd nicht sofort behandeln lässt, lösen sich als erstes die Zotten der Hufwand von denen der weißen Linie. In diesem Frühstadium verbreitet sich die weiße Linie um das Doppelte bis Vierfache. Im fortgeschrittenen Stadium senkt sich das Hufbein mit seiner Spitze ab. Anschließend kann es die Hufsohle durchstoßen, und im Endstadium wird das Pferd ausschuhen, das heißt die Hornkapsel des Hufes verlieren.

Sobald der Verdacht auf Hufrehe besteht, muss der Tierarzt geholt werden. Als Erste-Hilfe-Maßnahme kann man sich zwischenzeitlich folgendermaßen helfen: Das Pony wird mit den Vorderhufen in mit kaltem Wasser gefüllte Eimer gestellt. Auch wenn es dies sonst nie tun würde, jetzt lässt es sich diese Behandlung gefallen, weil es die Linderung der erheblichen Schmerzen spürt. Trotzdem sollte diese Maßnahme aber nur im Notfall angewandt werden; der Tierarzt nämlich möchte gern den aktuellen Zustand des Pferdes möglichst „unverwässert“ sehen, um die geeigneten Maßnahmen veranlassen zu können. Wahrscheinlich werden als Erstes ein Aderlass durchgeführt und entzündungshemmende Injektionen verabreicht. Nach dem Abklingen der Schmerzen muss man sich um den Huf kümmern. Dem Absenken der Hufbeinspitze kann durch Eingipsen mit unter dem Huf gelegten, stark keilförmigen Platten entgegengewirkt werden.

Wenn dann die akute Hufrehe ausgeheilt ist, muss man sehen, was noch an Folgeschäden übrig geblieben ist. Im besten Fall gar nichts, aber bei der chronischen Hufrehe hat sich das Hufbein doch abgesenkt. Es bildet sich oft der sogenannte Schnabelhuf, der einen besonderen Beschlag erforderlich macht. Der „Schnabel“ wird so weit wie möglich weggeraspelt (möglichst bis an die weiße Linie heran) und ein zur Zehe hin offenes Stegeisen aufgenagelt, so dass die Hufspitze so wenig Druck wie möglich aufnehmen muss. Hufschmied und Tierarzt arbeiten bei diesem Beschlag idealerweise zusammen.

Ballen- und Kronsaumtritte

Die sogenannten Ballen sind am hinteren Ende des Hufes zu finden und stellen den Übergang von Strahl zu Kronenrand dar. Der Ballen besteht aus weichem, gummiartigen Horn. Als Kronrand oder Kronsaum wird die umlaufende Zone am oberen Rand des Hufes bezeichnet, dies ist die eigentliche Wachstumszone des Hufes.

Ein Ballentritt passiert fast ausnahmslos dann, wenn das Pferd unter dem Reiter sehr gefordert wird, meist im schnelleren Tempo in Tölt, Trab oder Pass, wobei ein Hinterhuf den Ballen des Vorderhufes „greift“. Ein vermehrtes Kürzen der Hinterhufe oder ein Zurücksetzen der Hintereisen können ein Greifen verhindern. Zur Vermeidung solcher Verletzungen müssen Gliedmaßenstellung und Beschlag überprüft werden.

Unkorrektheiten können nur von einem Fachmann (Tierarzt oder Hufschmied) richtig erkannt werden. Bei einer fehlerhaften Stellung können Ballenboots oder Glocken einen Ballentritt zwar kaum verhindern, mögliche Folgen jedoch abmildern. Ist aber erstmal eine Wunde entstanden, muss sie auf jeden Fall desinfiziert und sauber gehalten werden, wobei man während des Heilungsverlaufs Acht geben muss, ob sich etwa „wildes Fleisch“ bildet; entsprechende Salben gibt es beim Tierarzt. Bei tiefen, stark blutenden Verletzungen muss als Erstversorgung ein Druckverband angelegt und außerdem der Tierarzt verständigt werden.

Kronsaumtritte treten vorwiegend bei Pferden auf, die gerade nicht geritten werden; sie sind also weniger „reiterbedingt“. Ein Pferd kann sowohl sich selbst treten, es kann aber auch im Spiel mit den Artgenossen oder im Pferdehänger ohne durchgehende Trennwände passieren, von seinem Nachbarn getreten wird.

Am Kronsaum oder Kronenrand geht die Hornbildung vonstatten. Dieser Bereich ist besonders reich mit Blutgefäßen versorgt. Deshalb sehen solche Verletzungen durch starke Blutungen meist schlimmer aus, als sie wirklich sind. Nichtsdestotrotz kann es nötig sein, auch nur einen Druckverband anzulegen; danach wird die Wunde sauber gehalten und mit Salbe versorgt, bis eine geschlossene Hautoberfläche gebildet ist. Viel gravierender sind oft die Folgen einer solchen Verletzung, wieviel und wie stark das hornbildende Gewebe zerstört worden ist. Bei kleinen Verletzungen wird im Laufe des Wachstums ein mehr oder weniger großes „Loch“ in der Hornwand herunterwachsen, das je nach Lage beim Nageln Probleme machen kann. Ist aber das Wachstumsgewebe schwerwiegender zerstört, wächst an der Stelle eine Hornspalte herunter, die entweder auf immer bleibt oder vom Hufschmied mit einigem Aufwand geklebt werden kann; die Stabilität der Hufkapsel kann beeinträchtigt sein, solange der Hornspalt besteht.

Vermeiden kann man solche Art von Verletzungen leider nicht immer; Transportgamaschen können aber speziell bei Fahrten im Hänger das Risiko mindern. Hat sich das Pferd jedoch verletzt, so hängt der weitere Verlauf von einer guten Behandlung und damit dem Heilungsprozess ab, die Mühe kann sich also sehr bezahlt machen.

Äußere Verletzungen

Größere Wunden, die vor allen Dingen im Auslauf oder auf der Weide vorkommen, bedürfen zumeist der tierärztlichen Versorgung (siehe Abbildung Seite 60). Aber auch kleine Verletzungen müssen sorgfältig beobachtet und behandelt werden. Abgesehen von der Gefahr einer Tetanus-Infektion, die sich gerade in solchen schnellschließenden Wunden einnisten kann, entsteht häufig die landläufig als „Einschuss“ bezeichnete Phlegmone, die eine starke Schwellung zur Folge hat, schwierig sauber zu halten ist und dadurch eine Ausbreitung der Bakterien über große Teile des Körpers begünstigt. Die daraus resultierende Zerstörung ganzer Gewebeteile macht dann eine aufwendige Intensivtherapie notwendig, die auch nach ihrer Ausheilung unter Umständen große Verhärtungen in den betroffenen Muskeln zurücklassen kann. Die Impfung gegen Tetanus ist übrigens ein absolutes Muss für das Pferd und den Halter.

Im Zuge der Robusthaltung hat mancherorts leider auch eine gewisse Unordentlichkeit bezüglich der Pferdehaltung zugenommen, weswegen – stellvertretend für viele andere – eine Verletzung besonderer Art zu erwähnen ist: Es ist der sogenannte **„Strickfang“,** der dadurch entsteht, dass sich ein Pferd ein herumliegendes Band oder einen Draht um eine oder mehrere Beine gewickelt hat; je nachdem, wo der Strick sich festgezogen hat, kann solch eine Verletzung Sehnen oder Muskeln betreffen, die womöglich sogar durchtrennt werden. Solch ein Strickfang kann unter Umständen erst am Knochen Halt machen, nicht ohne die Knochenhaut auch noch zu schädigen (siehe Abbildung S. 57).

Diese üble Verletzung kann auf der Weide oder im Paddock passieren, der mit glatten Draht oder Litze eingezäunt und – beispielsweise durch spielende oder ausbrechende Ponies – gerissen ist und auf dem Boden liegt. Tritt das Pferd dann in eine zufällig entstandene Schlinge, ist der Strickfang passiert. Jeder Versuch, sie loszuwerden, zieht die Schlinge doch fester zu. Lose herumliegende Stroh- und Heubänder bilden eine weitere, absolut unnötige Gefahrenquelle. Gerade bei dem Verteilen von Raufutter darf es hier kein „die räume ich später weg“ geben; allzu schnell hat man es vergessen, bis einmal ein Pferd einen solchen Strick um die Beine gewickelt hat.

Diese Verletzungen entstehen vorzugsweise in den Gelenkbereichen der unteren Extremitäten. Auch reine Hautverletzungen heilen hier häufig schwer. Nur bei oberflächlichen Verletzungen genügt es, die Wunde sauber zu halten und eine gut haftende, die Haut geschmeidig haltende Wundsalbe aufzutragen. Bei tieferen Wunden sollte der Tierarzt zu Rate gezogen werden.

Augenerkrankungen

An dieser Stelle möchte ich nur eine Krankheit erwähnen, weil sie bei dem Islandpferd gar nicht so selten auftritt.

Periodische Augenentzündung

Diese Erkrankung, auch Mondblindheit genannt, betrifft das ganze Auge, also auch den Glaskörper in seinem Inneren. Anfangs bemerkt man meist nur eine starke Schwellung, die sehr berührungsempfindlich ist. Im weiteren Verlauf kommt es zu einer Trübung des Glaskörpers, und letztendlich schrumpft der ganze Augapfel, – das Pferd ist nun auf dieser Seite blind.

Die Ursachen dieser Entzündung, die wiederholt im Abstand von ein bis vier Wochen, manchmal aber auch bis zu einem halben Jahr auftritt, sind nicht geklärt; Ansteckungen von Pferd zu Pferd scheinen ausgeschlossen, auch wenn evtl. mehrere Pferde eines Bestandes betroffen sein können. Verunreinigtes Wasser (durch Ratten beispielsweise), genetische Ursachen oder auch eine Allergie kommen infrage. Die periodische Augenentzündung ist eine der sechs sogenannten Hauptmängel, die beim Kauf eines Pferdes ein gesetzliches Rücktrittsrecht einräumen (siehe S. 158).

Erste Maßnahme des Tierarztes ist, Atropin in das betroffene Auge zu tropfen, um die Pupille weit zu stellen (anderenfalls würde sie verkleben). Anschließend muss das Pferd dunkel aufgestallt werden, da es jetzt natürlich sehr lichtempfindlich wird. Gute Erfahrungen haben wir auch mit vom Tierarzt durchgeführten Eigenblutbehandlungen gemacht; in 90% der aufgetretenen Fälle ist diese sehr rätselhafte Erkrankung zum Stillstand gekommen, in manchen Fällen auch nicht wieder aufgetreten.

Im Stall gehaltene Pferde können durch Fenster o.ä. am Hofleben teilhaben.

Erkrankungen der Verdauungsorgane

Kolik

Eine Kolik kommt bei Isländern im Vergleich zu den Warmblutpferden recht selten vor. Dies mag die vergleichsweise naturnahe Haltung und eine genetisch bedingte Unempfindlichkeit als Ursache haben. Gleichwohl ist jede Kolik sehr ernst zu nehmen. Sie äußert sich je nach Schwere der Erkrankung durch Scharren, Flehmen, unter den Bauch treten, Schwitzen, unruhiges Hinlegen, Wälzen und in schweren Fällen auch durch einen Kreislaufkollaps. Eine schwere Kolik endet oft nicht an dem eigentlichen Leiden, sondern schlicht in einem Herzstillstand.

Was ist zu tun, wenn man Anzeichen einer Kolik zu erkennen glaubt? Das Pferd wird von seinen Artgenossen isoliert und möglichst in eine geräumige, wenn möglich mit Holzspänen oder Papierschnitzeln dick eingestreute Box gestellt, die idealerweise an den Wänden so abgepolstert ist, dass ein mögliches Festliegen beim Wälzen verhindert wird. Währenddessen muss schon der Tierarzt verständigt und ihm die Symptome geschildert werden. Davon hängt es ab, ob er sofort oder nur so schnell wie möglich kommt.

Ein Sonderfall sei hier angesprochen: Wenn man sein Pferd jahrelang kennt und schon einige Koliken bei ihm durchgemacht hat, die alle glimpflich verlaufen sind, kann man unter Umständen erst einmal die weitere Entwicklung beobachten und dann entscheiden, ob der Tierarzt hinzugezogen wird. Jedoch ist das nur in Einzelfällen möglich und die Entscheidung bleibt die Sache des Besitzers. Im Zweifelsfall oder wenn der Besitzer nicht selbst zugegen ist, gilt es auf Nummer Sicher zu gehen.

Bei älteren Pferden (also etwa ab dem 20. - Lebensjahr) sollte auf jeden Fall der Tierarzt zu Rate gezogen werden, da Kreislaufprobleme größere Probleme bereiten können. Immerhin zählen Koliken und ihre Folgeerscheinungen zu den häufigsten Todesursachen.

Bis der Tierarzt kommt, darf das Pferd nicht unbeobachtet bleiben. Futter und Wasser sind vorerst untersagt. Ist das Tier stark verschwitzt, muss es abgedeckt werden. Steht oder liegt es relativ ruhig, kann man ihm seine Ruhe lassen. Wälzt es sich aber häufig oder lässt es sich sogar einfach auf den Boden fallen, ist es besser, das Pferd zu führen und es – notfalls mit etwas Gewalt – am Hinlegen zu hindern. Wälzt das Pferd sich über den Rücken muss es geführt werden; sonst kann es spätestens hierbei (wenn noch nicht passiert) leicht zu einem Verschlingen des Darms kommen. Dann hilft, wenn überhaupt, nur noch der schnelle Transport in die Klinik. Auch Massagen können bis zum Eintreffen des Tierarztes Schmerzen lindern, jedoch sollte sich der „Masseur“ damit auskennen, damit sich die Behandlung nicht in ihr Gegenteil verkehrt.

Natürlich gibt es auch Vorsorgemaßnahmen, die jedoch eine mögliche Kolik auch nicht ganz ausschließen können. Anstehende Futterwechsel

Eine der häufigsten Kolikursachen ist unsachgemäße Fütterung.

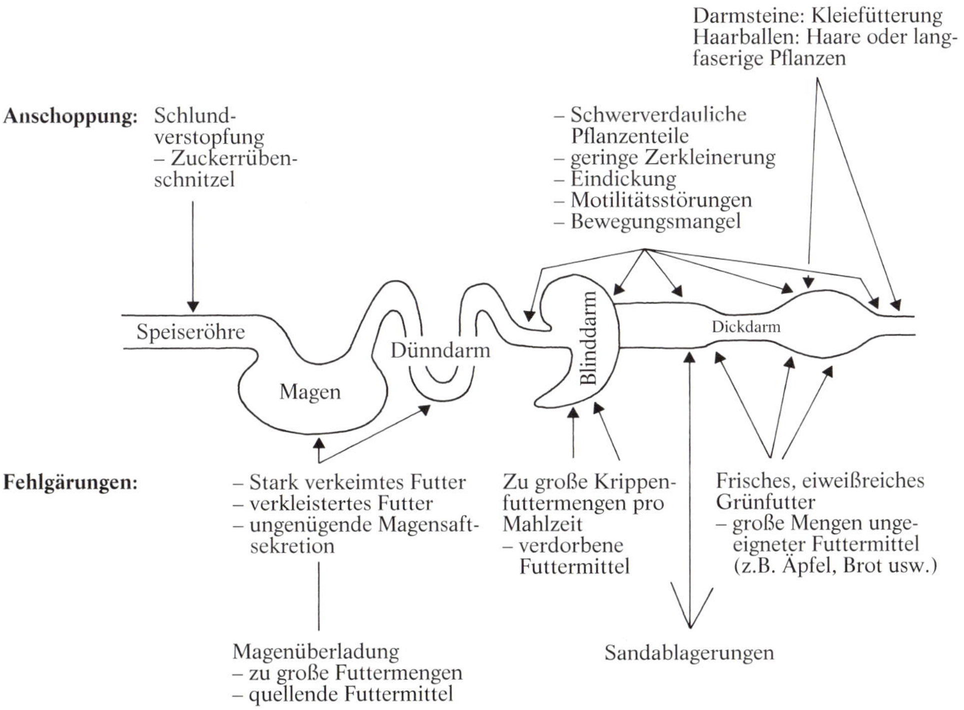

Die Organe des Magen-Darm-Traktes und die entsprechenden Kolikursachen.

sind allmählich vorzunehmen. Dies gilt auch für Fertigfuttermittel bei einem Wechsel der Herstellerfirmen. Gefrorenes Futter, gleich welcher Art, ist möglichst nicht zu verfüttern, wenn auch Isländer das Beweiden von gefrorenen Böden normalerweise gut wegstecken. Kolikanfälligen Pferden kann man Weizenkleie und Leinsamen zufüttern. Leinsamen gibt es mittlerweile auch als Fertigprodukt, das ein Aufkochen überflüssig macht. Bei älteren Pferden haben sich auch ein bis zwei Esslöffel Pflanzenöl, über das Krippenfutter gegeben, bewährt. Bei solchen Pferden, die gleichzeitig anfällig für Kreislaufprobleme sind, kann man bei dementsprechendem Wetter (schwül, sehr heiß, plötzlicher Wetterwechsel) auch einen Esslöffel gemahlenen Kaffee zur Anregung des Kreislaufs unter das Futter mischen.

Erkrankungen der Atemwege

Neben den Hufen und den Beinen kommt der **Lunge** nebst Atemwegen eine herausragende Rolle zu. Eine Beeinträchtigung ihrer Funktion beinhaltet immer auch eine direkte Beeinträchtigung der reiterlichen Nutzung, und dies nicht etwa, weil die Lunge des Pferdes ein natürlicher Schwachpunkt ist, sehr wohl aber krankheitsbedingt oder unter der Obhut des Menschen zu einem solchen Schwachpunkt werden kann.

Die idealen Haltungsbedingungen sind inzwischen ausreichend bekannt. Das Pferd ist durch sein Fell äußerst wirksam gegen Wettereinflüsse gewappnet, gleichgültig ob es sich um Regen, Schnee oder Sturm handelt. Die nordischen Pferderassen, wozu das Islandpferd als einer der typischsten Vertreter gehört, haben zusätzlich als Schutz extrem große Nasenhöhlen und Luftsäcke, die dem Vorwärmen der Atemluft dienen. Zusätzlich können die Nüstern bei kaltem Wetter zu schmalen Schlitzen verengt werden, was ebenfalls der Isolierung dient.

Auch Wärme und Hitze stecken die Islandpferde erstaunlich gut weg. Wenn wir Menschen schon meinen, die sommerlichen Temperaturen hätten die Grenze des Erträglichen erreicht, laufen die Pferde noch immer frisch und munter, wie wir in unseren Reitschulen immer wieder mit Erstaunen festgestellt haben. Auch die Olympischen Spiele wie in Atlanta, das ja für sein Treibhausklima bekannt ist, belegen dieses phänomenale Anpassungsvermögen der Spezies Pferd.

Anders kann es aussehen, wenn der Mensch als Nutznießer, also als Reiter, in diese Regulationsmechanismen eingreift, oft zu Recht, weil sonst das Reiten zu sehr eingeschränkt würde.

Im Unterschied zu Island, wo die meisten Pferde eine ausgedehnte Winterpause haben, wollen die meisten von uns das ganze Jahr hindurch reiten; ein Ausritt durch den Pulverschnee gehört ja zu den absolut schönen Seiten des Lebens.

Nicht selten kommen die Ponies dann aber recht verschwitzt zum Stall zurück, – vielleicht eine gute Gelegenheit, die neu erworbene Pferdedecke auszuprobieren? Es ist zwar richtig, dass ein durchgeschwitztes Fell seine wärmeregulierende Wirkung fast gänzlich verloren hat. Fast gänzlich, aber zusammen mit dem Fettgewebe und den Blutgefäßen, die auch eine Rolle bei der Wärmeregulation spielen, kann der Schutz des Körpers gegen die Kälte durchaus noch ausreichend sein, wenn sich das Pferd windgeschützt unterstellen kann. Eine Decke wäre dann zuviel des Guten, zumal es sich bei unseren gebräuchlichen Decken zumeist um reine Warmhaltedecken handelt, unter denen die Pferde entweder erst recht nachschwitzen, oder die das Abtrocknen des Fells verzögern. Wenn aber eine solche Decke partout aufgelegt werden soll, muss der Reiter durch zusammengedrehte Strohbündel, die zwischen Fell und Decke gelegt werden, für eine ausreichende Luftschicht sorgen. Wir haben zuhause zwar einen Pferdebestand von etwa 20 Tieren, besitzen aber nur eine Pferdedecke, deren Einsatz im Jahr an einer Hand abzuzählen ist.

Zwiespältig ist auch das komplette oder teilweise Scheren des Winterfells. Ganz geschoren bedeutet, dass Auslauf praktisch nur noch bei einer Haltung direkt am Haus in Frage kommt, wo das Pferd jederzeit in den Stall gebracht werden kann; eine oder mehrere Decken sind immer einsatzbereit, wenn das Pferd nicht schon eingedeckt in den Auslauf kommt.

Günstiger ist es in vielen Fällen das Pony nur teilweise zu scheren. So hat es noch wesentlich mehr Schutz, wogegen allzu starkes Schwitzen bei der Arbeit jedoch verhindert wird. Man kann beispielsweise nur Brust und Bauch scheren, und zwar unterhalb der breitesten Stelle des Rumpfes, so dass auch ein Regenschauer unbeschadet überstanden werden kann. Das Wasser trifft nun näm-

Das Pferd ist durch sein Fell äußerst wirksam gegen Wettereinflüsse gewappnet, gleichgültig, ob es sich um Regen, Schnee oder Sturm handelt.

lich nicht direkt auf die Haut, sondern kann über die Haarkante ablaufen. Wird während des Fellwechsels ein Scheren eingeplant, muss dies so zeitig geschehen, dass später noch das Winter- oder Sommerfell vollständig nachwachsen kann.

Husten

Ein Pferd hustet normalerweise nicht, es sei denn, es hat sich mal verschluckt, oder die Luft ist – gerade in den heißen Sommermonaten – sehr staubig. Daher sollte man jedes Mal genauer hinschauen, wenn das Pferd doch einmal husten sollte. Auch die – häufig sehr individuelle – Atmung unseres Pferdes sollte man kennen, um Abweichungen, die schon auf eine Erkrankung hinweisen können, festzustellen. Ausfluss aus den Nüstern kommt ebenfalls nur selten vor; wenn aber, dann ist er klar und wässrig.

Jede Änderung dieses Normalzustandes sollte man registrieren und, wenn es nicht in ein, zwei Tagen vorübergeht, den Tierarzt konsultieren. Ein Fieberthermometer gehört zur Standardausrüstung jeder Stallapotheke und kann einen zusätzlichen Hinweis geben. Eine Körpertemperatur über 38,2 °C ist bei einem erwachsenen Pferd bereits bedenklich.

Abweichungen können zusammen, aber auch jede für sich einzeln auftreten, als da wären: Zäher, weißlich-gelblicher Nasenausfluss, Husten, einzeln oder mehrere Hustenstöße hintereinander, Erhöhung der Atemfrequenz und veränderte Tiefe einzelner Atemzüge; nicht zuletzt gibt auch der Gesamtzustand (energielos, apathisch, in schweren Fällen mit massiven Beschwerden auch ängstlich) Hinweise darauf, dass etwas nicht in Ordnung ist.

Der Tierarzt kann per Stethoskop in aller Regel feststellen, in welchen Bereich (Kehlkopf, Luftröhre, Bronchien) sich eine Verschärfung des Aus- oder Einatmungsgeräusches erkennen lässt. Zuweilen lässt das Geräusch auch Rückschlüsse zu, ob und in welcher Form vermehrte Sekretbildung eine Rolle spielt. Auskultorisch, also durch Abklopfen der Lungengrenzen, stellt der Tierarzt fest, ob die Lunge erweitert ist. Dies kann Rückschlüsse auf ein Emphysem zulassen, dem „Platzen“ einzelner Lungenbläschen mit anschließendem Zusammenfließen zu einem größeren Hohlraum. Eine weitere Möglichkeit ist die endoskopische Untersuchung, bei der ein mit einer Optik ausgerüsteter Schlauch (Bronchoskop) durch eine der Nüstern eingeführt wird. Er ermöglicht ein Betrachten der oberen Luftwege bis hin zu der Gabelung der Luftröhre in die beiden Hauptäste der Bronchien. So ist insgesamt eine sehr genaue Diagnose möglich, welche die weiteren Behandlungsschritte bestimmt. In fortgeschrittenen oder verschleppten Fällen kann auch der Aufenthalt in einer Tierklinik notwendig werden, wo intensivere Behandlungsmethoden wie die Lungenspülung oder der Einsatz der Inhalationskammer angewendet werden.

Jede Erkrankung der Lunge ist zwar nach wie vor sehr ernst zu nehmen, aber sowohl Antibiotika als auch schleimlösende Medikamente sind heute sehr viel wirksamer als noch vor einem Jahrzehnt. Heutzutage besteht eine gute Chance auf Heilung auch in den Fällen, bei denen früher kaum mehr eine vollständige Regenerierung zu hoffen gewesen wäre und die Enddiagnose möglicherweise chronisches Lungenemphysem (Dämpfigkeit) geheißen hätte, ein Zustand, bei dem das Pferd höchstens noch als nicht mehr reitbares Gesellschaftspferd einen Zweck erfüllt hätte. Voraussetzung für erfolgreichen Medikamenteneinsatz ist aber, dass eine solche Erkrankung früh erkannt und behandelt wird. Auch muss mit Geduld abgewartet werden, dass die Krankheit restlos ausheilen kann. Im Gegensatz zu vergangenen Zeiten, in denen dem erkrankten Pferd absolute (Boxen-)Ruhe verordnet wurde, ist es heute meist besser, das Pferd schonend zu bewegen, damit es tief durchatmen muss und leichter abhusten kann.

Virusinfektionen

Ähnlich den Grippeerregern beim Menschen gibt es auch beim Pferd Virusinfektionen, gegen die zwar Impfstoffe entwickelt wurden, die jedoch nicht hundertprozentig wirksam sind; es kommt darauf an, welcher Virustyp die Infektion ausgelöst hat. Kein Stall, keine Weide ist gegen eine Ansteckung absolut gefeit, da die Übertragung des Virus auch indirekt, etwa durch die Kleidung, erfolgen kann. Zudem sind einzelne Virustypen recht langlebig, das heißt, eine vermeintlich überstandene Influenza kann unvermutet wieder auftreten. Im Falle solch einer Pferdegrippe ist oftmals die erste Reaktion, das erkrankte Tier zu isolieren. Meist ist es vergeblich, die anderen Pferde erkranken wenig oder auch erst eine Weile später. Es hat sich als wesentlich günstiger erwiesen, den Pferdebestand sogar enger zusammen zu stellen, damit die Tiere sich möglichst bald infizieren und wieder gesund werden. Der Bestand übersteht die Grippe sozusagen „in einem Aufwasch“ und ist dann, nach einer vom Tierarzt festzulegenden Frist, wieder ansteckungsfrei.

Nach einer durchgemachten Infektion sind die Pferde im Allgemeinen gegen diesen Erregertypus resistent. Vorsicht sollte man allerdings walten lassen, wenn tragende Stuten von einer Ansteckung bedroht sind. Gewisse Erreger können neben den Grippesymptomen auch einen Abort, also ein vorzeitiges Verlieren des ungeborenen Fohlens, herbeiführen. Hier gilt es, Ansteckungsrisiko und Chancen einer Isolierung sorgsam abzuwägen.

Allergien

Haben Besitzer und Pferde schließlich solch eine Erkrankung der Atemwege überstanden, könnte man eigentlich wieder zum Alltag übergehen. Aber leider weit gefehlt, denn der erhöhten Wirksamkeit der Medikamente und Behandlungsmethoden steht ein rasanter Anstieg allergischer Krankheiten gegenüber, wofür die noch geschwächten Pferde besonders anfällig zu sein scheinen. Allergen können in diesem Zusammenhang besonders die Stoffe wirken, die mit der Atemluft direkt oder indirekt, beispielsweise über das Futter, in Berührung kommen. Die Allergene wirken entweder stark sekretbildend (Husten) und/oder sie lösen andauernde Spasmen aus (krampfartiger Husten), eine ständige Verkrampfung der Lungenbläschen mit daraus resultierenden, zum Teil dramatischen Atemproblemen. Die normalerweise sehr wirksamen Medikamente sind gegen diese Probleme weitgehend wirkungslos. Lediglich das bekannte Cortison mit seinen gravierenden Nebenwirkungen hilft. Wohl die einzig wirksame Möglichkeit besteht darin, den allergen wirkenden Stoff auszuschalten. Es gibt zwar inzwischen Untersuchungsmethoden, mit denen sich der allergieauslösende Stoff bestimmen lässt; auch Desensibilisierungen sind vereinzelt möglich. Jedoch sind sie recht aufwendig und dementsprechend teuer, und so ist man am besten beraten, die allgemein bekannten Auslöser solcher Allergien auszuschalten. Als Wichtigstes gilt: Staubfrei halten, also Futter- und Einstreustaub so gering wie möglich halten. Sofern das Pferd aufgestallt ist, sind Späne als Streu die beste Lösung. Spätestes jetzt müssen Alternativen zur Heufütterung gefunden werden. Denn gerade das Heu hat diverse allergene Stoffe (Pilze und ihre Sporen

z. B.), die auch durch Einweichen in (Salz-)Wasser nicht immer ihre Gefährlichkeit verlieren. Verschiedene Verarbeitungsformen von Futtergras (Heucobs, Graspellets) können das Heu ersetzen. Futterstroh muss von allerbester Qualität sein; zusätzliches, gründliches Befeuchten kann den Reststaub binden. In diesen Fällen eignet sich Weizenstroh am besten. Auf Atmungsprobleme zugeschnittene Kräutermischungen können die Erkrankung kaum heilen; als Futterzusatz können sie aber sehr wohl lindern helfen und auch eine gewisse Stärkung der körpereigenen Abwehr kann ihnen bescheinigt werden. Man muss sich insgesamt aber im Klaren darüber sein, dass die Haltung eines solchen Pferdes teurer wird, aufwendiger sowieso, und die passende Futterzusammenstellung kann einem schon Kopfzerbrechen bereiten. Hinzu kommt noch, dass es nicht genügt, das einzelne Pferd auf die „allergiearme“ Haltung umzustellen; die Besitzer anderer Pferde im gleichen Stall müssen mitziehen, damit ein Erfolg sich einstellen kann.

Wer einen guten (Pferde-)Homöopathen kennt, kann auch alternativ diesen Weg gehen. Teilweise werden beachtliche Einzelerfolge erzielt, indem die homöopathischen Medikamente allein aufgrund der Krankheitssymptome ausgewählt wurden.

Parasitäre Erkrankungen

Wo Pferde sind, sind auch andere Lebewesen, die – direkt oder indirekt – von ihnen leben. Die Rede ist hier nicht von Raubtieren, sondern von Klein- und Kleinstlebewesen, die selbst direkt oder durch ihre Entwicklingsstadien dem Pferd Schäden zufügen können. Entsprechend werden sie eingeteilt in Endo- (Innen-) und Ekto- (Außen-)parasiten.

Wurmbefall

Zu den Endoparasiten beim Pferd gehören in allererster Linie die verschiedenen Wurmarten, die das Pferd schwächen oder aber sogar den Tod herbeiführen können. Bereits Wildpferde hatten Würmer, jedoch richteten sie an ihm in der Regel keine gravierenden Schäden an, vorausgesetzt, es war ansonsten gesund. Das Haustier Pferd wird aber nur in den seltensten Fällen unter wirklich natürlichen Lebensbedingungen gehalten; normalerweise lebt es auf beengtem Raum zusammen mit anderen Pferden, und so finden die unterschiedlichsten Parasiten ideale Lebensbedingungen vor, die ihnen die freie Natur niemals bieten könnte.

Zum Studium der verschiedenen Wurmarten und ihrer Entwicklungszyklen sei auf entsprechende Fachliteratur verwiesen. Als vorbeugende Maßnahme muss regelmäßig entwurmt werden, erwachsene Pferde etwa alle drei Monate. Die Wurmkur wird heute meist als Paste oder in flüssiger Form oral verabreicht. Unverträglichkeiten sind inzwischen weitgehend minimiert, auch eventuelle Überdosierungen bleiben meist ohne schwerwiegende Folgen.

Doch nicht jeder Pferdehalter nimmt es mit den Wurmkuren so genau. Neuankömmlinge im Stall sollten daher genau unter die Lupe genommen werden. Stark verwurmte Pferde kann man oft schon an ihrem Äußeren erkennen: Auffallend muss uns das stumpfe, glanzlose Fell (auch der Winterpelz muss einen gewissen Glanz aufweisen) und ein aufgetriebener „Wurm“-Bauch, während das Pferd sonst recht mager ist. Durchfall kann auftreten, und das Tier nimmt trotz guter Fütterung nicht entsprechend zu. Die geforderte Leistung wird oft nicht oder unzureichend erbracht. Die Kotuntersuchung zeigt einen Befall nur dann auf, wenn sich auch tatsächlich Würmer oder Wurmeier im Kot aufhalten. Der Wurmbefall kann sich jedoch, je nach Entwicklungsstadium der Wurmlarven, auch ganz woanders im Körper manifestieren. Blutuntersuchungen bringen daher mehr Klarheit. Meist aber wird der Tierarzt dazu raten, das Pferd in ein- bis zweiwöchigen Abständen über ein bis zwei Monate hinweg mit Wurmkuren zu versorgen. Oftmals tritt dann schon die gewünschte Besserung ein, und man kann das Pony in den gewohnten Rhythmus des Gesamtbestandes mit aufnehmen.

Es sei noch einmal mit aller Klarheit gesagt: Wurmkuren bringen nur dann ihren maximalen Effekt, wenn der gesamte Bestand auf einmal entwurmt wird. Einzelaktionen bringen – wegen der unmittelbaren Reinfektion – wenig und kosten nur Geld. Bei größeren Beständen lohnt es sich auch, den Tierarzt nach Rabatt bei der Abnahme größerer Wurmkurmengen anzusprechen.

Ein Sonderfall sei zum Abschluss noch erwähnt, nämlich der Befall des Tieres mit einem Pferdebandwurm. Die sonst üblichen Präparate sprechen hier nicht an. Dieser Parasit vermehrt sich u. a. durch Abscheiden einzelner Körpersegmente, aus denen sich dann unter entsprechenden Umweltbedingungen wieder ein vollständiger Wurm entwickelt. Die gegen ihn entwickelten Medikamente sind zwar hochwirksam, bei ihrer Dosierung muss man aber sehr genau vorgehen, um die Nebenwirkungen in Grenzen zu halten.

Pilzbefall

Die Sporen der **Pilze** (lange haltbare „Keimlinge") sind mikroskopisch klein und kommen praktisch überall vor. Sie überleben in ihrer Verkapselung fast jede Desinfektionsmaßnahme. Welches Pferd letztendlich davon befallen wird, ob und wie sich der Hautpilz ausbreitet, hängt im Wesentlichen von der Gesamtkonstitution des Tieres, vor allem aber von der Haut ab. Leider ist ein Befall gerade im Winter recht häufig. Jetzt findet der Hautpilz optimale Bedingungen vor, er liebt es nämlich dunkel und feucht. Dementsprechend sind die Ausgangsstellen der Besiedlung in vielen Fällen unter Schopf, Mähne und Schweif zu finden, von wo aus er sich über den ganzen Körper verbreiten kann.

Im Frühjahr und Sommer, also wenn die ultraviolette Strahlung der Sonne am intensivsten ist, verschwindet er häufig von selbst, weil eben diese Strahlung seine Ausbreitung verhindert. So lange kann der Pferdehalter natürlich nicht warten, da die Schäden an Haut und Fell oft gravierend sind; neben dem Ausfallen der Haare kommt es zu nässenden, ekzemartigen Hautläsionen, die durch den Juckreiz noch schlimmer werden. Ein Hautpilzbefall im Sommer kann durchaus zu sommerekzemähnlichen Symptomen führen, obwohl er seltener vorkommt. Hier zeigen sich vor allem die Sekundärsymptome, allen voran das „Wellblechmuster", die wellenförmig geschwollene Haut am Mähnenkamm und Schweifansatz, hervorgerufen durch das Scheuern.
Drei Behandlungsmöglichkeiten bietet die Veterinärapotheke:

- Salben,
- Lösungen zum Abwaschen,
- Medikamente zum Verfüttern.

Kleine befallene Stellen kann man ruhig mit einer Salbe behandeln, wobei man großflächig vorgeht, das heißt über den sichtbaren Pilz hinaus auch das scheinbar gesunde Fell mitbehandelt; auch wenn die Haut noch gesund erscheint, hat sich der Hautpilz doch schon weiter verbreitet. Regelmäßige Behandlung auch über das Abheilen hinaus machen dann dem Pilz den Garaus.

Größere Stellen wäscht man besser mit einer Lösung ab. Sie verteilt sich besser und dringt in die oberen Hautschichten tiefer ein, was den Wirkstoff weit besser wirken lässt. Vor allem in der warmen Jahreszeit ist dies das Mittel der Wahl.

Als dritte Behandlungsmöglichkeit gibt es ein Präparat, das oral in bestimmten Abständen gegeben wird. Auch wenn aus Salben und Lösungen ein Teil der Wirkstoffe durch den Stoffwechsel der Haut in das Körperinnere transportiert wird, ist die chemische und damit zugleich toxische Belastung durch das oral gegebene Medikament ungleich höher, weil ja der Wirkstoff vom Magen-Darmtrakt erst nach außen zur Haut geschafft werden muss. Trotzdem ist es vor allem in hartnäckigen Fällen das einzige Mittel, das die Pilzinfektion restlos beseitigt.

Manche Pferde weigern sich, das Pulver mit dem Futter aufzunehmen. Hier behilft man sich folgendermaßen: Die Gesamtdosierung wird auf einmal in körperwarme Kondensmilch aufgelöst und per Magen-Schlundsonde verabreicht. So kommt der Körper des Pferdes nur einmal, und dabei abgemildert durch die Kondensmilch, mit dem Wirkstoff Berührung. Die Wirkung ist verblüffend, auch wenn man die Hoffnung schon fast aufgegeben hatte, den Pilz in den Griff zu bekommen.

Haarlinge

Diese kleinen Insekten ernähren sich nicht vom Blut, sondern von den Haaren der Wirtstiere. Dabei hinterlassen sie kahle Stellen, die sich nach und nach über das ganze Pferd ausweiten können, wobei im Gegensatz zu einem Pilzbefall die Haarwurzeln selbst unbehelligt bleiben. Die betroffenen Fellpartien sehen aus, als wäre das Fell direkt über der Haut abgeschoren worden.

Als Gegenmittel kommen entweder Puder oder wieder die Abwaschlösung zum Einsatz, wobei

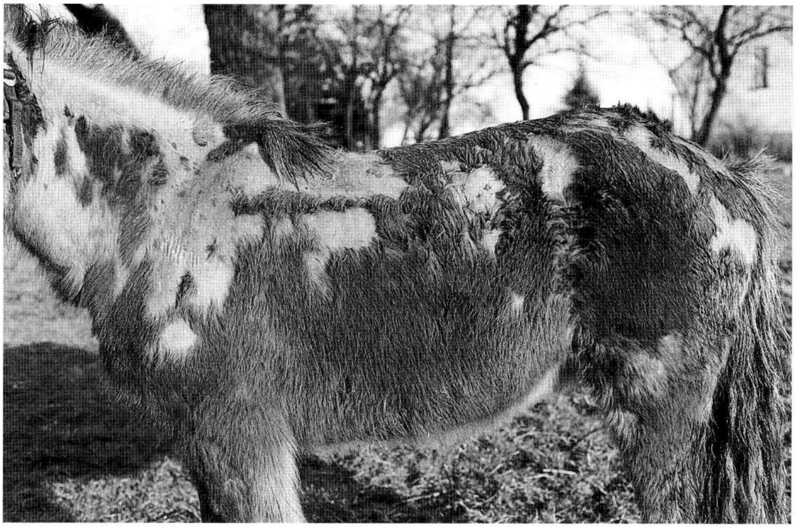

Ein extremer Fall von Haarlingsbefall; ein wirksames Mittel früh eingesetzt hätte dem Fellverlust Einhalt gebieten können.

der Lösung, wann immer es möglich ist, der Vorzug gegeben werden sollte. Das Einpudern ist generell weit weniger wirksam, zudem sollte die behandelnde Person dabei eine Atemschutzmaske tragen, um das Einatmen des giftigen Pulvers zu vermeiden.

Wenn möglich sollte, vor allem bei der ersten Behandlung, das Pferd ganz gewaschen werden. Die im Waschzettel angegebenen Abstände zwischen den Behandlungen müssen genau eingehalten werden. Neu auf dem Markt, und anscheinend bei nur einmaliger Behandlung wirksam, sind Lösungen, die in kleinen Abständen auf Hals und Rücken geträufelt werden (Drop-On-Lösungen), eine Maßnahme, die man bei jeder Witterung durchführen kann.

Eines haben Pilze und Haarlinge gemeinsam: Das Isolieren des befallenen Pferdes bringt nichts, da die Übertragungsmöglichkeiten der Parasiten zu vielfältig sind.

Zucht

Pferdezucht wird zwar für den größten Teil der Islandpferdereiter in eigener Praxis kaum vorkommen, weil ihm die optimalen Voraussetzungen dafür fehlen; trotzdem ist grundlegende Kenntnis über freie und naturnahe Zucht des Islandpferdes für das Verständnis dieses Pferdes sehr wichtig.

Ein ganz ernstes Wort dazu vorneweg: Abgesehen davon, dass die Abhandlung der gesamten Zuchtpraxis und Zuchtplanung den Rahmen dieses Buches mehr als sprengen würde, gehören sämtliche Zuchtpferde, seien es Fohlen, Zuchtstuten oder Hengste (wobei es bei diesen noch einige wenige Ausnahmen, die sogenannten Reithengste, geben mag) in die Hände eines kundigen Züchters, der zudem noch eine Menge Voraussetzungen erfüllen muss. „Ich ziehe mir mit meiner Stute mal eben ein Fohlen, weil ich doch keine Zeit zum Reiten habe", sollte endlich der Vergangenheit angehören.

Es sei denn, Stute und Besitzer erfüllen die Voraussetzungen, von denen nur ein paar Beispiele stellvertretend für viele mehr hier genannt sein sollen:

- Etliche Hektar Wiese, womöglich noch richtig schön unwegsam
- Altersgenossen zuhauf, damit sich das natürliche Verhalten frei entwickeln kann
- Fachkundiger Umgang mit dem jungen Pferd in den Wintermonaten, der dessen natürliches Verhalten nicht schon in der Jugend zerstört und trotzdem eine behutsame, sparsame Erziehung in den ersten Lebensjahren gewährleistet.

Das Islandpferd ist in vielen Dingen ein Pferd, das seinesgleichen sucht. Ohne die entsprechende Aufzucht ist es nur eines unter vielen, und da sicherlich nicht eines der besten. Denn: Eigentlich gehört das Islandpferd ja nach Island.

Der Stolz eines jeden Stutenbesitzers; aber auch vor diesem Fohlen liegen noch viereinhalb Jahre sachkundiger Aufzucht, bevor es angeritten werden kann.

Züchten bedeutet auch: Geduld!

Zucht im Ursprungsland

Erst seit Ende des letzten Jahrhunderts gibt es regelmäßige und detaillierte Aufzeichnungen des Zuchtgeschehens in Island. Aus dieser Zeit stammt auch das Gesetz, Pferdeweiden einzuzäunen und keine deckfähigen Hengste mehr frei mitlaufen zu lassen. Natürlich geht das Wissen über die Pferdezucht, die richtige Anpaarung usw. viel weiter zurück, und die Pferdezüchter Islands gehören, auf ihre Rasse bezogen, zu den besten der Welt.

Mittlerweile haben sicherlich auch in Island längst die Computer Einzug gehalten in das Zuchtwesen; erfolgreiche Züchter jedoch nehmen die so vorhandenen Informationen zwar wahr, entscheiden sich jedoch immer noch für eine Anpaarung „von Angesicht zu Angesicht" bei den Pferden. Sie vertrauen nicht allein darauf, dass die Paarung von Spitzenstute und Spitzenhengst auch ein Spitzenfohlen zur Folge haben muss.

Hengstlinien, wie wir sie vielleicht von unseren Rassezuchten kennen, gibt es in Island in dieser Form nicht, wohl aber Blutlinien, die zumeist auf einem Hof oder einem bestimmten Gebiet gegründet wurden. Stamm- oder Linienbegründer können sowohl eine bestimmte Stute als auch ein Hengst sein. Inzucht wurde und wird häufig angewendet, um möglichst viele positive Eigenschaften dieses Stammtieres zu bündeln. Zu den bekanntesten Zuchten gehören der Stamm *Svadastadir* mit seinen Hauptlinien *Kolkuòs, Hofsstadir* und *Kirkubjaer* (die bekannteste Farbzucht, Füchse mit Blesse), der Stamm *Hornafjördur* und der Stamm *Hindisvík.*

Auch auf dem Kontinent gibt es Züchter, die sich streng an diese Zuchtlinien halten, teilweise sogar Sorge tragen, die Linien, die in Island selbst, aus welchen Gründen auch immer, nicht mehr so gefragt sind, zu erhalten.

Zuchtpraxis heute

Verschiedene Wege?

Es gibt schon seit geraumer Zeit in der Tierproduktion eine Reihe von Möglichkeiten, den notwendigen Nachwuchs zu produzieren. Künstliche Befruchtung, Embryotransfer, selbst das Klonen ist praktisch möglich, und das erste in-vitro-Fohlen kam kürzlich in den USA zur Welt. Weltweit ist die künstliche Befruchtung bei Warmblutpferden, aber auch bei anderen Rassen allgemein üblich; sie ist auch beim Islandpferd möglich und wird teilweise schon praktiziert.

Allerdings gehen die Rassen ganz unterschiedliche Wege: Bei den Warmblütern wird inzwischen im Deckakt auf der Weide durchaus wieder eine Marktnische gesehen. Die künstliche Befruchtung hat nämlich dazu geführt, dass nur noch ausgesprochene „Modehengste" ausreichend frequentiert sind, während andere Beschäler unterbeschäftigt bleiben. Letztere könnten wieder mehr Stuten zugeführt bekommen, wenn ihre Besitzer wieder häufiger den Deckakt auf der Weide anböten. Gerade für sogenannte Problemstuten, die bei künstlicher Besamung nach mehrmaligen Versuchen nicht aufgenommen haben, ist dies vielleicht die letzte – und beste – Möglichkeit, doch noch ein Fohlen zur Welt zu bringen.

Ganz anders dagegen ist die Denkweise in Island: Tiefgefrorenes Sperma und andere, künstliche Befruchtungsmöglichkeiten könnten eine zusätzliche Einnahmequelle der Hengstbesitzer werden, ohne dass sie – aus wirtschaftlichen Gründen – gezwungen wären, wertvolle Zuchttiere ins Ausland zu verkaufen.

Bedeckung in der Herde

Die Bedeckung in der Herde ist und bleibt die angestammte, natürliche Art der Fortpflanzung, und somit einzige Art, die ohne wenn und aber akzeptiert sei, auch wenn die anderen Möglichkeiten aus praktischen und wirtschaftlichen Gründen durchaus gewichtige Vorteile böten. Aber die Bedeckung an der Hand, die künstliche Besamung sowie andere Methoden bis hin zum Embryotransfer müssen meiner Ansicht nach die Ausnahme bleiben, für die es eine stichhaltige Begründung geben muss.

Anders als zu früheren Zeiten, als der stärkste, der gewitzteste oder erfahrenste Hengst die meisten Stuten um sich scharen konnte, tritt heute der Mensch an die Stelle der Natur und bestimmt weitestgehend die Eigenschaften, die das Vatertier weiterzugeben hat, – eine wahrhaft verantwortungsvolle Rolle.

Die Bedeckung in der Herde („Natursprung") ist die einzige Methode die ohne wenn und aber zugelassen ist.

Über die Kriterien, die ein passender Hengst für die jeweilige Stute verfügen sollte, haben sich schon Generationen von Züchtern gestritten und werden sich noch Generationen streiten: Wichtig ist, dass der angehende Fohlenbesitzer sich den seiner Meinung nach passenden Hengst ausgesucht hat, mit dessen Besitzer handelseinig geworden ist und seine Stute auf den Hof des Hengsthalters bringen kann.

Korrekterweise geht es dann wie folgt weiter: Nach der Übergabe der Tupferbescheinigung (ein Attest, das besagt, dass die Stute frei ist von ansteckenden Krankheiten der Geschlechtsorgane) und einer Kopie des Abstammungsnachweises (zumindest zur Kontrolle reiner isländischer Abstammung) kann die Stute in die Herde gebracht werden. Der Hengst, so er schon in der Herde war, ist vorher bereits weggeführt worden und kommt erst wieder dazu, wenn die neue Stute vollkommen in die Herde integriert ist, was normalerweise nach ein bis drei Tagen der Fall ist. Jeder Tag, den das Eingewöhnen in die Herde länger dauert, kann Rückschlüsse auf vielleicht anormales Verhalten der Stute zulassen und sollte automatisch die erhöhte Aufmerksamkeit des Hengstbesitzers zur Folge haben, wenn er sich dann entschließt, seinen Hengst trotz der noch nicht ganz geglückten Integration der Stute zu der Herde zu lassen.

Der Hengst wird sich zumeist folgendermaßen verhalten: Er wird die Stute, die ständig Unfrieden stiftet, gnadenlos aus der Herde ausgrenzen. Da die meisten Weiden doch irgendwo durch einen Zaun begrenzt sind, sind manche Hengste erst zufrieden, wenn sich die Unruhestifterin außerhalb von diesem befindet, wobei es dem Hengst offen gesagt vollkommen egal ist, in welchem Zustand sie dort ankommt. Ihm ist eine Herde mit vierzehn friedlichen Stuten lieber als eine mit fünfzehn, von denen eine Stute ständig aus der Reihe tanzt. Es gibt für den Stutenbesitzer bestimmt triftige Gründe zuhauf, warum gerade diese Stute unbedingt gedeckt werden muss, während das – vielleicht vernünftigste – Argument des Hengsthalters dagegen nicht zählt (nämlich dass jene Stute wahrscheinlich in Island im Herbst güst, d.h. nicht tragend und ziemlich heruntergekommen aus den Bergen zurückgekommen wäre, wenn sie es überhaupt überlebt hätte).

Im Normalfall hat die Stute sich eingelebt, und der Hengst wird zur Herde gelassen. Er hält sich jedoch nicht, wie oft vermutet wird, innerhalb der Herde, sondern in deren Peripherie auf; er hat also diese als Gruppe im Blick. Nicht der Hengst sucht nun die rossige Stute, sondern diese macht auf sich aufmerksam, indem sie die Herde verlässt und, mehr oder minder auffällig, auf den Hengst zugeht. Die eigentliche Balz, die dann schließlich zum Deckakt führt, wird also von der Stute eingeleitet und auch dann beendet, wenn ihre Rosse dem Ende zugeht.

Diese Art der Bedeckung ist allen anderen deshalb vorzuziehen, weil von der Balz bis zum Deckakt sehr viele Verhaltensformen zum Tragen kommen , die jeweils genau aufeinander abgestimmt sein müssen; anderenfalls würde es unweigerlich zum Abbruch kommen oder gar zu heftigen Auseinandersetzungen führen. Daher kann jede andere Form, auch der Deckakt an der Hand, nur in zwingenden Fällen sinnvoll sein; schließlich geht es um das unbeeinträchtigte Verhaltensinventar unsere Pferde, das ja auch weitervererbt wird.

Abfohlen auf der Weide

Sehr lange dauern die elf Monate Trächtigsdauer der Stute, aber irgendwann neigt sich schließlich auch diese Zeit dem Ende zu. Der Züchter hat den frühesten Decktermin mit Bedacht so gewählt, dass das Fohlen „in das frische Gras“ fällt, also dass der Abfohltermin zwischen Mitte Mai und Ende Juni zu liegen kommt.

Es gibt Anzeichen, woran der Züchter merkt, dass die Fohlengeburt nicht mehr lange auf sich warten lässt: Einschießen der Milch, Harztropfen (Vormilchtropfen am Euter). Sich daraufhin die Nacht auf der Weide um die Ohren zu schlagen, wird aber trotzdem meist vergebens sein und die Stute nur unnötig beunruhigen. Gerade bei Islandstuten hat man häufig genug beobachtet, dass bis zum eigentlichen Abfohltermin noch Wochen vergingen, bis dass man schon gar nicht mehr dem Fohlen gerechnet hatte: Da steht es dann eines Morgens neben der Mutter, als hätte es nie was anderes getan. Auch das ist nur natürlich, und von diesem Weg sollte man nur dann abweichen, wenn Gefahr für Mutter oder Fohlen in Verzug ist, d. h. wenn der Tierarzt dazu rät, die Stute in den Stall zu holen.

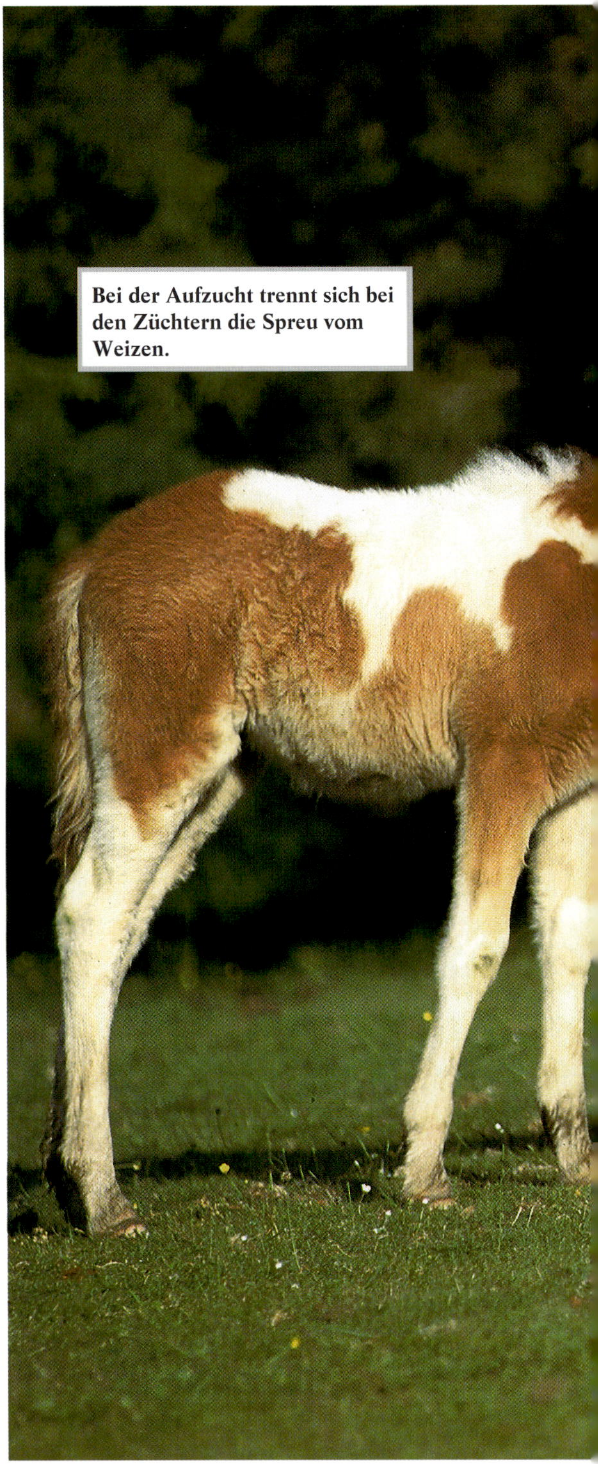

Bei der Aufzucht trennt sich bei den Züchtern die Spreu vom Weizen.

Auch nach der Fohlengeburt gibt es auf der Weide im Normfall nicht viel zu tun. Stute und Fohlen sollten erstmal munter sein, die Nachgeburt sollte nach ca. zwei Stunden gänzlich abgelöst sein. Das Suchen nach ihr lohnt sich, weil man nur dann auch wirklich sicher sein kann, dass alles komplett abgegangen ist. Das Fohlen soll das Darmpech abgesetzt haben und die so wichtige Biestmilch (die erste Milch, die besonders viele Abwehrstoffe enthält) getrunken haben.

Für das weitere Vorgehen gibt es zwei grundsätzlich unterschiedliche Methoden: Zum einen kann man mit Impfungen und Wurmkuren so verfahren, wie es bei Großpferden seit langem ausprobiert und für gut befunden wurde. Das setzt voraus, dass das Fohlen so an den Menschen gewöhnt wird, dass man es jederzeit einfangen und halten kann. So ist einerseits zwar Schutz vor Infektionen gewährleistet, aber andererseits ist zwischen „an den Menschen gewöhnen" und „Respekt vor dem Menschen behalten" nur eine hauchdünne Trennung. Die Mehrzahl der Islandpferdezüchter haben sich aus diesem Grund für die zweite Methode entschieden: Das Fohlen wird in Ruhe gelassen, bis der Termin zum Fohlenbrennen näher rückt und die Fohlen sowieso an einem Ort zusammengeholt werden müssen. Das Einfangen der Fohlen braucht Geduld und Zeit, aber erstaunlicherweise lassen sie sich hinterher trotz allem handhaben, obwohl dies doch meist der erste direkte Kontakte zum Menschen ist. Einfangen, Aufhalftern, Brennen, Wurmkur und auch Impfung bereiten kaum Schwierigkeiten.

Eines ist jedoch Voraussetzung bei all diesen Tätigkeiten: Ruhe, Ruhe und nochmals Ruhe. Die Fohlen müssen das Gefühl bekommen, dass sie sich vertrauensvoll in ihr Schicksal gefügt haben und nicht, dass sie „eingebrochen" wurden. Nach dem Brennen werden sie bis zum endgültigen Weideabtrieb wieder auf die Wiesen entlassen.

Der erste Winter

Wenn das Gras im Herbst zur Neige geht, wird es Zeit, die Stuten mit den Fohlen zum Stall zu holen und das Absetzen vorzubereiten. Die Fohlen sind nun – den üblichen Geburtstermin im Frühsommer vorausgesetzt, etwa vier bis sechs Monate alt. Für das Absetzen werden alle Fohlen an den Ort gebracht, wo die späteren Absetzer ihren ersten Winter verbringen sollen. Dies wird meist ein Offenstall mit Auslauf sein, dessen Einrichtungen wie Krippen und Tränken etwa auf die Größe der künftigen Bewohner eingerichtet sind. Nach einigen Tagen Eingewöhnungszeit wird man damit beginnen, je zwei Stuten zu entfernen und außer Sicht- und Hörweite zu bringen. Die zwei Fohlen – jetzt Absetzer – bleiben in Gesellschaft der übrigen zurück. Nach einigen Tagen werden wieder zwei Stuten abgetrennt, solange bis auch die letzte Stute umgezogen ist.

Vor dem Absetzen der ersten Fohlen hat man schon damit begonnen die Winterfütterung einzuleiten. Entweder wird gutes Heu ad libitum (zur freien Aufnahme) gefüttert plus Fohlenstarter für die erste Zeit, um den Milchentzug abzufangen. Man kann auch Weizenstroh (langsam steigern!) ad libitum geben plus Fohlenaufzuchtfutter, welches extra eiweißreich und vitaminisiert ist. Zusätzlich gibt es, wenn noch nicht in dem Fohlenfutter enthalten, ebenfalls Fohlenstarter für die erste Zeit. Hat man gutes Heu zur Verfügung, wird die erste Variante wegen der besseren Verdaulichkeit des Heus vorzuziehen sein. Alternativ zum Heu kann man selbstverständlich auch zur Grassilage greifen. Auch hier muss vorsichtig angefüttert werden, um Durchfällen so weit wie möglich vorzubeugen.

Wer einen dominanten Wallach oder eventuell Althengst zur Verfügung hat, kann diesen mit in die Gruppe der Absetzer stecken – wenn die Herren sich vertragen. Der Senior kann so den Zöglingen gleich die ersten Grundlagen in Sachen Unterordnung beibringen.
Voraussetzung ist jedoch, dass die Absetzer mittels „Fohlenschlupf" an ihr Futter kommen und, von Hengst oder Wallach getrennt in Ruhe fressen können. Dieser würde sonst hoffnungslos verfetten; die Erziehung der Absetzer aber lohnt den zusätzlichen baulichen Aufwand.

Was jedoch passiert mittlerweile mit den Stuten? Wie gesagt, sie wurden außer Sicht- und Hörweite – vielleicht in einen anderen Offenstall mit angrenzendem Paddock – gebracht. Die Selbsttränke ist abgestellt, und die Stuten bekommen die ersten Tage ausschließlich Stroh zu fressen. Am ersten und zweiten Tag gibt es möglichst kein Wasser zu saufen. Auf diese Weise wird das Euter sich schnell zurückbilden, normal temperiert bleiben und deutlich weicher werden. Nach vier bis sechs Tagen sollten die Stuten ihr Wiehern nach den Fohlen eingestellt und sich beruhigt haben, und man kann anfangen, sie normal zu füttern und zu tränken.

Die Absetzer währenddessen bleiben unter sich (mit dem Wallach oder Hengst) bis zum unmittelbaren Beginn der Weidesaison. Erst jetzt kann man sie – nach Stuten und Hengsten getrennt – zur Eingewöhnung zu den älteren Jungpferden bringen, mit denen sie dann bis zum Einreiten zusammenbleiben werden. Es wäre nicht sinnvoll, die Absetzer schon früher zu Jährlingen oder Zweijährigen zu lassen, denn allein schon die Fütterung unterscheidet sich erheblich: Während der Züchter zusieht, dass die Absetzer leicht zunehmen oder wenigstens ihre Proportionen halten (was schon schwer genug ist), achtet er bei den Älteren darauf, den Fettansatz des letzten Sommers einzuschmelzen. Die Zeit über den ersten Winter ist für den Absetzer auch so schon hart genug; es tut ihm nur gut, in dieser Phase nur mit Gleichaltrigen zusammen zu sein.

Aufwachsen in der Herde

Wer mit seiner Stute züchten möchte sollte sich darüber im Klaren sein, dass die Anforderungen, die an ihn als Züchter gestellt werden, nicht mit dem Absetzen des Fohlens enden. Jungpferde müssen auf Koppeln aufwachsen, die wohl zu klein, aber nie groß genug sein können. Es genügt nicht, die notwendigen Flächen zu pachten oder gar selbst zu besitzen; Zäune müssen repariert, die Weide gedüngt und gemulcht werden. Da wird schnell die Zeit, unter Umständen aber auch das Geld knapp.

Aber nur die Aufzucht in einem großen Herdenverband, in dem jedes einzelne Individuum seinen Platz erkämpfen und erhalten muss, wo es sowohl schwächere als auch stärkere gibt, wo im tagtäglichen Spiel und Kampf das Innere und Äußere des Pferdes gestärkt und ausgeformt wird, wie es eben nur auf diesen großen Flächen gewährleistet wird, nur sie lässt das Islandpferd zu dem werden, was es ist: Ein echtes Islandpferd nämlich und nicht nur ein Pony isländischer Abstammung.

Die von mir beschriebene Methode der Pferdezucht mag vielleicht als konservativ oder überholt und überhaupt dem zukünftigem Reitpferd abträglich bezeichnet werden. Dieses „wilde Aufwachsen" über vier, fünf Jahre hinweg dient trotz gegensätzlicher Meinungen nicht dazu, ein ängstliches, sich unterwerfendes Pferd zu bekommen, das sich angeblich nur deshalb so schön im Renntölt präsentieren lässt, weil es ja aus Angst vor dem Menschen rennt. Natürlich kann dies das Ergebnis sein, aber nur dann, wenn man das freie Aufwachsen in der Herde vollkommen falsch versteht und auch falsch anpackt. Denn jeder Handgriff, den man an einem Jungpferd tut, will doppelt gut überlegt und ausgeführt sein, um anschließend ein vertrauenvolles und trotzdem mit den unverfälschten Instinkten ausgestattetes Reitpferd zu bekommen. Gerade hier trennt sich bei den Aufzüchtern schnell die Spreu vom Weizen.

Qualitätsprüfungen – das Schema der FEIF

Die Freunde des Islandpferdes hatten schon immer einen Hang zur Geselligkeit, vielleicht aus dem nach wie vor vorhandenen Gefühl, als Minderheit immer noch auf der Hut sein zu müssen. Neben der Gründung von Stammtischen, Reitergemeinschaften und nicht zuletzt von Vereinen ist so auch die „FEIF" entstanden, die „Föderation der Europäischen Islandpferdefreunde". Unter anderem hat sie auch seit 1977 ein eigenes Beurteilungssystem für Islandpferde, welches über lange Zeit mit kleinen Abweichungen europaweit einheitlich war.

Diese Materialbeurteilung unterscheidet sich in manchen Punkten von den sonst üblichen Beurteilungs- und Körschemen der Zuchtverbände. Es gibt eigentlich nur noch einen Leistungsnachweis, der noch genauer als die sogenannte **Zuchtprüfung** nach dem Schema der FEIF ist, nämlich die Stationsprüfung; bei dieser werden Hengste und Stuten im reitfähigen Alter für eine gewisse Zeit in geprüften oder für diesen Zweck extra hergerichteten Stallungen aufgestellt und nach bestimmten Kriterien in Bezug auf das Gebäude, vor allem aber auch unter dem Sattel getestet.

Etwas Ähnliches – und damit einzigartig – ist die **FEIF-Prüfung,** nur dass hier der ganze Test an einem Tag abläuft. Auch stellt der Besitzer selbst oder ein von ihm bestellter Trainer das Pferd vor, ehe ein ernannter Reiterrichter dieses noch einmal kurz selbst unter dem Sattel prüft. Im Unterschied zu den Stationsprüfungen jedoch sind hier auch Jungpferde zugelassen. Auch Wallache werden nach denselben Kriterien geprüft, beispielsweise, wenn es um eine Nachzuchtbeurteilung von Zuchtpferden geht.

Zum Ablauf: Zuerst wird das Pferd unter dem Sattel geprüft; drei geprüfte Richter zeigen die Noten getrennt und offen. Dann wird das Gebäude beurteilt. Diese Reihenfolge wurde deshalb gewählt, weil letztendlich die Reiteigenschaften ausschlaggebend sind; hier entscheidet sich schließlich, ob etwa der gerade Rücken wirklich zu gerade ist und daher den Reiter nicht sitzen lässt. Aus diesem Grund wird das Gebäude nur mit 40, die Reiteigenschaften dagegen aber mit 60% gewertet.

Auch die einzelnen Gangarten werden nicht etwa alle gleich gewertet, sondern deren Noten erhalten noch einen Multiplikator. So erhält der Schritt den Faktor 6, während der Tölt den Faktor 10 und der Rennpass die 8 erhält. Auch werden Charakter mit dem Multiplikator 8 und Temperament mit dem Faktor 10 extra benotet. Zudem erhält die „Form unter dem Reiter", unter der man sich das töltende Pferd als Gesamteindruck vorstellen kann, ebenfalls eine Note mit dem Faktor 6.

Die Gebäudebeurteilung erfolgt ähnlich: Während der Kopf nur den Faktor 4 erhält (auf ihm reitet man schließlich nicht), bekommt die Beurteilung der Gliedmaßen eine ganz andere Gewichtung, nämlich den Multiplikator 11. Im Richtprotokoll enthalten ist die Schlussbemerkung, in der der Gesamteindruck des Pferdes zusammengefasst wird. Seit neuestem darf und soll hier auch Negatives zur Sprache kommen.

So bekommt der Besitzer ein zwar subjektives (dies ist es unweigerlich, solange ein Mensch ein Urteil fällt), aber ein genormtes und sehr detailliertes Urteil über sein Pferd, wobei Vorbereitung und Training immer noch eine entscheidende Rolle spielen; aus einem mittelmäßigen Pferd macht man jedoch auch mit noch soviel Aufwand keinen „Kracher".

Wenn man sich näher mit der Zuchtpüfung nach dem Schema der FEIF befassen möchte, sollte man vor allem ein wenig mehr auf die Noten eingehen. Eine Eigentümlichkeit zuerst: Nicht etwa von 0 bis 10 gehen die Noten (wie anders üblich), sondern von 5 bis 10. Daran kann man sich gewöhnen.

Eine weitere, weit wichtigere Merkwürdigkeit: Wie nahezu jeder weiß, gibt es bei den Islandpferden neben den Dreigängern, die hier nicht berücksichtigt werden sollen, sowohl Viergänger (drei Grundgangarten plus den Tölt) als auch Fünfgänger, die den Rennpass als fünfte Gangart beherrschen. Folgerichtig sind in dem Richtprotokoll auch fünf Gangarten aufgelistet. Nun ist es aber beileibe nicht so, dass bei den Viergänger der fehlende Pass nicht gewertet wird. Ihm wird dafür eine 5, gleichbedeutend mit „Nicht erfüllt" angerechnet. Bei dem Fünfgänger aber wird sie ab 7,0 (5–6,5 dient lediglich der Information, wird aber ebenfalls als 5 gewertet) mitgerechnet. Also bekommt nahezu jedes Pferd, das nur einen Ansatz von Rennpass zeigt, eben mindestens die 7,0. Natürlich kommt so der Fünfgänger im Gesamtergebnis immer besser weg als der reine Viergänger. Von der Grundidee ist dies auch nicht so verkehrt, gilt doch in Island seit jeher der Fünfgänger als das wertvollere Pferd. Inzwischen aber ist viel Zeit vergangen, und es gibt es bei uns immer häufiger Stimmen, die beide Pferde gleichbedeutend nebeneinander sehen möchten und deswegen eine Änderung des Beurteilungsschemas herbeiführen wollen. Nur scheint die bessere Alternative noch nicht gefunden. So muss man, wenn einen die FEIF-Note eines Pferdes interessiert, erst nachfragen, um was für ein Pferd es sich dabei handelt, will man die Note richtig einordnen.

Im Laufe der Zeit wurde diese Art der Pferdebeurteilung zwar in einzelnen Punkten immer wieder verbessert, und auch für die Richterausbildung wurde eine Menge getan. Aber es haben sich auch Fehler eingeschlichen, die – vielleicht durch die Routine – zwar menschlich gesehen zu verstehen sind, einer möglichst sachlichen Beurteilung eines Pferdes jedoch entgegenstehen.

Oft zeigt sich die mangelnde Bereitschaft der Richter, die gesamte Bandbreite der Noten auch

Zuchtprüfung nach dem Schema der FEIF; auch ein Fest für's Auge, wenn die Vorstellung so gut gemacht wird wie oben.

wirklich auszuschöpfen. Als Beispiel sei die Hufbeurteilung genannt: Hat ein Pferd katastrophal schlechte Hufe mit verkümmertem Strahl, flacher Sohle, dünner Wand und dazu so spröde, dass die Nägel kaum Halt finden, greifen viele Richter eher zur 7,0 statt zu 5,5 oder maximal 6,0. Für eine 5,0 dürfte das Eisen keinen Halt mehr finden und das Pferd müsste jedenfalls klamm gehen. Wer einmal miterlebt hat, wie problematisch ein Pferd mit solchen Hufen im täglichen Gebrauch ist, wird in diesem Fall ein strengeres Urteil für richtig halten. Im Gegensatz dazu stelle man sich das Pferd mit dem Bilderbuch-Huf vor: Kräftig ausgebildeter Strahl, muldenförmig geformte Sohle, dicke Wände, gleichmäßige, glänzende Glanzhaut, ebenmäßige Form und dazu noch passend zur Größe vom Pferd. Wiederum wird der überwiegende Teil der Richter zur Note 8,5 kommen, offenbar von der möglichen Vorstellung behaftet, es könne ja noch ein Pferd mit einem absoluten „Über-Huf" kommen, und dieses hätte dann die Note Zehn verdient.

Zweites Beispiel: Ein Pferd wird von einem wenig routinierten, vielleicht auch unbekannten Reiter im Tölt vorgestellt. Es geht kaum einen Schritt sauber, ständig passnah (verschiebt stark zum Pass) und mit häufigen Rollen (ein oder mehr Beine werden höher gehoben als das andersseitige), dabei nur mit eher kleineren Bewegungen. Auch die Haltung ist alles andere als ideal. Ein so vorgestelltes Pferd hat die 6,0, allenfalls die 6,5 verdient, denn die Gangart ist ja immerhin als Tölt erkennbar. In den meisten Fällen wird es aber die 7,0 bekommen, vielleicht mit der Randbemerkung, unter diesem Reiter könne es ja nicht besser gehen. Und holt dann der Reiterrichter noch geringfügig mehr an Tölt heraus, kann es sogar für eine 7,5, also Durchschnitt, ausreichen. Der Durchschnittsreiter aber, der so ein Pferd besäße, würde nicht umhin kommen, es zum Korrekturberitt wegzubringen. Und zum dritten soll Zucht ja doch auch immer Fortschritt bedeuten. Der Grundsatz, dass ein Materialrichter nur zu richten hat, was er auch wirklich sieht, sollte nicht vergessen werden.

Zuchtprüfung – Turnierprüfung, die Crux mit dem Sport

Bei unseren Warmblütern ist sie schon seit geraumer Zeit Usus, bei den Islandpferden hat sie in den letzten Jahren ebenfalls vehement Einzug gehalten: Die unglückliche, weil einseitig ausgerichtete Verbindung zwischen Zucht und Sport. Es ist ohne Zweifel notwendig, Spitzenpferde zu züchten, weil zum einen ein – wenn auch zahlenmäßig geringer – Teil der Käufer nach diesen fragt, zum zweiten weil der internationale Vergleich diese verlangt. Weiterhin ist unumstritten, dass ein Züchter an einem Fohlen oder Pferd, das diese Qualität mitzubringen scheint, wirklich Geld verdienen kann, während ein „Durchschnittspferd“ nur unter den tatsächlichen Gestehungskosten verkäuflich ist. Wirklich fatal ist aber dann der wenig tröstliche Gedanke, dass der ganze Rest dieser Zucht, welcher für den sogenannten „Großen Sport“ nicht gut genug ist, sich immer noch für den Freizeitreiter (was auch immer genau darunter zu verstehen ist) eignen soll. Diese Reiter, die nicht oder nur gelegentlich an Turnieren teilnehmen, deswegen aber nicht unbedingt weniger sportlich sind, stellen bis zu 90% der Gesamtreiter, je nachdem, wie eng oder weit man den Begriff Freizeitreiten fasst.

Ein Islandpferd, das in unserem Großen Sport, also den sogenannten Sportklassen A und B mithalten soll, muss folgende Eigenschaften aufweisen:

- Gleichmäßig gute vier oder fünf Gänge
- Hohe und weite Bewegungen, speziell im Tölt
- Hohe Aufrichtung
- Sehr gutes, aber regulierbares Temperament
- Leistungsbereitschaft und gute Nerven

Der Leser mag nun dem entgegensetzen, dass dies Vorteile sind, von denen jeder, also auch der Nur-Geländereiter, profitiert. Und das stimmt auch. Die Crux ist, dass ein solches Pferd auch für einen Profi einfacher und damit letztendlich schöner vorzustellen ist, ein anderes jedoch noch spektakulärere Bewegungen hat und allein deswegen gewinnt, obwohl es vielleicht in Bezug auf Temperament und Nervenkostüm (eben „Rittigkeit“) doch zu wünschen übrig lässt.

Im heutigen Islandpferdesport ist jedoch – wie in vielen anderen Sportarten – auch nicht alles zum Besten bestellt. Zwei Beispiele seien kurz geschildert: Ein Hengst, und zwar ein echter „Hingucker“, hat in seiner Vergangenheit einen Beckenbruch erlitten, von dem er zwar genesen ist, der ihm aber eine chronische Lahmheit eingebracht hat. Im Tölt, wohl wegen seines besonderen Bewegungsablaufs, ist davon aber ist nichts zu sehen. Trotz seiner Lahmheit wird er auf Turnieren in Töltprüfungen eingesetzt, und zwar mit Erfolg. Nun ist es aber keinesfalls so, dass ein Pferd mit einer Lahmheit oder einem anderen, leistungsschmälernden Gesundsheitsmangel in Prüfungen gestartet werden dürfte; der Chefrichter würde sofort ein Gesundheitsattest verlangen. Also benutzte der Reiter einen Trick, damit dieser Defekt nicht auffällt. Zum Ersten ritt er das Pferd schon im Tölt in die Bahn ein und blieb auch durchweg im Tölt, auch der Handwechsel erfolgte ohne Schrittphase. Das allein ist noch nicht ungewöhnlich, es macht vielleicht sogar noch einen rasanten Eindruck. Wenn der Reiter mit seinem Pferd aber in eine Endausscheidung kam, was bei den hohen Vornoten nicht verwunderlich war, wurde es für ihn komplizierter. In einer Endausscheidung nämlich wird nach jedem Aufgabenteil – in der Töltprüfung IPO 1.3 (IPO ist die Islandpferdeprüfungsordnung) sind es zum Beispiel drei Prüfungsteile – die dazugehörigen Noten gezeigt, währenddessen die Reiter vorschriftsgemäß Schritt zu reiten haben. Das konnte er wie gesagt nicht, ohne sofort mit der Lahmheit aufzufallen. So ritt er folgedessen immer Tölt, und wenn er meinte, die Richter sähen gerade woanders hin, hielt er an, um sich angelegentlich an Kopf zu kratzen oder sich an der Nase zu jucken, um danach sofort wieder anzutölten. Auf den Turnieren, wo er mir auffiel, kam er jedenfalls damit durch.

Eine Stute, die hochdekoriert aus den nationalen wie auch internationalen Zuchtprüfungen kam und auch auf Turnieren sehr erfolgreich war, wurde von ihrem Berufsausbilder in perfekter Manier und mit viel Bewegung in allen Gängen herausgebracht und war eben deswegen immer auf den vorderen Plätzen zu finden. Aber auch ihr Ausbilder hatte Mühe, im Tölt ruhig sitzen zu bleiben (normalerweise das herausragende Merkmal des Tölts). Die Stute war nämlich offenbar sehr stramm (steif) im Rücken. Der Tölt machte vielleicht deswegen häufig einen passähnlichen Eindruck und war unbequem zu sitzen, trotzdem lief sie eben immer mit sehr schönen, weiten Bewegungen, die ihr zu den hohen Noten verhalfen. Der „normal" ausgebildete Reiter hat jedoch – trotz ähnlich schöner Manier – kaum eine Chance, den Tölt auszusitzen und wird entsprechend unglücklich aussehen.

Hier sollte man sich meiner Ansicht nach doch wieder auf die Grundanforderungen des Töltreitens besinnen, der auch bei sehr gutem Raumgriff und hoher Aktion butterweich im wahrsten Sinne des Wortes sein muss, und entsprechende Noten vergeben; genügend wirklich gute Pferde können als Beleg dafür dienen.

Auch mit dem Temperament mag die FEIF-Zuchtordnung ihre Probleme haben. In den Richtlinien ist zu lesen: „Der sehr starke Gehwille, der bei der Zuchtpferdebeurteilung erwünscht und hoch benotet wird, ist für das normale Reiten zuviel, wird aber zur Zucht gebraucht". Natürlich richtig, denn mit nur durchschnittlichem Temperament kommt man nicht nur in der Zucht nicht weiter, sondern würde mit der Zeit nur noch faule Pferde hervorbringen. Aber aufgepasst: Die sehr hohe FEIF-Gesamtnote – mit der eingerechneten Temperamentsnote – hatte bisher einen so hohen Stellenwert, dass die Einzelnoten zu sehr vernachlässigt wurden. Aber gerade die haben für den Züchter eigentlich den tatsächlichen Aussagewert. Die wirklich Kunst des Züchtens liegt nämlich darin, ein oder mehrere zu stark vertretene Merkmale so anzupaaren, dass der Nachkomme sie nur im vertretbaren Maß zeigt, also wieder zum „normalen" Reiten taugt.

Zusammengefasst lässt sich sagen, dass sowohl die Materialprüfung nach dem Schema der FEIF als auch der Turniersport ihre Berechtigung haben, aber hauptsächlich durch einseitigen menschlichen Ehrgeiz in Gefahr geraten, immer mehr in die falsche Richtung zu zielen.

Dagegen könnte natürlich Einiges getan werden. Zuerst zum Sport. Das Turniergeschehen ist sicherlich in einzelnen Punkten noch zu verbessern, umkrempeln lässt es sich nicht mehr. Das Gros der Gebrauchsreiter (um von dem irreführenden Begriff „Freizeitreiter" wegzukommen) wird in unserem klassischen Sport nicht unterkommen. Also muss neuer Raum geschaffen werden, und zwar genau auf diese Reiter zugeschnittene Wettbewerbe, die neben Zucht und tradionellem Sport gleichberechtigt ihren Platz finden. Dieser Platz sollte einerseits den fließenden Übergang auch zum Turnier der althergebrachten Art zulassen und andererseits die Züchter zwingen, auch auf diese große Anzahl der Reiter einzugehen. Dabei denke ich an einen sportlichen Wettbewerb, der weitestgehend oder ganz im Gelände stattfindet, am ehesten vergleichbar mit der Vielseitigkeit der Warmblutpferde. Er soll gerade den Bereich abdecken, den man beim täglichen Reiten braucht, also Kondition, Schnelligkeit, Gehorsam, Handpferdereiten und Konfrontation mit Geländeschwierigkeiten (was das Springen mit einbeziehen kann), und dies alles verbunden mit dem Begriff „horsemanship", der durchaus auch prüfungsfähig ist.

Allrid

Die Dänen haben diese Art der Prüfung schon vor einigen Jahren erfunden und nennen sie „Allrid", frei übersetzt eben Vielseitigkeit. Dieser Allrid setzt sich aus folgenden Prüfungspunkten zusammen:

- Töltdistanz, auf der Kondition und Alltagstauglichkeit der Töltqualität geprüft wird,
- Gehorsam im Gelände, durchaus vergleichbar mit der Dressur in der Bahn,
- Geschwindigkeitsreiten im Galopp oder Pass

Der Sprung über ein Naturhindernis kommt dem Islandpferd artgemäß am nächsten.

Handpferdereiten als praxisnahe Aufgabenstellung. An solchen Prüfungen haben auch Geländereiter ihren Spaß.

- Geländestrecke, die Reiter und Pferd mit Schwierigkeiten konfrontiert, wie sie auf jedem Ausritt auftreten können.

Das Horsemanship ist bei allen Punkten Prüfungsbestandteil. Nähme man noch das Handpferdereiten und irgendeine Art der Beschäftigung des Pferdes vom Boden aus dazu, hätte man die Gebrauchsreiterei ganz gut abgedeckt. Natürlich muss auch diese Vielseitigkeit in ein Regelwerk verpackt werden, um vergleichbare Bedingungen zu schaffen. Dann könnten diese Wettbewerbe bis zu einer Deutschen Meisterschaft der Vielseitigkeit durchgeführt werden, und das Ziel wäre erreicht, nämlich Gebrauchsreiten als sportlichen Wettbewerb.

Denkanstöße zur FEIF-Bewertung

Doch auch bei der FEIF-Zuchtpferdeprüfung sind Verbesserungsvorschläge zugunsten einer gerechten Benotungsweise zu machen. Hier gibt es bereits Vorschläge, das Ungleichgewicht zwischen den Vier- und Fünfgängern zu korrigieren und dem Tölter eine größere Bedeutung zukommen zu lassen. Man könnte beispielsweise die beiden Gang-Typen trennen, also in verschiedenen Kategorien führen. Ein direkter Vergleich wäre somit ausgeschlossen. Dieser Vorschlag ist aber bei der Allgemeinheit auf wenig Gegenliebe gestoßen, da es doch auch bei ganz verschiedenen Gangverteilungen ingesamt ein Islandpferd bleibt, diese Trennung also als sehr künstlich gesehen wurde.

Eine andere Idee wäre, dem Viergänger für den ja nicht gezeigten Pass grundsätzlich eine 7,5 zu geben, also diejenige Note, ab der auch bei dem Fünfgänger die Gesamtnote beeinflusst wird (siehe S. 76). Die Noten 5 bis 7,0 dienen ja beim Rennpass lediglich der Information, ohne das Gesamtergebnis zu ändern. Rechnerisch wären die beiden Pferdetypen gleichgestellt, wobei der Fünfgänger im Gegensatz zum Viergänger sich in der Passqualität noch bis zur Note 10 steigern könnte.

Ein dritter Vorschlag wurde eine Zeitlang diskutiert, nämlich dem Tölt über seinen Multiplikator (derzeit 10) eine andere, stärkere Gewichtung zu geben. Dies hätte sowohl dem Vier-, als auch dem Fünfgänger zugute kommen können, wobei beim letzteren seine Passqualität im Vergleich automatisch geringer bewertet würde. Mit anderen Worten: Dem gut töltenden Isländer hätte eine höhere Bedeutung zukommen können als dem vier- oder fünfgängigen Pferd. Ein Umstand, der der Vielfältigkeit der Islandpferdetypen mittel- und langfristig hätte schaden können.

Ein weiterer Gedanke soll hier nicht unerwähnt bleiben, zumal er möglicherweise der klügste sein mag: Die so viel beachtete Endnote wird ersatzlos fallen gelassen. Das klingt fast genial einfach und hätte dazu geführt, dass ein Hengstbesitzer in seiner Werbung entweder alle Noten zeigen müsste (um zu zeigen, was für ein toller Kerl sein Hengst ist) oder die Noten angeben würde, auf die er den größten Wert legt. Die Stutenbesitzer hingegen wären gezwungen, sich um die Einzelnoten mehr Gedanken zu machen, um ihr persönliches Zuchtziel verfolgen zu können.

Die Wende?

Schließlich gab auch aufgrund der immer massiveren und lauter werdenden Kritik ein Ereignis die große Wende: Die Bildung des Deutschen Islandpferdezuchtverbandes DIV im Herbst 1996. Im Zuge seiner Gründung wurden die gesamten Richtlinien überarbeitet, und mit dieser neuen Version können alle Islandpferdefreunde gut leben, sofern sie richtig und konsequent umgesetzt werden.

Es werden zukünftig drei verschiedene Hengst- und Stutbücher geführt:

- Buch IA
- Buch IB
- Zuchtbuch II

Die Bücher IA und IB sind aufgeteilt nach Vier- und Fünfgängern, Rennpassern und Töltern. Zudem wurde eine zusätzliche „Rittigkeitsnote" eingeführt, die allerdings nicht in die Gesamtnote mit einfließt. Mit ihr wird die Leichtrittigkeit des Pferdes im Tölt ausgedrückt. Für die Aufnahme in das Töltregister ist eine Mindestnote von 8,33 bzw. 8,5 für Register A bzw. B nötig. Die Benotung für den Tölt selbst muss mindestens 8,0 (B) bzw. 8,5 (A) betragen. Ähnlich ist es mit den Passregistern, wo eine Note über 9,0 (B) bzw. 9,5 (A) vergeben werden muss, damit ein Pferd dort eingetragen werden kann; hier wird die Leichtrittigkeit verständlicherweise nicht hinzugezogen.

Es soll nicht unerwähnt bleiben, dass die internationale Vergleichbarkeit der Noten allerdings in Gefahr ist: Deutschland hat nämlich, z. T. im Alleingang, andere Multiplikatoren, also andere Gewichtungen der einzelnen Gangarten, festgelegt. Das Ergebnis ist, dass für den Deckeinsatz eines Hengstes im Ausland die deutsche FEIF-Prüfung nicht mehr unbedingt gültig ist. Dieser Hengst muss unter Umständen noch einmal eine FEIF-Prüfung absolvieren, in dem Land nämlich, wo er zum Einsatz kommen soll. Ich bin aber optimistisch, dass es hier im Laufe der Zeit eine Angleichung geben wird.

Der Isländer als Reitpferd

Isländische Reitweise

Das Reiten in Island lässt sich nicht von hiesigen Reitkünsten ableiten. Es entwickelte sich selbstständig als reine Gebrauchsreiterei, wobei man dieser, unabhängig von dem Vermögen des Einzelnen, ein großes Können wahrlich nicht absprechen darf. Es entsprach anderen Anforderungen, angepasst an jene Fertigkeiten, die für lange Ritte durch das rauhe Hochland, bei Schaf- und Pferdetrieb, bei täglichen Besorgungen, aber auch bei Rennen im Pass und Galopp wichtig waren; speziell das Reiten mit einem oder mehreren Handpferden hat in Island jahrhundertealte Tradition.

Das Reiten in der Gangart Tölt war auch in vielen Gegenden Islands lange Zeit nahezu in Vergessenheit geraten, – gottlob nicht lange genug, um die genetische Veranlagung zu dieser Gangart verloren gehen zu lassen. Auch gab es immer gute Züchter, die sich durch „Modetrends“ nicht irreführen ließen und denen ein guter Tölt immer ein Selektionsmerkmal gewesen ist. Andere aber zogen lange Zeit den Pass und den Trab vor.

Die „alten“ Isländer hatten es in dieser Hinsicht viel einfacher. Sie ritten Pferde, die von sich aus laufen wollten; also konnten sie die Beine nach vorne wegstrecken. Sie saßen immer ganz im Sattel, der deswegen besonders bequem gepolstert war (daher der Rippsitz) und einen weit hinten liegenden Schwerpunkt aufwies. Und wollte das Pony doch mal nicht so recht, dann wurde die Peitsche (ein kurzer Stiel mit einem langen Lederband) eingesetzt.

Nun zu glauben, mit der isländischen Reitkunst kann es so weit nicht her gewesen sein, ist jedoch nicht richtig. Es ist einfach eine andere Reitkultur, die einen anderen Sitz und andere Einwirkung erfordert. Das Pferd zeigte sich trotzdem nur so gut, wie es der Reiter herausbrachte, d. h. das Gefühl des Reiters für das Pferd musste auch im alten Island vorhanden gewesen sein.

Gezäumt waren die Pferde meist ganz ohne Nasenriemen, geritten wurden sie mit einer normalen

Das Reiten in Island entwickelte sich als reine Gebrauchsreiterei, wobei man dieser ein großes Können nicht absprechen darf.

Das Reiten in Island entwickelte sich als reine Gebrauchsreiterei, wobei man dieser ein großes Können nicht absprechen darf.

Wassertrense oder der berühmt-berüchtigten Islandkandare (S. 96). Dieses scharf einwirkende Gebiss war also ursprünglich durchaus für den täglichen Gebrauch bestimmt. Die Zügel waren relativ kurz und aus einem Stück eines dicken, runden Strickes oder aus geflochtenem Leder, so dass man sie auch mit dicken Handschuhen gut greifen konnte.

Dressur, wie wir sie von den Großpferden her vielleicht kennen, war in Island vollkommen unbekannt, bis der internationale Austausch durch Export von Reitpferden einsetzte. Daraufhin erkannten die Isländer die Vorteile der Gymnastizierung von Reitpferden, wobei das Herausreiten der Gänge immer absolute Priorität behielt. Auch die Zuchtauslese wurde und wird heute noch so angelegt, dass das Islandpferd sich gewissermaßen von selbst in seiner ganzen Schönheit und in seinem ganzen Stolz unter dem Sattel präsentiert, ohne dass es von seinem Reiter in eine Form gezwungen wird. Auch wenn das Reiten von Islandpferden – aus unserer kontinentalen Sicht zumindest – inzwischen feiner und vielleicht auch schöner geworden ist, darf man dies nicht vergessen, weil man ansonsten der Natur dieses kleinen, aber nichtsdestotrotz „ganzen Kerles“ nicht gerecht werden würde.

Noch ein Wort zu der „kleinen“ Größe: Das Islandpony hat in unserer Sichtweise gerade das Stockmaß, das es zu einem geeigneten Pferd für Kinder und Jugendliche machen würde, bis diese groß genug sind, auf ein „richtiges“ Pferd umzusteigen. Mittlerweile sollte der Leser weit genug sein, um zu erkennen, dass dieser Standpunkt aus einer absolut einseitigen Sicht herrühren muss; in Island war und ist es ein Erwachsenenpferd, das aufgrund seines Charakters auch (!) von Kindern geritten werden kann. Das ist auch bei uns auf dem Festland nicht anders.

Der Kontinent beginnt zu tölten

Es ist noch gar nicht so lange her, drei Jahrzehnte etwa, dass das Großpferd, der Warmblüter also das Bild vom Reiten prägte, und zwar allein auf weiter Flur. Auch die Medien konzentrierten sich nur darauf; erst nach und nach kamen andere Reitweisen auf wie das Westernreiten, die iberische Reitweise und nicht zuletzt das Töltreiten auf den kleinen „Zottelponys“, den Islandpferden nämlich. Daraufhin zogen die anderen Gangpferde, die Pasos, Mangalarga Marchadores, die Tennessee-Walker u. v. m. nach und die Gangpferdereiterei entwickelte sich. Zwar haben einige dieser Rassen sich zu einer eigenen, in sich mehr oder weniger geschlossenen „Szene“ entwickelt; die Islandpferdeszene jedoch war auf dem Kontinent immer der Vorreiter und hat sich zu einer recht beachtlichen Größe gemausert. Manchen ist jedoch der heutige Andrang auf diese kleinen Pferde schon zu groß geraten, sie vermissen die in früheren Zeiten übliche „große Familie“, wo jeder jeden kannte. Dabei entsprang die Entwicklung ursprünglich aus dem Bedürfnis heraus, mit den Pferden etwas ganz anderes zu machen wie bisher. Man hatte mehr Freizeit, eine soziale Errungenschaft, die heute allerdings wieder hart auf die Probe gestellt wird; man suchte nach Beschäftigung, unter anderem mit dem Pferd, und die übliche Reiterei wusste darauf nicht genügend Antworten.

Gerade diese kleinen Zottelponys schrieben nun ziemlich schnell ganz neue Seiten im großen Buch der Reiterei und ganz nebenher stellten sie die bisher übliche Pferdehaltung auch noch mit auf den Kopf. Natürlich wurde man anfangs belächelt, da sogar ausgewachsene Menschen auf den damals noch kleineren Ponys daherkamen und auch noch den Anspruch stellten, ernst genommen zu werden. Zu allem Überfluss wurden noch Gangarten geritten, die zumindest anfangs als äußerst unrein angesehen wurden, wenn die Ponys nicht gleich als krank und lahm abgetan wurden.

Ausrüstung des Reitpferdes

Sich ohne jegliche Ausrüstung auf das Pferd zu schwingen, den blanken Rücken unter sich zu spüren, zu lenken, bremsen, beschleunigen, ohne etwas in der Hand zu haben, das Pony nur mit Gewichtsverlagerungen zu beeinflussen, das ist vielleicht mancher Reiter heimlicher Traum; gelingen wird dies wohl nur wenigen Auserwählten. Alle anderen aber brauchen einige Gegenstände am Pferd, um sich darauf zu halten und sich ihm verständlich zu machen.

Für die Hersteller von Reitausrüstung ist das Islandpferd längst kein Exot mehr, sondern ein Markt, den es zu bedienen gilt. Selbst die alteingesessenen Pferdeausstatter haben in ihren Katalogen mindestens eine Seite, auf der Produkte speziell für Isländer angepriesen werden. Das Angebot ist inzwischen so vielseitig, dass der Kunde selbst kaum noch den Überblick behalten kann. Mund-zu-Mund-Propaganda und sicherlich auch der Rat eines Fachmanns (der dann wirklich fachlich berät, wenn er kein eigenes Produkt anbieten muss) entscheiden, was gekauft wird. Die Problematik sei anhand folgender Begebenheit noch etwas verdeutlicht: Anlässlich des Besuches eines bekannten Ausbilders auf unserem Hof habe ich ihm die Frage gestellt, welchen Markensattel er den Kunden auf seinem Hof empfiehlt. Darauf antwortete er: „Keinen bestimmten; ich weiß nämlich selbst nicht, welchen ich kaufen soll.“

Glatter Trachtensattel für Islandpferde mit Sicherheitsbügeln, Schnurengurt und Schweifriemen versehen.

Sattel

Patentlösungen gibt es nicht. Entscheidungen sind in jedem einzelnen Fall abhängig von bestimmten Kriterien zu fällen. Grundsätzliches zu diesem Thema ist auch im Kapitel über mögliche Rückenprobleme des Islandpferdes nachzulesen S. 47ff.).

Die vordringliche Aufgabe eines Sattels ist es, dem Reiter den notwendigen Halt zu geben und dem Pferd zu ermöglichen, die Last ermüdungs- und schmerzfrei über lange Strecken zu tragen, möglichst sein Leben lang. Er soll sozusagen einen „Adapter“ bilden zwischen dem Reiter und seinem Pferd. Somit haben wir schon zwei wichtige Kriterien: Ein Sattel muss bequem sein für Reiter und Pferd, er muss beiden passen. Für das Pferd ist dies ein absolutes Muss, und wenn sich der Reiter selbst nicht so wohl im jeweiligen Sattel fühlt, hat er dies sich selbst zuzuschreiben. Bei der heutigen Auswahl gibt es auf jeden Fall ein Fabrikat, das zu Reiter und Pferd gleichermaßen passt; zugegebenermaßen ist es häufig alles andere als leicht, ihn auch zu finden.

Passende Größe

Die Verkäufer tun sich schwer, dem Interessenten einen fabrikneuen Sattel „auf Probe“ mitzugeben, jedenfalls dann, wenn es um mehr als nur um eine Anprobe auf dem stehenden Pferd gehen soll (solch ein „Ausprobieren“ kann aber nur einen ersten Eindruck geben, der sich beim Reiten in den verschiedenen Gangarten grundlegend ändern kann). Wer die Möglichkeit dazu hat, sollte Bekannte darum bitten, ihren Sattel für ein oder mehrere Ritte auszuleihen, so dass man die Möglichkeit hat, alle Gangarten in Ruhe durchzureiten und sich in dem Sattel einzufühlen. Dabei sollte am besten auch der Sitz des Reiters von einem Beobachter überprüft werden. In Zweifelsfällen kann auch der Rat des Tierarztes von Nutzen sein, ob das gute Stück auf dem Pferderücken gut liegt.

Hat das Pony (was keineswegs selbstverständlich ist) im günstigsten Fall einen passablen Reitpferderücken, sind zusätzliche Ausrüstung wie Schweifriemen, Vorgurt, rutschfeste Unterlage u. Ä. nicht notwendig; ein Sattel sollte zumindest auf ebener Strecke auch ohne Hilfsmittel dort bleiben, wo er hingehört, hinter dem Schulterblatt nämlich.

Schwieriger ist es, wenn das Pferd auf dem Proberitt zwar ganz toll geht und der Reiter eigentlich rundherum zufrieden ist, aber der in Frage kommende Sattel nicht so richtig passen will, obwohl er auf dem stehenden Pony gut aussieht. Er rutscht einfach immer zu weit vor, er findet am

Widerrist nicht ausreichend Halt. Abhilfe kann man schaffen mit verschiedenen Möglichkeiten.

Verschiedene Kammerbreiten, Maßsattel
Hat der Sattel zwar gefallen, passt dem Pferd aber nicht, sollte man beim Hersteller nachfragen, ob es ihn auch in anderen Größen, bzw. anderen Kammerbreiten gibt. Hier erfährt man, wie man die richtige Kammerweite ermittelt. Man kann einen Sattel natürlich auch auf Maß für sein Pony anfertigen lassen, – eine langwierige und kostspielige Angelegenheit, deswegen würde ich persönlich dieses nur als letzte Möglichkeit nehmen.

Schaumstoffunterlage
Weniger die vermeintlich zusätzliche Polsterung ist der Grund, eine Schaumstoffunterlage zwischen Sattel und Pferd zu legen, sondern der gute „Grip" dieses Materials, das sich sowohl am Fell als auch am Sattel „festsaugt" und so diesen an seinem Platz festhält. Zwei Dinge gilt es bei dessen Anwendung zu beachten. Es muss regelmäßig durch ein Neues ersetzt werden, spätestens dann, wenn sich Fellhaare an ihm finden, denn dann ist es zu porös geworden und klemmt die Fellhaare ein. Sollte das Fell in der Sattellage anfangen sich zu kringeln und Locken zu bilden, rutscht der Sattel trotz der Unterlage; wenn dies nicht durch regelmäßiges Nachgurten abzustellen ist, ist die Schaumstoffunterlage für diesen Sattel nicht geeignet.

Schweifriemen
Er hat die Aufgabe, den Sattel (vor allem) beim Reiten bergab daran zu hindern, über den Widerrist nach vorn zu rutschen, in Island gehört er zur üblichen Ausrüstung. Er ist hinten am Sattel mit einer Öse befestigt und wird mit einer sogenannten „Metze" um den Schweifrübenansatz verschnallt. An der Metze und am Riemen selbst hat man die Möglichkeit, ihn so einzustellen, dass er dem Sattel den notwendigen Halt gibt, aber die Bewegungsfreiheit nicht einschränkt. Wie er aber genau einzustellen ist, ist auch abhängig vom Sattel; zwei bis vier Finger breit in der Mitte des Schweifriemens sollten sich etwa dazwischenschieben lassen. Aber längst nicht jedes Pony verträgt diese zusätzliche Befestigung des Sattels. Vielleicht geht es nur verspannt, aber vielleicht buckelt es sogar, wenn der Schweifriemen zu viel Halt geben muss. Man braucht nur einmal die Schweifrübe anzuheben, um festzustellen, dass an deren Unterseite die Haut sehr empfindlich ist, so gar nicht dafür gemacht, ein hartes Lederteil darunter zu klemmen. Dies sei auch ein Hinweis darauf, dass die Metze gut gepflegt sein muss.

Beschränkt sich seine Funktion darauf, dem Sattel nur bei dem Bergabreiten einen zusätzlichen Halt zu geben, kann es sinnvoll sein, ihn anzuschaffen; einen Sattel damit aber ständig an seinem Platz halten zu wollen, hieße, die Lösung an der verkehrten Stelle zu suchen: Hier muss ein besser passender Sattel her.

Satteltypen
Geeignete Sättel für das Islandpferdereiten müssen nicht nur Pferd und Reiter passen. Für verschiedene Zwecke gibt es auch unterschiedlich ausgelegte Formen. Dies reicht von einem an den Vielseitigkeitssattel angelehnten Modell bis hin zum anderen Extrem des reinen, ganz flachen Töltsattels, in dem Galopp schon schwer, Trab kaum noch zu sitzen ist.

Es wird zur Zeit – ausgehend von Island – an verschiedenen, neuen Sattelformen gearbeitet: Sattelkissen ohne Baum, mit flexiblen Trachten, oder durch und durch biegsam bis hin zu einem, Islandpferde-Eigenschaften angepassten "Kurzsattel",-ähnlich den uns bekannten Dressursätteln.

Allgemein gesagt ist der **Isländersattel** ein Mittelding zwischen einem Dressur- und Vielseitigkeitssattel, überwiegend zur besseren Gewichtsverteilung mit Trachten versehen, also mit einer Verlängerung der Sattelpolster über die Sitzfläche hinaus. Das Sattelblatt ist (wegen des weniger stark angewinkeltes Beines) länger nach unten gezogen als beim Vielseitigkeitssattel, die Pauschen weniger ausgebildet. Der tiefste Punkt der Sitzfläche und damit der Schwerpunkt des Reiters ist etwas weiter nach hinten gelegt, um den Anforderungen an das Gangartenreiten gerecht zu werden. Auch die Sitzfläche kann flacher gehalten sein, um dem Reiter zu ermöglichen sich zurückzusetzen; der tiefste Punkt muss also nicht unbedingt so festgelegt sein wie sonst üblich (und notwendig).

Eine Besonderheit weist dieser Sattel noch auf: Nahezu jedes Fabrikat ist glatt oder „gerippt" zu

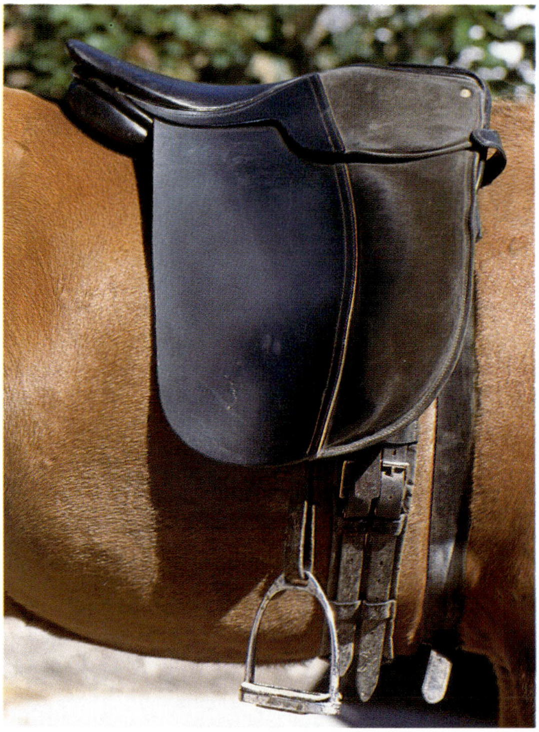

Ein glatter Töltsattel mit weit zurückgelegtem Tiefpunkt, der hier durch einen Vorgurt am Verrutschen gehindert wird.

haben, was heißt, die Sitzfläche ist entweder aus glattem Leder (wie üblich) oder dicker gepolstert und abgesteppt, eben gerippt, was einen weicheren Sitz zur Folge hat.

Der noch nicht so erfahrene Reiter greift meist zu dem teueren, gerippten Sattel, wohl meinend, seinem Gesäß etwas Gutes zu tun. Aber dazu eine Anmerkung: Nicht der auf den ersten Blick weichere Sattel ist bequemer, sondern der „wohlgeformte", an dem nichts drückt, einengt, der einen einfach gut sitzen lässt, weil er eben passt; solche Sättel sind meist überdurchschnittlich hart gepolstert. Der Gerippte lässt den Reiter nach einer Weile doch etwaige Kanten spüren (wenn er nicht ideal geformt ist), zudem vergrößert er den Abstand zum Pferd, wodurch bei diesem wiederum die Gewichtshilfen nicht so gut ankommen. Gerade deswegen ziehen die meisten „Profis" einen glatten Sattel vor, auch und weil sie üblicherweise viel mehr auf dem Pferd sitzen als jener Reiter, der das Reiten als Hobby betreibt. Nicht unerwähnt bleiben soll auch der schnellere Verschleiß der gesteppten Oberfläche, während die glatte Sitzfläche ebenso lange hält wie der gesamte Sattel.

Viele dieser Sättel haben zusätzlich zu den üblichen drei einen vierten Strupfen (Riemen, an dem der Sattelgurt befestigt wird), der auch Vorgurtstrupfen genannt wird. Er dient dazu, entweder den ganzen Gurt weiter vorn zu befestigen, damit der Sattel besser hinter den Schultern bleibt, oder aber zum Einschnallen eines zusätzlichen, schmaleren Gurts zum gleichen Zweck.

Ganz allgemein lässt sich sagen, dass der ungeübte und auch der sehr vielseitige Reiter eher mit einem tiefen, festgelegten Schwerpunkt zurechtkommen wird, bei dem die Pauschen auch kräftiger ausgeformt sein können. Der geübte und mehr auf die Gangarten festgelegte Reiter kann flexibler auf sein Pferd eingehen, wenn er einen flacheren Sattel wählt.

Vorgurt

Er ähnelt einem Longiergurt, ist aber ganz flach gehalten bis auf zwei „Haken" beiderseits des Widerrists, die den Sattel quasi auffangen sollen, will er nach vorne wegrutschen. Der Vorgurt wird hinter oder über dem Widerrist an der schmaleren Stelle des Brustkorbs verschnallt und hält, sofern er sehr fest angezogen wird, den Sattel unverrückbar fest. Klingt eigentlich ganz ideal, aber Vorsicht, es muss nämlich sehr sorgfältig damit umgegangen werden, wenn man Druckstellen und aufgescheuerte Haut beim Pferd vermeiden will. Durch das notwendige Anziehen des Vorgurts bilden sich zumindest in der Gegend um die Schnalle Hautfalten, die man durch Anheben der Vorderbeine herausziehen muss. Sonst kann es zu üblen Quetschungen kommen, worauf man auf den Vorgurt eine ganze Weile verzichten muss, – solange, bis diese Wunde vollständig abgeheilt und wieder Fell nachgewachsen ist. Auch während des Reitens muss dieser Gurt immer wieder auf seinen festen Sitz hin überprüft werden, und während einer Rast kontrolliert man die Haut auf mögliche Verletzungen. Die Auflage des Gurtes auf dem Widerrist muss ständig beobachtet werden, auch hier kann sich ein Gurtdruck entwickeln.

Bei solch umsichtigem Umgang aber ist der Vorgurt die bessere Alternative zum Schweifriemen. Beide, Vorgurt wie Schweifriemen, sollten aber keinesfalls dazu missbraucht werden, einen – nur für den Reiter – bequemen Sattel dem Pferd „anzupassen"; in diesem Fall muss eine andere, für beide Seiten befriedigende Lösung her.

Steigbügel

Alle Jahre wieder kommt ein neuer Sicherheitssteigbügel auf den Markt; es ist schon erstaunlich, was sich manche Hersteller dabei einfallen lassen. Die einfachste und meiner Meinung nach schönste Form gibt es aber seltsamerweise fast ausschließlich bei den Islandpferdereitern. Während andere Lösungen sich immer allein auf die gängige Form eines Steigbügels berufen, haben findige Islandpferdeleute den Dreh schon vor Jahrzehnten gefunden: Sie wandelten die ursprüngliche Form ab, indem sie eine oder beide Seiten des Bügels so geschwungen gestalteten, dass ein Hängenbleiben im Fall eines Sturzes nahezu unmöglich wurde. Es bleibt ein Rätsel, warum sich diese wahrhaft einfache Lösung nicht auch außerhalb der Islandpferdeszene mehr durchgesetzt hat.

Ob einfach oder doppelt geschwungen ist eine Frage des persönlichen Geschmacks, eine zusätzliche Raffinesse mag noch die um 45° verdrehte Aufhängung des Bügels sein, die diesen fußgerecht in Bewegungsrichtung baumeln lässt, wie es ja auch der anderen Aufsitzart entspricht. Allerdings lassen sich diese Bügel mit der besonderen Aufhängung nach dem Absatteln nicht so schön aufräumen.

Alternativ und etwas preiswerter sind jene Sicherheitssteigbügel, bei denen eine Seite durch ein Gummi anstelle des Metallbügels gesichert ist. Im Fall eines Sturzes gleitet dieses aus seiner Halterung oder reißt sofort; allerdings ist ihr etwas klobiges Aussehen nicht nach jedermanns Geschmack.

Satteldecken, Schabracken, Sattelunterlagen

Ein Sattel, der gut auf dem Pferderücken liegt, braucht prinzipiell keine zusätzliche Satteldecke. Mit anderen Worten: Diese sind vorwiegend für das Auge des Betrachters vorgesehen. Meiner ganz persönliche Einstellung nach wirkt ein Pferd dann am schönsten, wenn so wenig wie möglich an ihm dran ist, das gilt für mich neben der Frage der Satteldecke auch für Trense und sonstiges Zubehör.

Für Schabracken gilt im Grundsatz das Gleiche, allerdings sind sie bestens geeignet zur Anbringung von Logos, Werbung und dergleichen; in heutiger Zeit kann das zuweilen sehr zweckmäßig sein, – am richtigen Ort zur richtigen Zeit! Man sieht, gerade auf den Turnieren, meiner Meinung nach auch geschmackliche Entgleisungen: Rote, grüne, blaue Glocken, eine farbige Schabracke und womöglich noch eine farbig abgestimmte Kunststofftrense sollen das Pferd herausputzen, wirken jedoch vielfach ein bisschen lächerlich.

Eine Satteldecke ist für den Gebrauchsreiter eigentlich nur zum Schutz des Sattels selbst da. Sie wird meist einfach in der Waschmaschine gereinigt, während der Sattel mühsam von Hand von Schmutz und angetrocknetem Schweiß gesäubert werden muss. Irgendeine Satteldecke im Geschäft oder auf einer Messe zu kaufen, macht wenig Sinn. Sie muss sowohl zur Sattelgröße als auch zur Form passen; Islandpferdesättel sind fast durchweg etwas anders geformt als Vielseitigkeits- oder Dressursättel. Es kommt daher leicht vor, dass die Decke hinten zu kurz ist und an den Pauschen übersteht; bei manchen Sattelmarken passt nur die Decke richtig, die dessen Hersteller als Zubehör mit anbietet.

Beim Aufsatteln muss der Reiter beachten, die Satteldecke richtig einzukammern, so dass der Widerrist und die Wirbelsäule frei bleiben und dass die Decke keine Falten bildet; sehr schnell bekommt das Pferd sonst Druckstellen.

Mit einer auf den Sattel zugeschnittenen **Lederdecke** ist man meiner Ansicht nach am besten bedient. Sie sitzt nach längerem Gebrauch wie eine zweite Haut unter dem Sattel, kann keine Falten bilden, sieht unauffällig aus und hält beinahe so lange wie der Sattel selbst, entsprechende Pflege (von Hand!) natürlich vorausgesetzt.

Für lange Ritte, Distanz- oder Wanderritte empfiehlt sich eine schweißaufsaugende Decke aus **Lammfell** oder, besser noch, aus dickem **Filz;** letztere ist allerdings nur mit etwas größerem Aufwand zu reinigen. Beide schonen den Rücken des Pferdes, – mit dem Nachteil, dass aufgrund ihrer

Dicke Gewichtshilfen nicht so gut durchkommen wie vielleicht gewohnt.

Vor allen Dingen eine Sattelunterlage hat in den letzten Jahren Furore gemacht: Das **Gelkissen** oder Gelpad. Es ist entweder rechteckig oder in Form des Sattels geschnitten und mit einer – aus der Medizin abgeleiteten – weichen Gelmasse gefüllt. Es soll dafür sorgen, den Druck des Sattels und des Reitergewichts möglichst gleichmäßig zu verteilen. Meist tut es dies auch, wenn auch neuartige Computermessungen dies nicht immer belegen oder in speziellen Fällen auch mal das Gegenteil vermuten lassen. Die Erfahrungen sind aber meist positiv, gerade bei jungen Pferden oder solchen mit einem empfindlichen Rücken. Voraussetzung für die Benutzung eines solchen Pads ist trotzdem ein gut sitzender Sattel mit festem Gurt; einen unpassenden Sattel kann man damit nicht passend machen. Ein loser Bauchgurt bringt das Kissen dazu, durch die Bewegung der Rückenmuskulatur allmählich nach hinten wegzuwandern; manch einer hat das teure Stück schon, gerade im Jagdgalopp im leichten Sitz, verloren.

Sattelgurt

Auch über den Sattel- oder Bauchgurt muss ein Wort verloren werden, denn Gurt ist nicht gleich Gurt. Die Hersteller lassen sich immer wieder etwas Neues einfallen, das alles Übliche dann in den Schatten stellen soll. Und trotzdem, der gute alte **Schnurengurt** ist immer noch relativ preiswert und eigentlich für alle Zwecke geeignet. Er passt sich durch die vielen einzelnen Schnüre hervorragend an und gibt dem Sattel einen guten Halt. Auch wenn man für empfindlichere Pferde einen Überzug wählt (synthetisches Lammfell zum Beispiel), bleibt diese Eigenschaft fast vollständig erhalten. Zur Reinigung packt man ihn in einen Kopfkissenbezug o. Ä. und steckt ihn in die Waschmaschine. Bei Ekzemern, deren „Bauchnaht" mitbefallen ist, ist der Überzug ein Muss.

Der Schnurengurt ist auch mit Gummieinsatz zwischen Gurt und Schnallen zu haben, der das Nachgurten weicher gestalten soll. Ich halte nicht viel davon, weil dies an und für sich gar nicht nötig ist, sofern man zwei Grundsätze einhält: Erstens muss der Gurt lang genug sein, dass man ihn bei dem Einschnallen gerade eben locker anliegen lässt. Zweitens gurtet man, abwechselnd auf jeder Seite, wiederholt jeweils nur ein Loch nach, indem man immer mit der vorderen Schnalle beginnt. Hier ist der Brustkorb des Pferdes nämlich schon ein Stück schmaler; dieser Teil des Gurtes lässt sich also leichter anziehen. Wenn man so auch zwischendurch beim Auftrensen nachgurtet, kostet es kaum mehr Zeit, ist dem Pferd aber wesentlich angenehmer und führt nicht zum Gurtzwang. Dieser entsteht eben durch einen zu kurzen Gurt, durch zu schnelles Nachgurten und auch grob verschmutztes Fell.

Zäumung

Bei den verschiedenen Zäumungen ist die Auswahl ebenfalls riesengroß, und auch hier haben spezielle isländische Eigenarten (gerade was die Mundstücke betrifft) das Angebot eher vergrößert und nicht gerade übersichtlicher gemacht. Nach der isländischen Denkweise wird alles das weggelassen, was nicht nötig ist. Was übrigbleibt, soll robust und einfach sein, seinen Zweck erfüllen und braucht keine sinnlosen Fransen oder sonstigen Anhängsel; wenn der Isländer auf etwas stolz sein will, dann auf sein Pferd, nicht auf dessen Ausrüstung.

Das Zaumzeug besteht im Grunde genommen nur aus drei Einzelteilen:

- Backen- und Genickstück,
- Mundstück (Gebiss),
- Zügel.

Bei uns kommen normalerweise noch Kehlriemen, Stirnriemen und Reithalfter hinzu. Dies mag recht einfach klingen, ist aber doch recht kompliziert. Deshalb sollte man sich mit den Einzelteilen doch etwas näher beschäftigen.

Kehlriemen

Er gehört zu jenen Teilen, die am ehesten weggelassen werden können; wird er nämlich korrekt verschnallt, ist er so locker, dass er seinen eigentlichen Sinn nicht mehr erfüllt: Ursprünglich sollte er das Pony daran hindern, sich am Anbinder oder während einer Rast der ganzen Trense einfach zu entledigen, indem es sie über den Kopf streift. Wird der Kehlriemen aber so eng geschnallt, dass dies nicht mehr möglich ist, behindert er das Pferd beim Reiten, weil er ein Nachgeben im Genick stört. Also wird er zuweilen einfach ausgeschnallt oder abgeschnitten.

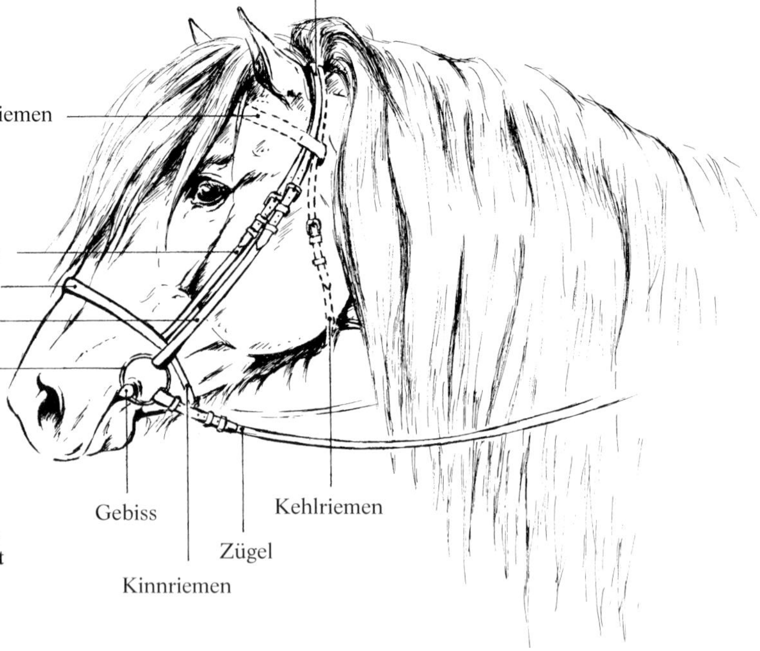

Englisches Reithalfter. Stirn- und Kehlriemen können nach Belieben weggelassen werden, ohne dass die Zweckmäßigkeit der Zäumung leidet.

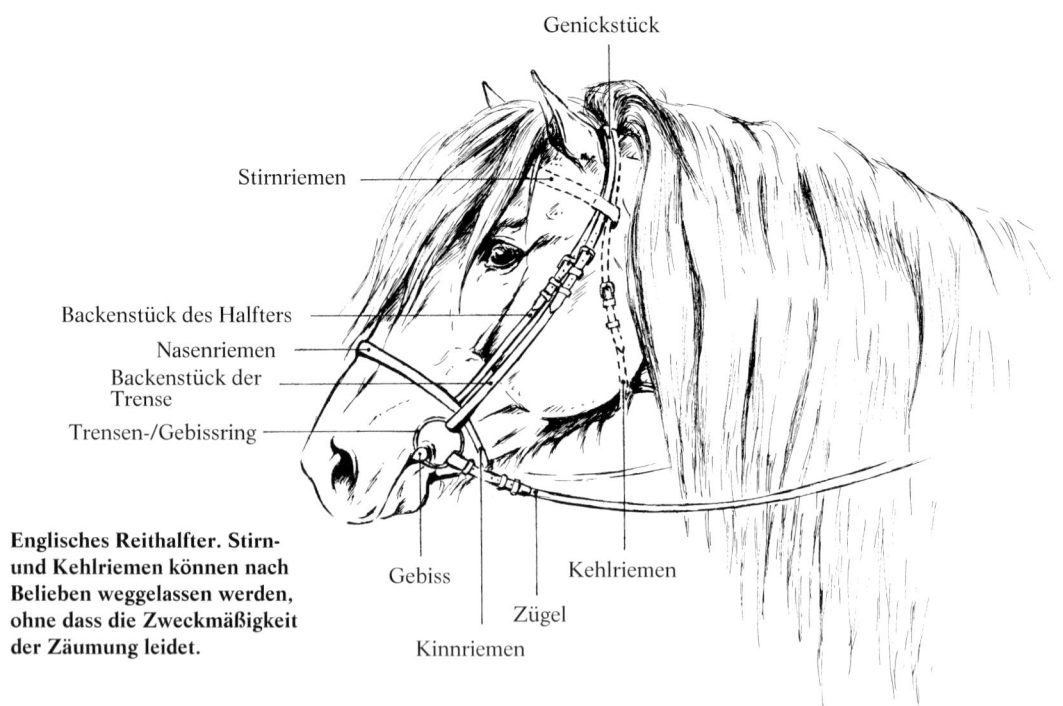

Stirnriemen
Er ist auch so ein „Platzhalter", der dafür sorgen soll, dass das Genickstück der Trense direkt hinter den Ohren liegenbleibt. Auch ihn kann man getrost weglassen, vorausgesetzt, die Mähne ist lang und dick genug, der Trense einen sicheren Halt zu geben. Wenn er am Zaumzeug bleibt, muss er genügend lang sein, damit er um den Ohransatz nicht einengt. Dort liegen nämlich hautnahe Nerven, die frei von Druck bleiben müssen, sonst wäre das dem Pferd zumindest unangenehm; unruhige Kopfhaltung bis hin zum Kopfschlagen können die Folge sein.

Reithalfter

Nach dem Mundstück ist das Reithalfter wichtigster Diskussionspunkt. Einige halten es für überflüssig, andere sind Verfechter eines bestimmten Typs (Hannoveranisch, Englisch), – es gibt für jedes Argument auch ein Gegenargument.

Auf der isländischen Insel kam man ursprünglich mit drei Arten aus: Viele ritten ganz ohne Nasenriemen, zuweilen wurde eine Trense mit einem einfachen Mundstück mit einem hannoveranischen Sperrhalfter versehen, und schließlich wurde die Islandkandare manchmal mit einem Englischen Reithalfter kombiniert.

Eines haben alle gemeinsam: Das Reithalfter muss dem Pferd die Möglichkeit geben, auf dem Gebiss zu kauen. Deswegen wird das Reithalfter so verschnallt, dass mindestens zwei Finger zwischen Nasenrücken und Riemen hineingesteckt werden können. Enger geschnallt hieße, dem Pony das Maul zuzubinden.

Auf Turnieren sieht man beim Einsatz von Mundstücken ohne Hebelwirkung zunehmend das Hannover'sche Halfter. Vielleicht nehmen die Reiter an, dass das unerwünschte Sperren weniger auffallen würde. Der denkende Reiter aber entscheidet zu Hause, welche Kombination aus Gebiss und Reithalfter sich beim Reiten am günstigsten auswirkt und wird diese dann auch beim Vorstellen des Pferdes benutzen.

Es kommt also sehr auf Pferdetyp und Ausbildungsstand an, welches Reithalfter man benutzt. Man sollte beim Kauf einer Trense darauf achten,

Englisches Reithalfter, D-Trensengebiss und Zügel mit Karabinerhaken, die man bequem aushaken kann.

dass diese komplett in ihre einzelnen Bestandteile zerlegt werden kann; dann hat man die Möglichkeit, verschiedene Reithalfter einzuschnallen und auszuprobieren – oder ganz darauf zu verzichten. Entscheidet man sich dafür, ohne Reithalfter zu reiten, wächst aber auch das Risiko, dass das Mundstück zur einen Seite herausgezogen werden kann. Dagegen helfen entweder auf dem Gebiss nachträglich angebrachte Gummischeiben (das Gebiss sollte dann nicht zu schmal sein) oder ein Riemen, der durch die Gebissringe verschnallt wird unter dem Pferdekinn verläuft.

Zur Zeit ziemlich in Mode gekommen sind jene isländischen Trensen, die sich von den hier üblichen dadurch unterscheiden, dass alle Teile, bis auf das Reithalfter, an nur zwei Ringen direkt unter dem Ohr des Pferdes befestigt sind. Sie lassen sich also in keiner Weise anpassen oder verstellen. Oft ist das Genickstück oder der Stirnriemen zu kurz (Islandpferde haben nun mal sehr verschiedene Köpfe) und das Ohr wird eingeklemmt.

Sehr viel empfehlenswerter sind jene Trensen aus Island, die lediglich aus Backen- und Genickstück nebst Reithalfter bestehen. Wahlweise kann man sie sowohl englisch als auch hannoveranisch verschnallt bekommen.

Bügelhalfter
Dieses etwas ungewohnt aussehende Sperrhalfter vereint beide Verschnallungsarten in einer Konstruktion, ohne den Nachteil der möglicherweise eingeengten Luftwege. Der Nasenriemen liegt mit Hilfe zweier Metallbügel höher, wie ein englisch verschnallter, während im Kinn-Ladenbereich je ein Riemen vor und einer hinter dem Gebiss verläuft. Das Bügelhalfter lässt sich dadurch sehr passgenau einstellen und wird von den meisten Pferden gut akzepiert. Leider ist es seit 1996 in der IPO (Islandpferdeprüfungsordnung) nicht mehr unter den erlaubten Halftern aufgeführt, wahrscheinlich, weil es ein bisschen exotisch anmutet und deswegen auf den Turnieren nur selten verwendet wurde.

Kineton

Eine sehr einfache, nichtsdestoweniger aber geschickte Konstruktion, die zulässt, dass ein stärkerer Zügelanzug auf den Nasenrücken des Pferdes weitergeleitet wird. Es besteht nur aus Backenstück und Nasenriemen, beide verbunden wiederum durch einen Metallbügel, der das Mundstück mit aufnimmt. Sperrt das Pferd wegen zu starken Drucks auf das Gebiss, kommt der Nasenriemen zur Wirkung.

Es ist besonders geeignet für junge Pferde, die den Übergang von einer gebisslosen Zäumung auf normale Trense lernen sollen und weiterhin für solche Pferde, die gerne einmal die Zunge über das Gebiss legen. Auch der ganz normale Reiter sollte das Kineton ruhig einmal ausprobieren, wenn er die Gelegenheit dazu hat, es ist eine gute, maulschonende Alternative zu den herkömmlichen Methoden. Dieses Zusatzstück wiederum ist laut IPO erlaubt.

Pullerriemen

Genau den gleichen Zweck erfüllt aber auch der „echte" Pullerriemen, jener Zusatzriemen zum englischen Reithalfter, der durch die Trensenringe geschnallt wieder zum Nasenrücken und somit zum eigentlichen Nasenriemen führt; sorgfältig eingestellt, schwächt dieser das „Pullen" (auf das Gebiss legen) zumindest sehr ab, schont aber auch das Pferdemaul vor gröberen Einwirkungen.

Zügel

Traditioneller Bestandteil des isländischen Zaums ist ein kurzer, dicker Rundzügel aus einem Stück. Wer es sich leisten konnte, besaß einen aus Leder geflochtenen, wer mit einem schmaleren Geldbeutel leben musste, begnügte sich mit einem dicken Strick. Wie in der Gebrauchsreiterei weltweit üblich, wurde dieser in den Reitpausen einfach über den Kopf gestreift und hängen gelassen. Das Pferd nahm dies als Zeichen stehenzubleiben und, wenn es etwas gab, zu fressen, bis der Ritt fortgesetzt wurde. Bei uns dagegen, wo es viel enger zugeht, wo die nächste Straße gleich hinter der nächsten Wegbiegung wartet, ist diese Art zu rasten kaum möglich; hinzu kommt das Sicherheitsdenken um das Pferdemaul, das einen herabhängenden Zügel verbietet.

So sinnvoll dieser dicke Zügel in Island auch sein mag, wir auf dem Kontinent greifen lieber zu einem längeren, schmaleren Zügel, meist aus zwei

Teilen bestehend, die in ihrer Mitte mit einer Schnalle verbunden sind. Mit ihnen sind feinere Hilfen möglich als mit dem groben Original.

Verschiedene Materialien und Formen
Zügel findet man bei uns aus verschiedenen Materialien gefertigt, wobei Gurt- und Lederzügel am häufigsten benutzt werden. Sie sind meist mit aufgenähten, schmalen Lederringen versehen (den sogenannten Stegen). Das Stück zwischen Gebiss und eigentlichem Zügel ist teilweise aus rundgenähtem oder glattem Leder und oft mit Martingalschiebern bestückt, die man im Normalfall gleich entfernen kann, – sie sind überflüssig.

Der **Gurtzügel** erfüllt im Allgemeinen seinen Zweck und ist pflegeleicht (Waschmaschine), sollte allerdings durch einen neuen ersetzt werden, wenn er aufzufasern beginnt. Es gibt auch Gurtzügel mit Gummiüberzug, die zwar griffiger, aber auch wesentlich dicker sind. Sie sind hauptsächlich als Korrekturzügel zu empfehlen, nicht zum Dauergebrauch.

Lederzügel gibt es glatt oder geflochten. Die geflochtenen liegen wegen ihre Dicke und Struktur fester in der Hand, was aber wiederum nur dem nicht so fortgeschrittenen Reiter angenehm ist. Dem erfahrenden Reiter ist ein nicht zu breiter, geschmeidiger Zügel am liebsten, bei dem das Verlängern und Wiederaufnehmen möglichst leicht vonstatten geht. Je klobiger ein Zügel in der Hand liegt, um so mehr verleitet er zu einem Öffnen der Faust; dadurch wird die Reiterhand nicht etwa weicher, wie viele meinen, sondern ungenauer und dadurch härter. Vor allem für Mundstücke, die mit zwei Zügeln geritten werden, gibt es auch dünnere Lederzügel ohne Stege.

Lederzügel sollen ab und zu mit Sattelseife gereinigt werden, damit sie ihre Geschmeidigkeit nicht verlieren; auch sehr dünn aufgetragenes Fett kann manchmal hilfreich sein. Man sollte sie jedoch nie in Lederöl legen; dies macht die Zügel im wahrsten Sinn „gleitend“, und zwar für sehr lange Zeit.

Der **Kunststoffzügel** ist eher etwas für's Auge (zumal er in allen möglichen Farben, passend zur Kunststofftrense, zu haben ist) als für die Praxis gemacht. Dieser Zügel hat in sich nicht genug Steifheit und ist zudem sehr rutschig, was vor allem bei Nässe dazu führt, dass man vor lauter Nachfassen des Zügels kaum zum Reiten kommt.

Mundstück (Gebiss)

Man unterscheidet hier ungebrochene und gebrochene Gebisse sowie solche mit Hebelwirkung. Die Schärfe eines Mundstücks, also wie stark ein Gebiss auf das Pferdemaul einwirkt, hängt erst in zweiter Linie von seiner Konstruktionsart ab.

Mit aller Deutlichkeit sei gesagt, dass hauptsächlich der Reiter, hier speziell dessen Handeinwirkung, bestimmt, wie scharf oder weich ein Mundstück ist.

Es gibt heute Gebisse aus den unterschiedlichsten Materialien: Von Kunststoff über Leder zu Argentan oder Eisen. Heute bevorzugt man wieder schwere Gebisse, weil diese ruhiger im Maul liegen.

Es würde unseren Rahmen sprengen, wollte ich versuchen, alle Variationen aufzulisten. Dies ist auch gar nicht nötig, es reicht nämlich vollkommen, die grundsätzliche Wirkungsweise der verschiedenen Formen sowie deren Vor- und Nachteile zu beschreiben, damit Sie für Ihr Pferd dann die endgültige Wahl selbst treffen können. Der Durchschnittsreiter mit einem, vielleicht zwei Pferden wird sich nicht Laufe der Zeit nicht mit einem Gebiss zufrieden geben, – braucht er auch gar nicht. Eine gewisse Abwechslung kann für beide, Pferd und Reiter, durchaus angenehm sein. Weit über das Ziel hinausgeschossen ist aber derjenige, der bei aufkommenden Problemen sein Heil stets in einem Gebisswechsel sucht und so ein ganzes Arsenal in seiner Sattelkammer hängen hat.

Vorab sei die Frage gestellt, wie denn so ein Gebiss nun richtig verschnallt wird. Soll es nun zwei Falten im Maulwinkel bilden oder doch „durchhängen“? Wer sich allerdings verschiedene Islandpferdeköpfe und hier speziell die Maulpartie anschaut, wundert sich nicht länger, dass es keine eindeutige Antwort gibt. Gerade bei Islandpferden kommen die unterschiedlichsten Maulformen vor, häufig aber ist die Maulspalte eher kurz. Auch die Art und Form des Mundstücks spielen eine Rolle. Allgemeine Regeln zur korrekten Verschnallung:

- Das Kopfstück soll sich relativ leicht über die Ohren streifen lassen.
- Am Trensenring sollen sich Backenstück der Trense und das Mundstück genau gegenüber liegen, die Trense soll also nicht durchhängen.

- Wenn man, vor dem Kopf des Pferdes stehend, in die Backenstücke fasst, sollen sich diese zwar seitlich leicht abheben lassen, dabei aber eine gewisse Spannung spüren lassen. Die Länge der Backenstücke ist ungefähr korrekt eingestellt, wenn man beim Auseinanderziehen sofort eine Spannung aufbaut, sie aber anliegend nahezu spannungslos sind.
- Ungebrochene Mundstücke schnallt man eher etwas tiefer, gebrochene etwas höher im Maul ein; aber Vorsicht: Die ungebrochenen machen es dem Pony oft leichter, die Zunge über das Gebiss zu legen und sich damit der Einwirkung zu entziehen.

Ungebrochene Gebisse (Stangengebisse)
Früher gab es bei den ungebrochenen Gebissen nur zwei Alternativen, eine Stange aus Hartgummi und eine aus Metall, die, um der Zunge genügend Spielraum zu geben, leicht gewölbt ausgeführt war. Die Gummistange hat fast ausgedient, es gibt sie meist nur recht dick, so dass es dem Islandpferd unangenehm ist, so viel Material im Maul tragen zu müssen. Abgelöst wurde sie schon vor geraumer Zeit durch eine Kunststoffstange, die erheblich dünner, biegsamer und auch durch eine Verjüngung in ihrer Mitte maulgerechter ist.

Stangen eignen sich für junge Pferde und jene Reiter, die nicht so große Ansprüche an ihr Pferd stellen, aber auch für Erholungsritte weit ausgebildeter Pferde. Die Stangen stoßen deshalb bald an ihre Grenzen, weil einseitige Hilfengebung, durch das fehlende Gelenk bedingt, nur begrenzt möglich ist. Die Zügelhilfen kommen allzu schnell auch auf der anderen Maulseite durch.

Gebrochene Gebisse
Grundsätzlich unterschieden wird zwischen einfach und doppelt gebrochenen Mundstücken. Doppelt gebrochen ist gleichbedeutend mit einer milderen Einwirkung, weil der „Nussknackereffekt“ des einfach gebrochenen nahezu wegfällt. Dieser Effekt kommt zustande, wenn bei stärkerem Zügelanzug das Gebiss die Laden zusammendrückt, während es sich gleichzeitig in der Mitte, verursacht durch das eine Gelenk, aufstellt und gegen den Gaumen drückt. Der Druck gegen den Gaumen wird durch die zwei Gelenke vermieden. Der Käufer sollte allerdings darauf achten, dass das Mittelstück zwischen den zwei Gelenken dieses „Schulungsgebisses“ klein gehalten ist. Ist das Mittelstück sehr breit, können durch versehentliches Herausziehen des Gebisses zu einer Seite Verletzungen verursacht werden. Heute sind diese zwei verschiedenen Arten in ihrem Gebrauch gleichberechtigt nebeneinanderzustellen. Man kann sogar davon ausgehen, dass das doppelt gebrochene häufiger zum Einsatz kommt.

Bei beiden Gebissarten ist deren Länge (Breite) so zu wählen, dass sie die Maulwinkel nicht einklemmen. Jedoch sollten die Schenkel auch nicht zu weit seitlich herausstehen, weil dann das Gebiss nicht mehr ruhig im Maul liegt und der Nussknackereffekt mit der Länge des Mundstückes ansteigt.

KK-Conrad Ausbildungsgebiss aus Aurigan. Auch mit gedrehten Gelenken erhältlich, dadurch noch maulfreundlicher.

Prinzipiell wird bei den einfach gebrochenen Gebissen unterschieden zwischen der normalen **Wassertrense** (deren Name angeblich daher rührt, dass ein Pferd auch mit eingeschnalltem Gebiss in der Lage ist, Wasser zu trinken) und der Olivenkopftrense, deren Übergang zu den Ringen einer Olive gleicht. Das Olivenkopfgebiss schmiegt sich mehr an die Maulwinkel an und ist eher dazu geeignet, ohne Sperrhalfter benutzt zu werden. Allerdings erreicht man mit den schon erwähnten Gummischeiben nahezu den gleichen Effekt. Mittlerweile gibt es auch doppelt gebrochene Olivenkopftrensen. Eine weitere Variante ist die **D-Ringtrense,** deren Ringe nicht kreisrund, sondern D-förmig gefertigt sind; auch diese Form soll ein Durchziehen des Mundstückes durch das Pferdemaul erschweren.

Doch damit sind wir noch nicht am Ende der Vielfalt angelangt: Neben den Gelenken, die nach allen Seiten frei beweglich sind, gibt es seit einiger Zeit auch solche mit ein oder zwei Scharnieren, die nur eine Bewegungsrichtung erlauben. Das Mundstück liegt dadurch ruhiger im Maul, was manchen Pferden angenehmer ist.

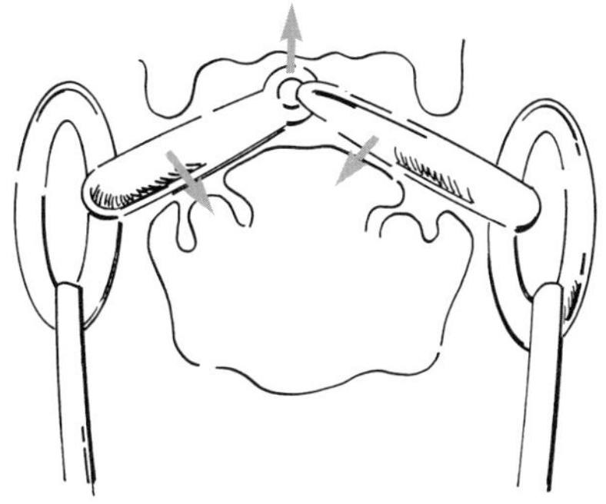

Die Pfeile zeigen die unterschiedlichen Druckpunkte einer gebrochenen Wassertrense (Laden, Zunge, Gaumen).

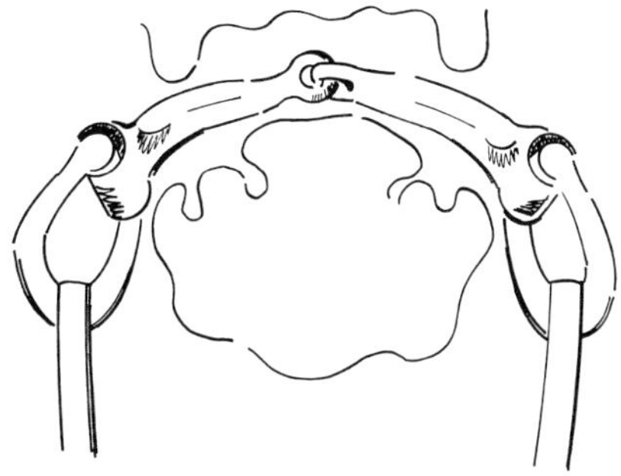

Eine anatomisch korrekt geformte Wassertrense mit gleichmäßiger Auflage im Pferdemaul.

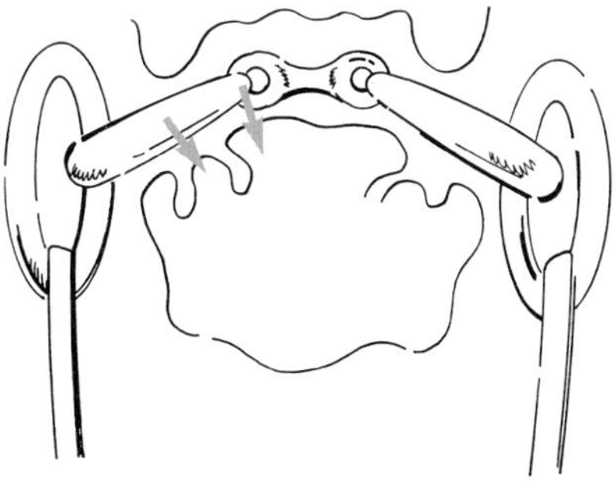

Ein doppelt gebrochenes Mundstück wirkt mit Druck auf Laden und Zunge ein. Der Gaumen wird nicht berührt.

Dazu kommt noch die Wahl zwischen vielen verschiedenen Materialien, so dass Sie spätestens jetzt mit mir übereinstimmen, dass es keine allgemein gültigen Regeln gibt, welches Gebiss für welches Pferd zu benutzen ist. Aber folgende Tipps können hilfreich sein bei der Entscheidung:

- Wenn es die Reiterhand erlaubt, sind dünnere Gebisse den allzu dicken vorzuziehen.
- Unruhige Kopfhaltung des Pferdes kann darauf hindeuten, das doppelt gebrochene gegen ein Wasser- oder Olivenkopfgebiss auszutauschen.
- Pferde mit Zungenproblemen gelingt es oft nicht mehr, die Zunge über das Gebiss zu legen, wenn man ein doppelt gebrochenes Scharniergebiss mit einer Zungenfreiheit verwendet; oft gehen sie damit einfach zufriedener.
- Ein Gebiss, das aus unterschiedlichen Materialien besteht, regt das Pferd – zumindest eine Zeit lang – zu vermehrter Kautätigkeit an.
- Sollte Ihr Pony nach dem Reiten verschorfte oder gar eingerissene Maulwinkel zeigen, so muss dies nicht unbedingt an Ihren harten Händen gelegen haben. Vielmehr kann es auch ein Hinweis auf eine Nickelallergie sein. Vorsichtshalber sollten Sie auf ein Mundstück mit nickelfreier Legierung wechseln.

Gebisse mit Hebelwirkung

Neben der Islandkandare (siehe S. 96) handelt es sich bei diesen, bis auf die Westernkandare von der IPO genehmigten Gebissen ausnahmslos um Stangen, die leicht gewölbt sind oder eine Zungenfreiheit aufweisen. Sie sind ebenfalls in den unterschiedlichsten Materialien zu haben. Je nach Konstruktion der Verbindung mit den Backenstücken und der Anbringung der Kinnkette wirken die Hebelgebisse auch auf das Genick des Pferdes, indem sie bei Annehmen des Zügels dort einen Druck ausüben. Sie können also dreifach zur Einwirkung kommen: Direkt im Maul durch die Stange, in der Kinngrube durch die Kette sowie im Genick des Pferdes.

Das **Kimblewick** bzw. **Springkandare** sind Stangen unterschiedlicher Ausformung mit D-förmig ausgelegten Anzügen, die – laut IPO – maximal 7 cm Länge aufweisen dürfen. Wie auch die anderen mit Anzügen ausgestatteten Gebisse kommt die Hebelwirkung nur durch die dazugehörige Kette zur Geltung. Diese wird üblicherweise so eingestellt, dass die Anzüge bei Anliegen der Kette etwa im 45°-Winkel zur Maulspalte stehen.

Die Springkandare hat den entscheidenden Nachteil mit den einfachen Stangen gemeinsam: Einseitige halbe Paraden kommen nicht eindeutig genug bei dem Pferd an. Weiterhin neigen manche

Pferde dazu, sich vielleicht nach einer gewissen Zeit der Gewöhnung, auf das Gebiss zu legen. Meist ist es dann an der Zeit, wieder zu einem gebrochenen Gebiss zu wechseln.

Auf Turnieren fand man das Kimblewick (bevor es aus der IPO herausgenommen wurde) vornehmlich in der Kinder- und Jugendklasse sowie in der Freizeitklasse, also bei jenen Reitern, die noch nicht ausreichend in der Lage sind, vorwärtsdrängende Pferde mit anderen Mitteln unter Kontrolle zu halten. Zudem fällt es ihnen mit diesem Gebiss relativ leicht, die Kopfhaltung ihres Pferdes zu verbessern. Es handelt sich also – auf Islandpferde bezogen – um ein Korrekturgebiss, das kurzfristig zu guten Erfolgen führen kann, bzw. um ein Vorstellungsgebiss, das nach den Prüfungen ausgewechselt werden sollte, um die Nachteile nicht zu sehr zum Tragen kommen zu lassen.

Das **Pelham** ist ein Hebelgebiss, das wohl ursprünglich einmal aus der Dressurkandare mit ihrer Unterlegtrense entwickelt wurde. Diese Stange besitzt jedoch gerade oder leicht nach hinten gebogene Anzüge und wird, wie die Dressurkandare auch, mit zwei Zügeln geritten. Es gibt zwar die Möglichkeit, die Ringe zum Einsparen der zwei Zügel mit einem Pelhamriemchen zu verbinden und so nur mit einem Zügel zu reiten. Die durch die Stange vorgegebene Ungenauigkeit aber wird durch dieses Riemchen noch erhöht. Reiter, denen der Umgang mit zwei Zügeln noch nicht ganz geheuer ist, sollten daher besser zum Kimblewick greifen. Auch aus der IPO ist das Pelhamriemchen nach nur kurzer Zeit wieder verschwunden.

Wenn die Geschmeidigkeit des Pferdes erst einmal mit einem anderen, gebrochenen Gebiss genügend gefördert worden ist, eignet sich das Pelham vor allen Dingen zur Verbesserung der Kopf-Hals-Haltung des Pferdes und wird auch von fortgeschrittenen Reitern als Vorstellungsgebiss bei Prüfungen gerne eingesetzt.

Die **Dressurkandare** vereinigt die Vorteile einer Stange mit Hebelwirkung mit der eines gebrochenen Mundstücks. Die Zäumung besteht hier aus zwei Gebissen: einer dünnen, einfach gebrochenen Unterlegtrense und einem Stangengebiss mit Anzügen. Die Kinnkette darf hier natürlich nicht fehlen. Die Dressurkandare wurde vor noch gar nicht so langer Zeit in die IPO aufgenommen und wird gerne von sehr fortgeschrittenen Reitern eingesetzt, ist aber berechtigterweise nur in den hohen Klassen erlaubt. Bei hoher Durchlässigkeit des Pferdes erlaubt das Zusammenwirken von gebrochenem Gebiss und Stange geradezu eine optimale Förderung der Haltung des Pferdes. Jedoch wird sie, wie andere Gebisse mit Hebelwirkung auch, zuweilen fälschlicherweise zu dem Zweck eingesetzt, um das – für diesen Reiter jedenfalls – zu hohe Temperament des Pferdes in den Griff zu bekommen.

Auch die **Westernkandare** fand ihren Einzug in die Islandpferde-Reiterei. Islandpferde werden zwar nur in seltenen Fällen Western geritten, die Westernstange aber ist mittlerweile in der Freizeitreiterei eine nicht ungebräuchliche Zäumung. Auf den ersten Blick sieht sie mit ihrem langen Anzügen recht martialisch aus. Aber das täuscht: Der lange Hebelarm sorgt nämlich für einen langen Weg (und damit zu einer Verzögerung) des Zügelanzugs, ehe der Kinnriemen (der oft anstelle der Kette eingehängt wird) anfängt zu greifen. Auch dann geht die Druckverstärkung nur langsam voran, es sei denn, der Reiter fuhrwerkt im wahrsten Sinn des Wortes mit dem Armen herum. Die Westernkandare ist also bei einigermaßen ruhiger Handhabung ein anspruchsloses Gebiss zum Spazierenreiten. Richtiges dressurmäßiges Arbeiten im klassischen Sinn kann und soll auch gar nicht stattfinden. Ein sicherer Tölter, der keine größeren Korrekturen braucht, kann aber durchaus mit dieser Stange geritten werden.

Die **Islandkandare** scheint wie die Sporen beim „Großpferdereiter" auch dafür prädestiniert zu sein, beim falschen Benutzer dafür zu sorgen, dass man ihn zu den absoluten Spitzenreitern zu zählen hat. Die Analogie zu den Sporen setzt sich fort: So wie man sich die Sporen erst einmal verdienen muss, muss man (Pferd und Reiter) auch reif sein für die Islandkandare. Es ist ein hervorragendes Werkzeug für den Reiter, der damit umzugehen weiß, wenn auch das Pferd, auf dem sie eingesetzt wird, reif für die (Island-)Kandare gemacht wurde. Und dies ist ein langer Weg.

Die Islandkandare gibt es inzwischen in all den Formen, die auch bei den gebrochenen Gebissen ohne Hebel zu finden sind. Aber Kandare ist nicht gleich Kandare; so gibt es isländische Spezialisten, die diese von Hand herstellen. Diese Exemplare sind wegen ihrer Ausgewogenheit sehr gefragt und dementsprechend teuer.

Wann ist ein Pferd island-kandarenreif? Eigentlich erst dann, wann alle Ausbildungsschritte

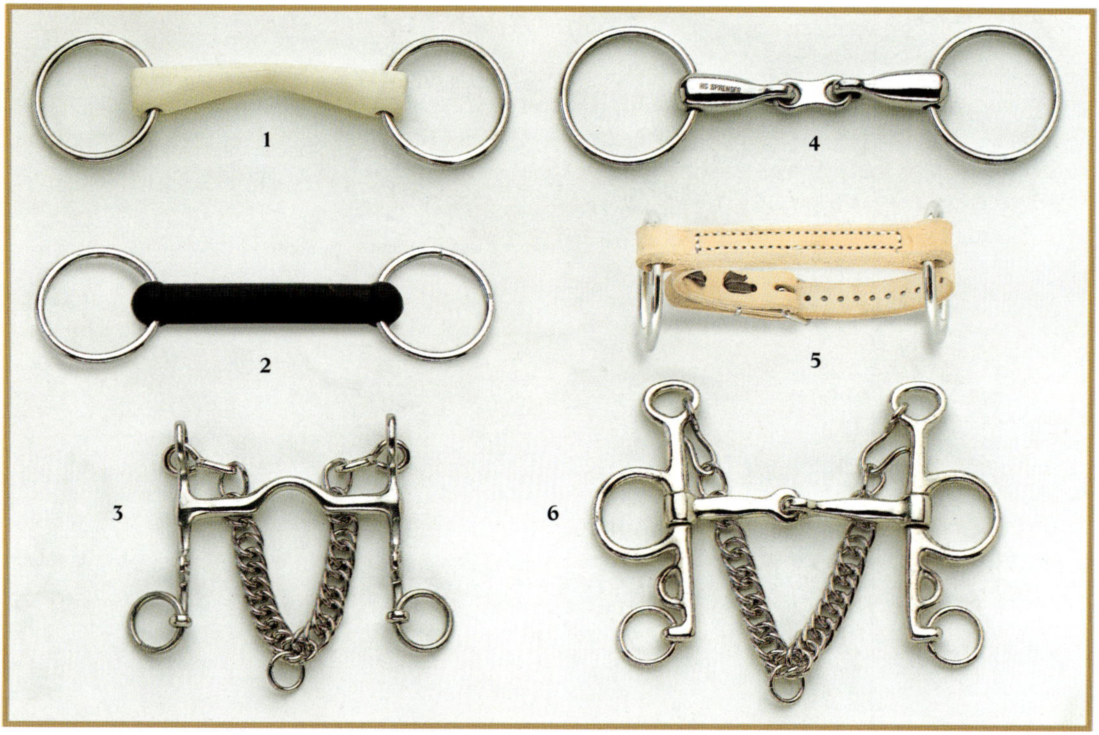

Verschiedene Gebissmaterialien am Beispiel von Pony- und Kleinpferdegebissen.
1) Pony-Duo Trense aus Kunststoff mit Edelstahl-Seele; 2) Pony-Gummitrense aus schwarzem, biegsamem Weichgummi mit einer Drahtseele aus rostfreiem Stahl; 3) Pony-Kandare; 4) Dr. Bristol Ponytrense; 5) MR Ledergebiss; 6) Pony-Pelham, hier mit gebrochenem Mundstück. Bessere Wirkung erzielt man mit einem Stangen-Pelham.

soweit abgeschlossen sind, dass eine weitere Verbesserung so nicht mehr zu erwarten ist. Dies bedeutet im einzelnen, dass der Reiter in der Lage ist, sämtliche Hilfen – dazu gehören neben den Schenkelhilfen vor allen Dingen die Gewichtshilfen in ihrer gesamten Bandbreite – von hinten einzusetzen, also das Pferd mit den Zügeln nur noch leicht unterstützen muss. Das willig mitarbeitende Pferd wartet nur auf ein korrektes Abfragen der Lektionen, um diese dann präzise auszuführen.

Wenn beide wirklich so weit sind, und der fühlende Reiter dann sein Pferd auf Islandkandare zäumt, kann er nach nur kurzer Gewöhnungszeit zu dem Genuss kommen, der einen absoluten Höhepunkt des gesamtem Reitens auf Islandpferden darstellt: Das Pferd wird sich auf leichteste Hilfe und mit nur einem Hauch von Zügeleinwirkung beim Antölten buchstäblich vorn herausheben und mit maximaler Aufrichtung und nachgiebigem Genick in Bewegung setzen, nur darauf wartend, was der Reiter weiter von ihm fordert. Tempo verstärken, Tempo einfangen, alles geht mit spielerischer Leichtigkeit. Vielleicht auch deswegen ist es in Island selbst üblich, ein auf Kandare gezäumtes Pferd ohne einen Nasenriemen zu reiten. Ein so weit ausgebildetes Pferd käme gar nicht auf die Idee, sich durch Aufsperren des Mauls dem Gebiss entziehen zu wollen.

So glänzend diese Seite der Medaille auch sein kann, es gibt auch die berühmte Kehrseite. Allerorten trifft man Pferd-Reiter-Paare, bei denen das Pferdemaul „zugebunden" ist. Das vorwärtsdrängende Pferd liegt reichlich auf der unnachgiebigen Reiterhand („pullt"), und wenn dieser doch den Druck auf die Zügel vermindert, fällt es sofort auseinander und – gelinde ausgedrückt – legt an Tempo zu. Mancher Reiter mag der Meinung sein, dass das Pferd ja so temperamentvoll und stur sei, dass

Die junge Reiterin trägt alles, was notwendig und zweckmäßig ist: Helm, Handschuhe, Reithose, Chapsletten und Reitturnschuhe.

es ja selbst schuld sei; es könne ja von sich aus mal nachgeben. Die IPZV-Turnierrichter tun gut daran, solche unschönen Bilder mit gehörigem Punktabzug oder Disqualifikation zu ahnden.

Dies soll jedoch nicht heißen, dass die Islandkandare nur und ausschließlich den Turnierreitern vorbehalten sei. Jeder, der sich die Mühe macht, sein Pferd – vornehmlich im Tölt – durch kompetentes Einsetzen der hinteren Hilfen zur sicheren Balance auszubilden, kann dann die Islandkandare gebrauchen, wenn er nur das von seinem Pferd verlangt, was dieses auch wirklich sicher und ohne jegliche Gegenwehr beherrscht. Er wird vielleicht nicht zu so einem hervoragenden Ergebnis kommen wie oben beschrieben; etwas mehr Glanz im Bewegungsablauf und Erscheinungsbild seines Pferdes ist jedoch auch schon eine Menge.

Erfahrene Ausbilder wissen die Islandkandare aber auch noch aus einem ganz anderen Grund zu schätzen. Nicht selten haben sie mit Pferden zu tun, die durch einen grundsätzlich verkehrten Umgang mit den unterschiedlichsten Gebissen den Respekt vor den Zügelhilfen so verloren haben, dass jede Art von reiterlicher Korrektur beinahe zum Scheitern verurteilt ist. Es wirkt oft Wunder, wenn der erfahrene (darauf liegt die Betonung!) Reiter ein paar Mal nur die isländische Kandare benutzt, mit dem einzigen Ziel freilich, den so neu gewonnenen Respekt für die Zügelhilfen für das Reiten mit einem „normalen" Gebiss zu nutzen.

Etwas Grundsätzliches zum Einsatz von Mundstücken mit Hebelwirkung zum Abschluss: Beim Reiten soll Gefühl, nicht Kraft vorherrschen. Daher ist es sinnvoll, bei einem Gebiss mit Hebelwirkung nur 20% der gesamten „Kraft" aufzuwenden, dies aber mit Gefühl einzusetzen, anstatt mit einem „milderen" Gebiss mindestens 80% der Kraft zu gebrauchen, wobei dann das Gefühl zwangsläufig auf der Strecke bleiben muss.

Ausrüstung des Reiters

Islandpferdereiter sind Allwetterreiter, wenn auch mehr und mehr Islandreitschulen inzwischen eine Halle anbieten können. Geritten wird dennoch überwiegend im Freien, im Dressurviereck und auf der Ovalbahn.

Die Grundausrüstung ist die Standardausrüstung, die allerdings erst gekauft werden sollte, wenn sichergestellt ist, dass das Reitenlernen nicht nur eine vorübergehende „Marotte" ist. Solange genügen eine bequeme Hose (ohne Innennähte), Turnschuhe oder normale Gummistiefel, Fahrrad- oder Skihandschuhe und notfalls auch ein Fahrradhelm. Später dann können Reithose, Gummireitstiefel, Handschuhe und ein Reithelm (geprüft nach DIN) erstanden werden. Der Reithelm ist für Kinder und Jugendliche Pflicht, Erwachsenen kann er nicht schaden. Die heutigen Reithelme sind meist leichter konstruiert und mit Lüftungsschlitzen versehen; auch das lange übliche Einheitsschwarz wurde abgelöst von einer Reihe anderer, in der Sommerhitze besser zu tragender Farben. In der kalten Jahreszeit kommen vor allen Dingen Thermoreitstiefel und dick gefütterte Fingerhandschuhe hinzu.

Auch wenn Fausthandschuhe vielleicht wärmer sein mögen, ist von ihnen abzuraten, da man damit gar kein Gefühl mehr hat. Eine Ski- oder Daunenjacke lässt die Kälte erträglich werden, vor allem wenn sie nur für eine Reitstunde ertragen werden muss. Die Ausbilder sind oft schlechter dran, – während sich die Reitschüler in der Reiterstube aufwärmen, müssen sie oft wieder raus in die Kälte.

Aus langjähriger Erfahrung seien an dieser Stelle ein paar Kleidungsstücke genannt, die sich für Reiter empfehlen, die diese Beschäftigung mit dem Pferd als Erfüllung ihrer Träume sehen: Als sogenannte „Camargue-Stiefel“ werden im Fachhandel sehr stabile Lederstiefel angeboten. Sie haben zwar ihren Preis, halten dafür aber ein halbes Pferdeleben lang, wenn sie regelmäßig gut gefettet werden. Sind sie erst einmal eingelaufen (und das dauert seine Zeit), sitzen sie wie eine zweite Haut; man kann bequem in ihnen laufen, und auch im Winter sind sie mit einem Paar zusätzlicher Socken noch ausreichend warm. Auch teuer, aber sehr bequem sind Reithandschuhe aus kanadischem Elchleder. Sie halten sogar bei einem Viel-Reiter mehrere Jahre lang (wenn man sie nicht verliert), und werden gefüttert und ungefüttert vom Handel angeboten. Wachsjacken sehen nicht nur auf dem Boulevard gut aus, sie sind vor allem beim Reiten und bei der Beschäftigung rund ums Pferd zweckmäßig und lange wasserdicht, man kann sie ergänzen durch Wachshüte oder -mützen sowie durch eine Überziehhose.

Der Wanderreiter wird fündig in Trekking-Geschäften. Hier findet er viele zweckmäßige Bekleidungsstücke, die zwar nicht in erster Linie zum Reiten gedacht sind, sehr wohl aber dafür taugen. Ich denke dabei an Allwetterjacken und auch an Trekkingstiefel, die bequem, wetterfest und zum Laufen geeignet sind, sehr wohl aber noch in die Steigbügel passen.

Das Reiten lernen

Warum muss man Reiten lernen?

Das Islandpferd bekannter zu machen, gehört zu den wichtigsten Aufgaben vieler berufsmäßiger Islandpferdefreunde, u. a. gehört dazu auch, Schauvorführungen auf Messen zu organisieren. So waren wir in den 80er Jahren mit einer Mannschaft auf der „Grünen Woche“, wo wir alles aufboten, was man mit diesem „kleinen“ Pony machen kann. Die Spezialgangarten, Springen, Wanderreiten, Kutsche fahren sowie Vorführungen am langen Zügel wurden gezeigt, alles vom Feinsten. Aber leider hatte der Sprecher ein ganz falsches Bild dieser Pferde bzw. einen entsprechenden Text vorgesetzt bekommen, – sehr zu unserem Leidwesen, denn in jeder Vorführung kam von ihm an der gleichen Stelle sinngemäß: „Bei diesen genügsamen Ponies braucht man gar nicht reiten zu können, jeder kann das, so einfach ist das…“. Bis wir ihn dazu gebracht hatten, diesen Satz endlich wegzulassen, war die Grüne Woche fast vorüber.

Es ist richtig, das Islandpony ist, allein durch sein geringeres Stockmaß, viel handlicher als die üblichen Großpferde. Diese Tatsache und sein umgänglicher Charakter lässt viele Menschen, die niemals auf den Gedanken gekommen wären, auf einen Warmblüter zu klettern, den Mut fassen, mit ihm das Reiten zu beginnen. Die meist offene und freundliche Atmosphäre, die in der Umgebung dieser Ponies herrscht, tut ein Übriges dazu.

Aber unsere Ponys haben auch ihre rassespezifischen Handicaps, die es oft schwer machen, ihnen im Sattel gerecht zu werden. Ein Dreiganggetriebe lässt sich nun mal einfacher schalten als ein Vier- oder Fünfganggetriebe. Auf das Pferd übertragen heißt dies: Man kann mit einiger Übung soweit kommen, ein dreigängiges Pferd so zu behandeln, dass man es einigermaßen sicher und tierschutzgerecht reiten kann. Aber genauso weit mit einem Tölter zu kommen, erfordert noch etwas mehr Einfühlungsvermögen, zu dem so mancher Reiter erst einmal hingeführt werden muss; schließlich will man die sauer verdiente Freizeit wohl mit dem Vierbeiner verbringen, aber auch Spaß daran haben. Die innere Einstellung, mit der man das Reiten betreibt, scheidet die Spreu vom Weizen. Sie entscheidet darüber, ob Sie ein bloßer Reitschüler bzw. Pferdebesitzer bleiben oder ein echter Pferdemensch werden, ausgestattet mit „Horsemanship“. Ein geflügeltes Wort kann ausdrücken, was damit gemeint ist: **„Falle durch nichts auf außer durch gutes Reiten.“**

Gerade das Reiten hat aber auch viel mit der persönlichen Sicherheit zu tun, mehr noch als andere Sportarten, weil man es eng verknüpft mit einem

Die Reitstunde: Vor dem Anreiten Ausrüstungs- und Sitzkontrolle.

zweiten Lebewesen betreibt. Dieses Tier besitzt zu viel Kraft, als dass man ohne Vorkenntnisse versuchen könnte, mit ihm zurecht zu kommen. Natürlich ist das Pferd nicht wirklich „böse" und es will auch niemandem etwas zu Leide tun. Behandelt man es aber falsch, bleibt diesem Tier oft nichts anderes übrig, als sich zu wehren. Nach meiner Ansicht ist das Pferd und gerade das Islandpferd oft noch viel zu gutmütig (Wäre ich selbst ein Pferd, so wäre ich bei vielen Reitern wohl schon im Pferdehimmel). Man sollte daher versuchen, es nicht soweit kommen zu lassen. Mit dem notwendigen Sachverstand und der entsprechenden Fairness wird fast jedes Pferd „... gutmütig wie ein Ackergaul".

Sitz

Vielen Reitern sind die anatomischen Zusammenhänge ihres Körpers unbekannt. Wieso auch sollten sie sich mit ihnen näher befassen, mit beiden Beinen auf der Erde hat es doch immer ganz gut geklappt. Aber es fällt viel leichter, sich richtig an ein Pferd anzupassen, wenn man über diese Zusammenhänge Bescheid weiß: Warum man beispielsweise nur dann auf den Gesäßknochen sitzen kann, wenn der Kopf gerade über den Schultern getragen wird. Zwischen Kopf und Hüfte liegt nämlich die Wirbelsäule, und sie ist mit beiden über Gelenke verbunden. Man kann nicht den Kopf zur Seite neigen, ohne die Gewichtsverteilung auf dem Pferderücken zu verändern. Wohl aber kann man bewusst die Hüfte auf einer Seite senken, dadurch das Gewicht zu dieser Seite verlagern und so eine einseitig belastende Gewichtshilfe einsetzen.

Setzt sich ein angehender Reiter ganz unbedarft auf ein Pferd, fallen dem geübten Beobachter zwei Dinge auf: Die Haltungsprobleme, die er schon als Fußgänger hat, treten auch beim Sitzen auf dem Pferd auf, vor allem was den Rücken betrifft. Aber auch bei der Kopfhaltung trifft das meist zu. Man glaubt gar nicht, wieviele Menschen ihren Kopf irgendwie schief halten oder – gerade bei sehr großen Leuten – den Kopf nach vorn oder zwi-

Rechte Seite:
Islandepferdereiter sind Allwetterreiter - meistens ....

Springstunde nach Rolf Becher, gut für Gleichgewicht und Sitz.

schen die Schultern ziehen. Der Kopf aber macht einen beachtlichen Teil des Gesamtgewichtes eines Menschen aus. Vielleicht ahnen Sie schon, welche Auswirkungen dieser Kopf haben kann, wenn er nicht gerade über der Wirbelsäule gehalten wird. Teilweise wird durch falsche Kopfhaltung auch die Einwirkung behindert.

Als zweites sind es die Beine und Füße, die erstmal so gar nicht in der Lage bleiben wollen, wo sie eben beim Reiten hingehören. Irgendwie muss man ja auf dem Pferd Halt finden, also werden die Knie am besten vorn in die Sattelpauschen gepresst, die Unterschenkel möglichst fest an den Pferdeleib gedrückt. Und die Füße sind eigentlich (auf einem Islandpferd) überflüssig, man kann sie höchstens in den Steigbügeln eine zusätzliche Stütze suchen lassen.

Bei der Beinhaltung zu Pferde tritt das Fußgängerdasein des Menschen sehr deutlich zu Tage: Selbst das relativ kleine Islandpony ist, wenn man auf ihm sitzt, ungewohnt breit. Der Reiter muss sich regelrecht verknoten, um die Beine halbwegs in die richtige Lage zu bringen. Die Knie sind ungewohnt abgespreizt und können deshalb kaum am Sattel anliegen. Die Unterschenkel rutschen fortwährend nach vorne weg, und um die Fußspitzen anzuheben, scheinen die Sehnen an der Ferse zu kurz zu sein. Davon abgesehen sind sie kaum vorn gerichtet, weil eben das Knie nach außen gedreht ist. Unsere Reitweise aber ist nun mal darauf ausgelegt, die Unterschenkel als treibende Hilfe einzusetzen, während Gewichtshilfen korrekterweise nur über die Gesäßknochen gegeben werden können. Dafür ist es wiederum notwendig, neben dem geraden Oberkörper auch die Beine ausreichend weit zurückzulegen, weil man sonst nicht auf diesen Knochen, sondern auf der weicheren Gesäßmuskulatur sitzt; Gewichtsverlagerungen der Hüfte würden so nur kümmerlich und kaum verständlich an das Pferd weitergegeben. Die Absätze müssen nun wieder tief gehalten werden, weil ja die Unterschenkel einen Druck auf den Pferdeleib ausüben müssen. Das können sie nur dann, wenn sie etwas unter Spannung stehen, was durch das Absenken des Absatzes geschieht. Einfacher wäre es, jene Muskeln durch Hochziehen der Fersen anzuspannen, – dann aber sitzt man wieder auf der Gesäßmuskulatur, siehe oben.

Wir alle lieben jene Pferde, die weich und empfindlich auf die Zügel reagieren. Leider sind es wir Reiter, die sie in aller Regel hart im Maul werden lassen. Wenn wir üblicherweise etwas tun, dann leisten wir entweder Kopfarbeit oder wir arbeiten mit den Händen. Vielleicht ist gerade das die schwierigste Umstellung, um uns zum reitenden Menschen werden zu lassen: Die Umstellung nämlich, mit dem gesamten Körper auf das Pferd einzuwirken, damit es auch das tut, was wir von ihm wollen. Man muss also, sobald man den Zügel kennengelernt hat, gleich wieder und so schnell wie möglich „zügelunabhängig" werden. Und das ist, glauben Sie mir, ganz, ganz schwer. Aber hier ist schon ein winziger Schritt in die richtige Richtung ein immens wichtiger Schritt.

Das „arbeitsmäßige" Reiten lässt sich nämlich zusammenfassen als eine unablässige Folge von halben Paraden. Fast jeder, der sich irgendwie einmal mit Reiten befasst hat, wird nun denken: Zügel annehmen, Zügel nachgeben. Und das ist ein kaum auszumerzender Irrglaube. Eine halbe Parade, beid- oder einseitig eingesetzt, beginnt stets mit den „hinteren" Hilfen, Gewichts- und Schenkelhilfen nämlich. Dann erst kommen die Zügel **unterstützend** dazu. Wer das verinnerlicht hat und beim Reiten umzusetzen weiß, der hat eine Menge gelernt.

Wer seinen Arm inklusive der Hand ermüdungsfrei hinlegen möchte, wird immer annähernd zu folgender Haltung kommen: die Ellenbogen leicht angewinkelt und aufrecht die Hand, eben so, wie der Arm beispielsweise bei einem normalen Armbruch eingegipst werden würde. Nur in dieser Haltung sind die Gelenke frei, Elle und Speiche (die beiden Knochen des Unterarms) liegen parallel nebeneinander, die beteiligten Muskeln sind weitestgehend entspannt. Genauso wird der Arm beim Reiten gehalten, mit dem einzigen Unterschied, dass mit der Hand eine geschlossene Faust gebildet wird.

Auch das bedarf einer Erklärung: Wieso Faust, – die geöffnete Hand, vielleicht sogar die Zügel zwischen den Fingerspitzen, erscheint doch viel weicher? Bis zu einem gewissen Grad der Einwirkung stimmt das sogar, aber im Allgemeinen wird man mit einer geschlossenen Faust viel genauer einwirken können. Genauer heißt abgestimmter, heißt weicher.

Reiten lernen hört nie auf

Reiten zu lernen ist ein andauernder Prozess, der eigentlich nie aufhört. Es sei denn, man weigert sich, dazuzulernen. Das heißt nicht, dass man niemals „richtig reiten" kann, doch ist eben diese Aussage „Ich kann reiten" eigentlich immer relativ zu nehmen. Richtiger wäre es zu sagen: „ich kann relativ gut reiten, aber…" oder „ich habe soundsoviel Monate/Jahre Reiterfahrung".

Die meisten Reiter begleiten ein Pferd sein ganzes Leben lang, bevor vielleicht ein Nachfolger gekauft wird. Aber auch in diesem Fall ist es wenig hilfreich zu meinen, dass man irgendwann für dieses eine Pferd gut genug reiten könnte. Denn es verändert sich auch selbst; aus dem jungen, unerfahrenen Pferd wird ein durchaus auch mal widersetzlicher Lausbub in den Flegeljahren, später wird daraus ein gesetztes, reifes Verlasspferd, das aber auch älter wird und wiederum anders geritten werden muss.

Je mehr Reiterfahrung man also hat, um so sicherer wird man auf die verschiedenen Phasen des eigenen Pferdes eine Antwort wissen. Erfahrung sammelt man besten auf vielen verschiedenen Pferden, und so gesehen kommt für die Mehrzahl der Reiter nur die gute Reitschule infrage.

Reiten in einer Reitschule

Es ist das Los fast jeden Reitausbilders, dass er „seine" Reitschüler nur für einen gewissen Abschnitt der Reitausbildung begleiten kann. Wie heißt es doch schön: „Das Ziel eines jeden guten Reitlehrers ist es, sich selbst überflüssig zu machen".

Allerdings, er selbst entscheidet fast nie darüber, ob dieses Ziel erreicht worden ist. Wenn man über ein paar Jahre hinweg einen Schüler unterrichtet hat, kennt man sich gegenseitig in- und auswendig, notwendige Korrekturen beschränken sich im Idealfall auf ein Minimum. Es geht jetzt mehr um das Aufzeigen verschiedener Wege, ein Ziel zu erreichen, anstatt Weg und Ziel vorzuschreiben. Das kann weiterhin sehr gut funktionieren, meist fängt jedoch der Reitschüler – Jugendliche viel mehr noch als Erwachsene – an, Alternativen zu suchen, andere Ausbilder, die vielleicht andere oder neue Ideen haben.

Der gute Ausbilder hat nicht den reiterlichen Fortschritt allein, sondern auch die Persönlichkeit des Menschen, mit dem er umgeht, im Auge. Den Wunsch nach Veränderung wird er spüren; dann kann auch er selbst andere Ausbildungsstätten vorschlagen und seinem Schüler weiterhin begleitend zur Seite stehen. Aber allzuoft wird ihm diese Entscheidung vom Schüler selbst abgenommen, der zu schnell, angetrieben vielleicht durch falschen Ehrgeiz (bei Jugendlichen oft dem der Eltern), einen Weg sucht, der das Ziel schneller zu erreichen verspricht. Gerade vielversprechende Jugendliche wählen oft diesen zweifelhaften Weg, ehe sie wirklich soweit sind; das Horsemanship bleibt dann oft auf der Strecke.

Etwas anders ist die Situation bei jenen Reitschülern, die kein eigenes Pferd besitzen. Sie sind auf Schulpferde angewiesen und müssen bei einem Wechsel in Kauf nehmen, auch mit neuen, unbekannten Pferden weiterzumachen, – ein Schritt, der oft nicht leichtfällt. Neue, andere Schulpferde können besser, aber eben auch schlechter, unsicherer sein. Der Reitlehrling ist gut beraten, sich „seine" Reitschule – in der er ja gute Erfahrungen gemacht hat – warmzuhalten. Gleichzeitig kann er, vielleicht im Urlaub, anderswo einen Schnupperkurs belegen. Findet dieser Gefallen, kann der endgültige Wechsel stattfinden; war er nicht so toll, bleibt man lieber bei dem Bewährten.

Es gibt mittlerweile in allen, auch in den neuen Bundesländern, Islandpferdereitschulen fast flächendeckend. Wie aber findet man „seine" Reitschule, wo man nicht nur das richtige Reiten lernt, sondern sich auch sonst gut aufgehoben fühlt? Ideal ist es, wenn man Freunde kennt, die einen mitnehmen und auf „ihrem" Hof einführen können. Die Mundproganda ist für beide Seiten – Kunden wie Ausbilder – eine gute Sache. Da man mit Freunden mitgekommen ist, kann man davon ausgehen, dass einem die Atmosphäre, die auf jedem Hof ausschlaggebend ist, gefällt, sonst würde es in aller Regel auch den Freunden nicht so gefallen. Diese können auch beurteilen, ob der Unterricht zunächst das bietet, was man braucht, bis man soweit ist, selbst zu entscheiden, was für einen das Richtige ist. Man kann natürlich auch auf andere Weise findig werden. Adressen von Reitschulen gibt es in den Anzeigen diverser Fachzeitschriften; seit einiger Zeit gibt der IPZV auch ein Branchenbuch heraus, wo Islandpferdehöfe, nach Angebot und Postleitzahlen sortiert, zu finden sind.

Es wäre aber vielleicht etwas zu blauäugig, wenn man den Angeboten allein vertrauen würde; auch in dem IPZV-Branchenbuch sind es die Anbieter, die ohne sonstige Überprüfung ihr Angebot formulieren. Diverse Titel sagen letztendlich nichts über die tatsächliche Qualität der angebotenen Leistungen aus. Deshalb seien an dieser Stelle einige nützliche Hinweise zur Beurteilung einer guten Reitschule genannt:

- Sie wissen inzwischen – zumindest theoretisch – über die Haltung von Islandpferden Bescheid. Sehen Sie sich in Ruhe im Stall, bei den Ausläufen und auf den Weiden um. Sind die Pferde gut genährt und trotzdem nicht zu fett, sind die Ausläufe in irgendeiner Art befestigt, steht Stroh zur Verfügung? Erkundigen Sie sich nach den täglichen Abläufen. Wann und wie lange kommen die Pferde auf die Weide, haben sie nachts einen Stallplatz zur Verfügung?
- Wie sehen der Hof und die Stallgebäude insgesamt aus? Sind sie sauber und aufgeräumt, sind die notwendigen Besen oder Mistboys griffbereit, ist der Anbindebalken stabil und groß genug? Es kommt gar nicht darauf an, dass alles teuer oder luxuriös aussieht. Einfach, aber ordentlich und sinnvoll durchdacht spricht durchaus für preisbewusstes, aber praxisbezogenes Denken der Besitzer, was sich letztendlich auch auf die Kosten der Reitstunden und Unterstellplätze niederschlägt.
- Ovalbahn und Dressurviereck gehören zum Standard, ihr Pflegezustand (Belag, Umrandung) sollte schon der Norm entsprechen und nicht etwa matschig sein und die Bande mit Elektrozaun geflickt. Wenn Sie ein eigenes Pferd mitbringen oder daran denken, sich eines anzuschaffen, sollte auch ein Longierzirkel o. Ä. vorhanden sein, wohin man zu Unterrichtszeiten ausweichen kann.
- Zum Reitunterricht gehören meist auch Ausritte, manchmal werden richtige Wanderritte angeboten. Die Frage nach dem umgebenden Gelände kann sich also lohnen.
- Die Ausrüstung der Schulpferde (Putz- und Sattelzeug) ist meist nicht auf dem neuesten Stand, aber prinzipiell in Ordnung muss sie sein. Sicherheitssteigbügel z. B. gehören inzwischen zum Standard.
- Fragen Sie doch auch einmal, ob Sie einem Schulpferd die Hufe aufheben dürfen, – an ihrem Pflegezustand und dem Hufbeschlag können Sie einiges ablesen.
- Wenn Sie dann noch Gelegenheit haben, einer Reitstunde zuzuschauen und nach deren Beendigung einige Fragen an den Ausbilder zu stellen (Ausbildungsprogramm, Gruppengröße, Spezialitäten), dürften Sie ein abgerundetes und aussagekräftiges Bild von Ihrem zukünftigen Reiterhof haben.

Zu guter Letzt aber noch eine Anmerkung, die Sie bitte im Hinterkopf behalten mögen: Islandhöfe unterscheiden sich sehr wohl in Angebot und Qualität, je nachdem, wo der Besitzer seine persönlichen Prioritäten setzt. Zucht und Aufzucht, Pensionspferdehaltung, Verkauf, Beritt, Ferienangebote und letztendlich die Ausbildung von Reitern können, aber müssen nicht angeboten werden. Auch kann es sein, dass die Haltung der Pferde nicht ihren Vorstellungen entspricht, aber der Unterricht in Ordnung ist; also müssen auch Sie in etwa wissen, was Sie wollen, um dann zu entscheiden wo Ihrerseits die Gewichtungen

Linke Seite: Zweckmäßig ausgerüstetes Pferd und eine ebenso gekleidete Reiterin (einzig der Helm fehlt) – so macht Tölten Spaß.

(z. B. Haltung, Unterricht, Beritt, allgemeine Ordnung) liegen und worauf Sie verzichten können. Selbstverständlich ist es am schönsten, wenn alles, was angeboten wird, auch wirklich Hand und Fuß hat. Aber Sie werden sehen, irgend einen Schwachpunkt hat so gut wie jeder Islandpferdehof.

Reiten lernen ohne Reitschule

Viele Betriebe bieten in den Ferienzeiten in sich abgeschlossene Kurse an, für die sie auch Schulpferde zur Verfügung stellen. Dies ist vor allem für diejenigen oft die einzige Möglichkeit, zum Reiten zu kommen, die in ihrer Umgebung partout keine geeignete Reitschule gefunden haben oder so in ihrem Job oder der Schule eingespannt sind, dass das Reiten auf den Urlaub beschränkt bleiben muss. Wenn man sich damit abfindet, jeden Reiturlaub erst einmal mit einem Muskelkater zu beginnen, unter Umständen jedesmal mit unbekannten Pferden konfrontiert zu werden, ist dies immerhin eine – wenn auch sehr eingeschränkte – Möglichkeit.

Wenn Sie Ihr eigenes Pferd privat unterstellen oder gar Koppel und (Offen-)Stall gepachtet haben, können Sie über Kurse Ihr reiterliches Niveau oder die Qualität Ihres Pferdes zumindest erhalten oder auch verbessern. Sehen Sie jedoch zu, dass Sie einen Ausbilder wählen, der Ihre besonderen Bedürfnisse berücksichtigt. Wer keinen abgeschlossenen Reitplatz (geschweige denn eine Ovalbahn) zur Verfügung hat, braucht Tipps, wie verschiedene Übungen auch im Gelände umgesetzt werden können.

Ein bis zwei Kurse im Jahr sollte man schon besuchen, und das ist wenig genug. Eine Menge Selbstdisziplin ist notwendig, wenn man nicht in jedem neuen Kurs wieder am gleichen Punkt beginnen möchte. Zum Ende eines Kurses sollte der Ausbilder den Teilnehmern auch Hinweise geben, wie ein auf sich gestellter Reiter mit Erfolg weiterarbeiten kann. Eigentlich macht nur dann die Buchung eines weiteren Lehrgangs Sinn. Nur deshalb einen Unterrichtsblock zu besuchen, weil eben alle anderen das auch tun, bringt zwar dem Lehrgangsleiter Geld, Ihnen aber nichts. Der Kurs steht auf der einen Seite, das selbständige Arbeiten auf der anderen, und erst dies bringt den Fortschritt.

Reiten in Island

Vielleicht gehören Sie auch zu denjenigen, deren Wunsch einmal nach Island zu reisen, mit der Zeit immer größer wird. Island ist teuer, schon allein deswegen, weil die Reise dorthin DM 1.000,– bis 2.000.– verschlingen kann. Je länger der Aufenthalt selbst dauert, desto lohnender also ist dieser Aufwand. Man kann schon in Deutschland Reittouren buchen, auch solche, bei denen nur wenig Reiterfahrung verlangt wird. Dementsprechend sind allerdings meist auch die Pferde, häufig Dreigänger, die ausschließlich zu diesem Zweck gehalten werden. Sehr viel schöner ist es, die Reise mit Freunden zusammen so zu organisieren, dass man mit Hilfe hier ansässiger Isländer die richtigen Pferdeleute zu finden, die Touren anbieten. Auf diese Art findet man viel eher die Möglichkeit, auf guten Pferden beispielsweise über das Hochland zu reiten, ein Erlebnis, das man nie vergessen wird. Um das aber tatsächlich genießen zu können, sollte man schon über eine gute Portion Reiterfahrung verfügen.

Wer kann Reiten lernen?

Untersuchungen über die Lernfähigkeit des Menschen, die sowohl psychisches als auch physisches Lernvermögen umfassen, sind u. a. zu folgendem Ergebnis gekommen: Wer nach seinem 10. Lebensjahr zu reiten beginnt, wird niemals so gut werden wie ein Reiter, der schon in jüngerem Alter begonnen hat. Nun ist manch einer Weltmeister geworden, der erst später mit dieser Sportart begonnen hat, aber im Kern hat diese Untersuchung Hand und Fuß.

Das sollte jedoch niemanden deprimieren, der dieses optimale Alter schon verpasst hat und gerne sein Glück auf dem Rücken der Islandpferde versuchen möchte, im Gegenteil: Gerade das Reiten auf Islandpferden ist überhaupt keine Frage des Alters. Jeder, der sich fit genug fühlt, etwas Neues anzufangen, kann es damit probieren. Eine Voraussetzung sollte er allerdings mitbringen, nämlich die Bereitschaft, Neues anzunehmen und zu verinnerlichen. Jedenfalls falsch ist der scheinbar nicht auszumerzende Satz: „Reitkunst ist für das Islandpferd nicht notwendig, schon gar nicht für den Freizeitreiter“.

Ausbildungsziel

An erster Stelle steht beim Reiten lernen zunächst einmal die Beschäftigung mit dem Pferd, als einer der nächsten Punkte kommt die Suche nach einer sinnvollen Freizeitbeschäftigung, und erst ziemlich zum Schluss steht das Ziel, mit dem Reiten einen bestimmten Ehrgeiz befriedigen zu wollen; dies kommt gemeinhin erst mit den Fortschritten, die man beim Lernen erzielt.

Vorab sei gesagt, dass es auch bei den Isländern längst nicht so ist, dass alle Reitschüler unbedingt tölten wollen. Vielen genügt es zunächst, in den drei Grundgangarten ihrem Hobby zu frönen. Erst nach und nach kristallisiert heraus, ob der Reitschüler sein Hobby ernsthaft genug betreibt, um mehr zu wollen und dafür auch mehr zu investieren. Damit ist in erster Linie gar nicht das Geld angesprochen (Töltreitstunden sind – in der Regel – nicht teurer als die allgemeinen Reitstunden). Vielmehr ist hier verstärkt das Eintauchen und Auseinandersetzen mit dem Thema Pferd gemeint.

Freizeit und/oder Sport

Es bleibt ein Traum vieler, Freizeitgestaltung und sportlichen Wettbewerb miteinander zu verbinden. Ist das Reiten soweit gediehen, ein eigenes Pferd angeschafft und man hat sich zusammengerauft, so denkt mancher daran, vielleicht einmal an einem Turnier teilzunehmen.

Die darauf folgende Enttäuschung ist fast vorprogrammiert: Die Einsteigerklasse nennt sich zwar – auch nach der sonst so grundlegenden Reform der IPO im Jahre 1997 – Freizeitklasse; das heißt in der Realität aber nicht, dass Freizeitreiter in dieser Klasse auch erfolgreich teilnehmen können. Denn plötzlich reicht die Qualität des eigenen, geliebten Zausels nicht mehr aus; die anfängliche Zufriedenheit mit dem Pony verwandelt sich schnell in Frustration; einfach, weil die Turnier-Freizeitreiter fast generell bei der Anschaffung eines Pferdes mit den entsprechenden Anlagen etliches mehr auf den Tisch geblättert haben.

Die Entscheidung darüber, ob man vielleicht einmal ein Turnier mitreiten möchte, sollte also vor den Kauf des eigenen Pferdes fallen. Im Allgemeinen ist Turnierreiten mit dem Besitz eines eigenen Pferdes verbunden, vielleicht mit der Ausnahme, dass einige wenige Verkaufsställe auch mal guten Reitern die im Angebot stehenden Pferde zur Verfügung stellen. Ziel einer jeden guten Reitschule muss es also sein, interessierte Reiter so zu fördern, dass sie in ihrer Freizeit so gut reiten, dass sie sich auch auf einem Turnier sehen lassen könnten, – wenn sie wollen.

Grundausbildung des Islandpferdes

Umgang

Man unterscheidet bei Lebewesen – uns Menschen eingeschlossen – drei Arten des Zusammenlebens: Das erste ist eigentlich gar kein Zusammenleben, denn die Individuen finden sich nur zum Geschlechtsakt zusammen, um dann gleich nach dem Vollzug wieder den eigenen Weg zu gehen. Als zweites gibt es die Paarbindung, wie sie bei verschiedenen Vogelarten bekannt ist. Und drittens findet man die vielfachen Möglichkeiten des Zusammenlebens gesellig lebender Tiere, sei es im lockeren Verband, in Schwärmen, in Rudeln oder im Herdenverband. Natürlich gibt es zwischen den drei Überlebensstrategien alle nur möglichen Misch- und Sonderformen; uns interessiert natürlich in allererster Linie die Herde, die Pferdeherde nämlich. Das Zusammenleben der Pferde ist recht gut erforscht. Einzelheiten, die vor allem die einzelnen Rassen und ihre stammesgeschichtliche Herkunft betreffen, sollen hier auch nicht interessieren; wir wollen uns darauf beschränken zu lernen, was uns den Umgang mit dem Individuum Pferd ermöglicht und erleichtert.

Rangordnung

Es hat sich im Laufe der Evolution herausgestellt, dass die Tierart Pferd bessere Überlebensschancen hat, wenn sich die Einzelwesen in Gruppen zusammentun. Natürlicherweise muss auch dieses Zusam-

Spielerische Auseinandersetzungen festigen die Gruppenhierarchie.

Erstes Ziel der Ausbildung:
Respekt und Vertrauen.

menleben einer bestimmten Ordnung unterliegen. Es würde zu einer unnötigen Schwächung des Einzelnen führen, wenn an jeder Wasserstelle beispielsweise von neuem ausgefochten würde, wer zuerst saufen darf. Diese Ordnung nennt man Rangordnung, in der jedes Tier seinen ranggemäßen Platz einnimmt. Man kann sich dies als gerade Linie vom Tier 1 (in der Verhaltensbiologie auch das Alpha-Tier genannt) bis zum Tier X. Es wäre widersinnig, wenn die Rangfolge ein- für allemal starr festgelegt würde; das starke Jungtier etwa kann sich die Rangleiter hinaufkämpfen, genauso kann das alternde Alpha-Tier seinen ersten Platz verlieren. Innerhalb dieser Rangordnung, die das Überleben einer Art garantiert, haben Tiere mit höherer Rangordnung bessere Chancen sich fortpflanzen.

Es wäre jedoch falsch anzunehmen, dass ein Pferd, je höher in der Rangordnung aufgestiegen, um so „glücklicher" wäre. Es ist müßig zu diskutieren, ob ein Tier so etwas wie „Glück" empfinden kann; jedenfalls ist das Tier dann „glücklich", wenn sein momentaner Platz in der Rangfolge sicher ist, egal ob es sich um den ersten oder den letzten Platz handelt.

Man kann das gut beobachten, wenn zu einer festen Gruppe von Pferden ein neuer Artgenosse dazugestellt wird. Anfangs macht der Neuankömmling auf uns in der Tat einen unglücklichen Eindruck, abseits von den übrigen stehend und froh, wenn er überhaupt an die Tränke oder an einen Strohhalm gelangen kann. Ein paar Tage später sieht es schon anders aus. Er steht zwar nicht am besten Futterplatz, und wenn vor ihm ein anderer säuft, muss er warten, bis er an die Reihe kommt. Aber er ist auf seinem rangniederen Platz integriert und in den Verband aufgenommen. Mit anderen Worten: Ein Pferd ist solange „unglücklich", wie es keinen Platz in der Rangordnung der Herde findet, aber es ist dann zufrieden, wenn es irgendeinen, und sei es den rangniedrigsten Platz innehat. Das Pferd richtet sich also instinktiv nach den in ihm steckenden Möglichkeiten; nicht jedes Individuum möchte beispielsweise das Alpha-Tier sein (was ja auch unweigerlich zum Aussterben der Tierart Pferd führen würde).

Unruhe entsteht in der Gruppe oder Herde immer dann, wenn ein Einzelner seinen Platz gefährdet sieht. Er muss ihn entweder kampflos dem anderen überlassen oder es mit ihm ausfechten. Oder er muss seinerseits wieder den nächsthöheren angreifen, auch dann, wenn er eigentlich mit seinem Platz in der Rangordnung zufrieden gewesen ist.

Mensch und Pferd

Wenn die oben beschriebenen Zusammenhänge klar sind, ist es nur noch ein kleiner Schritt, um zu erkennen, wie unser Umgang das gesamte Verhältnis zum Pferd bestimmt.

Das „Rahmen-Modell"

Den Platz eines Pferdes in der Rangordnung kann man auch als eine Art von „Rahmen" betrachten, in dem sich das Tier sicher und unbehelligt bewegen kann. Wichtig hierbei ist, dass Pferd und Mensch diesen Rahmen genau kennen und akzeptieren. Dazu gehört, dass Änderungen in Form und Gestalt dieses Rahmens nur gemeinsam herbeigeführt werden dürfen und dass diese wiederum von beiden anerkannt werden. Dazu zur Verdeutlichung ein paar Beispiele:

Zweifellos ist das Ausschlagen des Pferdes nach dem Menschen gefährlich und sollte daher mit geeigneten Maßnahmen unterbunden werden. Tut man dies immer, auch nur bei ersten Anzeichen des Auskeilens, wird das Pferd dies als Grenze akzeptieren, an der das Verbotene anfängt, und dieses Verhalten in Zukunft bleiben lassen.

Will man das Pony beim Führen weder hinterherziehen noch nach vorne wegeilen lassen, wird man es schulen, neben dem Menschen am leicht durchhängenden Strick mit einem angemessenen Zwischenraum zu gehen. Solange man nicht nachlässig wird und immer darauf achtet, sobald das Pferd ein Halfter angelegt bekommt, wird es schnell merken, dass es so am ungehindertsten laufen kann, und es wird sich fügen. Andernfalls würde der Mensch es ja wieder auf seine Grenzen, also auf seinen Rahmen aufmerksam machen.

Es ist mir bewusst, dass damit eine hohe, oft sogar zu hohe Anforderung an die Mehrzahl der Reiter gestellt wird, nämlich die Forderung nach Konsequenz. Denn gerade die wollen wir in unserer knapp bemessenen Freizeit nur zu gerne hinter uns lassen, haben wir doch in unserem Schul- oder Berufsleben damit genug zu kämpfen. Man sollte dies jedoch einmal ganz pragmatisch sehen: Für ein durchschnittliches Freizeitpferd gibt man momentan etwa DM 10.000,– aus. Jetzt geht es schlichtweg um die Werterhaltung des Pferdes, und eben da kommt es entschieden darauf an, wie konsequent man sich um Haltung, Umgang und das Reiten bemüht; ein Mangel an eben dieser Konsequenz hat binnen kurzer Zeit einen enormen Wertverfall zur Folge, der sich in Unarten, Problemen im Umgang etc. äußern wird.

Egal aber, wie alt oder jung der zukünftige Besitzer eines Pferdes ist, in den allermeisten Fällen wird er selbst lernen müssen, sich und seinem Pferd den Rahmen zu geben, in dem beide, Mensch und Pferd, sich möglichst voll entfalten können. Dass dieses Bemühen dann auch wieder dem Verhalten des Menschen positiv zugutekommt, ist ein schöner Nebeneffekt.

Respekt und Vertrauen

Dem Pferd einen Rahmen zu geben, bedeutet, dass der Mensch sich Respekt bei dem Tier verschafft, ihm aber gleichzeitig ermöglicht, Vertrauen aufzubauen. Das liest sich einfacher, als es in der Praxis durchzuführen ist. Respekt und Vertrauen widersprechen sich nicht etwa, sondern das eine ist nicht ohne das andere möglich. Will man sich nämlich Respekt verschaffen ohne Vertrauen, wird man es in kurzer Zeit mit einem unsicheren Pferd zu tun haben, das versuchen wird, sich immer wieder dem Menschen zu entziehen, weil es nämlich nur Angst hat. Genau umgekehrt ist es, wenn man versucht, das Vertrauen des Pferdes zu gewinnen ohne dabei klarzustellen, wer von beiden das Alpha-Tier ist, – natürlich der Mensch. Achtung und Zutrauen schaffen heißt, dem Pferd einen Rahmen geben.

Ein Wort noch zu dem Umgang mit den „Leckerlis“: Es ist oft üblich, dem Pferd nach dem Ausritt oder sonst zur Belohnung ein Leckerli, eine Karotte oder ein Stück trockenes Brot zu geben. Dazu hat der weltberühmte Verhaltensforscher Konrad Lorenz, ein Wegbereiter der modernen Ethologie, einen Satz geschrieben, der auch heute noch seine Gültigkeit hat und sinngemäß lautet: „Wenn der Mensch danach trachtet, die Freundschaft eines Tieres über das Futter zu gewinnen, so wird er betrachtet wie die Weide von der Kuh“. Das Füttern ist also ist eine „Krücke“, die das eigentliche Problem nur überschattet. Besser ist es, wenn man die körpereigenen Mittel, also die Körpersprache und die Stimme zur Kommunikation mit dem Pferd einbringt.

Natürlich gibt es auch bei dieser Regel Ausnahmen: Ist ein Pferd so ängstlich, dass man sich ihm kaum nähern kann (Herkunft, Charakter und Vorgeschichte spielen hier eine Rolle), so dass man gar keine Chance hat, eine „Unterhaltung“ aufzubauen, bleibt einem nichts anderes übrig, als sich vorerst von dem Pony wie eine Weide betrachten zu lassen und es „anzufüttern“; allerdings nur so lange, bis man mit dem Tier auf dem richtigen Weg kommunizieren kann.

Ein anderes Beispiel: Ein hochsensibles Pferd, ganz fein zu reiten, hat die „Unart“, nicht nur die Stimmungen des Reiters wahrzunehmen (das können alle Pferde), sondern dessen Unsicherheiten in der Art auszunutzen, dass es nach dem Aufsitzen fürchterlich zu buckeln beginnt und ihn dadurch loszuwerden versucht. Die „Krücke“ kann nun zum Einsatz kommen, nämlich das Pferd nach dem Aufsitzen durch ein Stückchen Brot zu belohnen. Streng genommen ist dies jedoch gar keine Belohnung, sondern das Pferd wird von seinem ursprünglichen Gedanken (nämlich zu buckeln) durch das Füttern nur abgelenkt. Der Reiter wird an sich arbeiten, um dieses Ablenkungsmanöver loszuwerden, also sehr bewusst und selbstsicher aufzusitzen und, sollte das Pferd dennoch anfangen zu bocken, forsch und mit Gerteneinsatz anzureiten und es dadurch von seinem ersten Ansinnen abzubringen.

Bodenarbeit

Um den Umgang mit dem Islandpferd zu lernen und, wenn man möchte, gleichzeitig das Pferd zu schulen, ist die Bodenarbeit das Mittel der Wahl. Bodenarbeit ist ein eigentlich endlos dehnbarer Begriff, enthält sie doch alles, was man mit dem Pferd machen kann, ohne dass man auf seinem Rücken sitzt oder sich in einer Kutsche hinterherziehen lässt. Die Arbeit vom Boden aus beginnt mit dem „einfachen“ Führen, geht über verschiedene Dressurlektionen zum Longieren, von der Doppel-

Je mehr es gelingt, die Aufmerksamkeit des Pferdes auf sich zu lenken, umso erfolgreicher wird die Arbeit sein.

longe zum Fahren vom Boden aus und endet, wenn man so will, mit der Arbeit zwischen den Pilaren, wo auch die Arbeit über dem Boden anfängt. Die Bodenarbeit ist eine Wissenschaft für sich, genau wie das Reiten selbst auch. Das Islandpferd ist, je nach Typ und Veranlagung, sehr wohl für viele Übungen dieser Art geeignet; für die Erziehung des Pferdes und für den Besitzer sind einige Maßnahmen geradezu unerlässlich, weil es so am leichtesten ist, dem Pferd die notwendigen Umgangsformen beizubringen.

Zwei verschiedene Formen der Bodenarbeit sollen näher betrachtet werden, nämlich die freie Arbeit, bei der das Pony mit dem „Führer“ durch keinerlei Führstick, Longe o. ä. verbunden ist, und die „klassische“ Bodenarbeit mittels Leine, Longe usw. Leider ist die Bodenarbeit, gleich welcher Art, keine Angelegenheit, die man nur vom Zuschauen lernen kann. Zwar bringt es schon eine ganze Menge, wenn man sich gegenseitig bei der Arbeit beobachtet, aber ohne einen Ausbilder, der einem zumindest die Grundbegriffe beibringt, ist man wahrlich allein gelassen und sollte die Bodenarbeit, ob es sich nun um die Grundausbildung, Longieren oder was auch immer handelt, besser bleiben lassen. Wie alles, was man mit einem Pferd tut, kann man auch dabei mehr falsch machen, als man Gutes tut.

Freie Bodenarbeit

Für freie Bodenarbeit braucht man einen sicher eingezäunten Platz, aus dem das Pferd auch durch einen Sprung nicht ins Freie gelangen kann. Die Meinungen gehen auseinander, ob der klassische Longierzirkel mit ca. 15 m Durchmesser oder aber eine quadratische Fläche mit einer Seitenlänge von 10 bis 15 m vorteilhafter ist. Ich persönlich arbeite gern auf dem quadratischen Platz. Der neuerdings häufiger erwähnte „round pen“ ist nichts anderes als der Longierzirkel, mit dem Unterschied, dass dessen hohe Eingrenzung meist jeden Blick nach außen verbietet. Man ist also richtiggehend isoliert mit seinem Pferd und kann sich ganz und gar auf die Arbeit konzentrieren.

Wenn man diesen Platz mit dem Pferd betreten hat und das Tor geschlossen ist, muss erst einmal der Kontakt hergestellt und die Aufmerksamkeit des Pferdes auf den Menschen gerichtet werden. Je mehr es gelingt, das Pferd auf sich zu konzentrieren, desto erfolgreicher wird die Arbeit sein. Es kommt darauf an, nur mittels Körpersprache, Gerte und Stimme zu bestimmen, was das Pony tun soll. Anfangs ist es nicht verkehrt, das Pferd erst einmal in Ruhe den Platz untersuchen zu lassen, wo später die Arbeit beginnen soll; auch das Wälzen beispielsweise kann durchaus erlaubt sein. Wenn dann aber die Arbeit beginnt, hat das Interesse des Ponys nunmehr ausschließlich dem Menschen zu gelten, es muss herausfinden, was der Mensch ihm durch seine Gestik zu sagen hat. Wir alle sind keine „Pferdeflüsterer", und es wird gerade zu Anfang zu mancherlei Missverständnissen kommen. Auch deswegen beschränkt man sich zuerst auf einfachste Übungen, wie das Führen im Schritt, Anhalten, die Hand wechseln, dann ein paar Runden in einer schnelleren Gangart oder Positionswechsel von der linken auf die rechte Seite, um nur die wichtigsten zu nennen. Man kann sich durchaus schon zu den Fortgeschrittenen zählen, wenn das Pferd beispielsweise eine Vorhandwendung einigermaßen korrekt ausführt, ohne dabei von dem führenden Menschen berührt zu werden. Eine genaue Anleitung, wie diese Übungen im Einzelnen gelehrt werden sollen, holt man sich, wie schon erwähnt, von einem guten Ausbilder.

Wenn man sich zu diesem Zweck mit mehreren Gleichgesinnten zusammentut und mit einem verständigen Ausbilder diese Art von Bodenarbeit angeht, wird man erstaunt sein, wie gut man sein Pony mit der Zeit kennenlernt und gleichzeitig selbst lernt, besser und verständiger mit ihm umzugehen. Zwangsläufig wird man auch die Gestik und die Mimik der Pferde kennenlernen und überrascht sein über die Vielfalt der Ausdrucksmöglichkeiten.

Bodenarbeit mit der Führkette

Die zweite Art Bodenarbeit zu betreiben, ist die Arbeit mit der Führkette oder Longe etc. Bekannt gemacht haben diese Erziehungsmethode allen vorneweg Linda Tellington-Jones und Walter Feldmann jr., letzterer vor allen Dingen als die Methode, einem Jungpferd vor dem Anreiten die Grundregeln beizubringen.

Selbstverständlich kann jemand, der genügend mit dieser Arbeit vertraut ist (das heißt nichts anderes, als dass er es von der Pike auf gelernt hat), ein vollkommen rohes Jungpferd mit der Führkette arbeiten. In der Praxis aber hat es sich bewährt, erst einmal die Arbeit „ohne alles" zu verinnerlichen. Die Gefahr ist sonst zu groß, dass der Erziehende, sobald er das Ende der Führleine in der Hand hält, sich allein auf diese konzentriert und all die übrigen Mittel, zusammengefasst eben als Körpersprache, glatt vergisst. Ein Misslingen all seiner Bemühungen ist damit vorprogrammiert.

Ein Vorteil der Bodenarbeit mit Führkette ist, dass man sie praktisch überall einsetzen kann, wenn auch zumindest anfangs eine Bande o. ä. ganz zweckmäßig sein kann, um dem Pferd beim Erlernen der ersten Grundbegriffe eine Anlehnung zu geben. Voraussetzung ist diese Arbeit auch dann, wenn man gerne mal mit einem Handpferd reiten möchte.

Wie gesagt, Bodenarbeit in jeglicher Form kann man nur in der Praxis lernen, deswegen hier nur soviel: Die Kette (bei sensiblen, unverdorbenen Pferden mag auch ein stabiles Stallhalfter, ein merothisches Halfter oder ein Lindel ausreichend wirksam sein) hängt immer durch, wenn sie nicht gerade zur Einwirkung kommt. Eingewirkt wird immer, abhängig von der Wirkung, die sie erzielen soll, mittels eines leichten Zupfens, das sich durchaus bis zu einem energischen Rucken steigern kann. Keinesfalls darf man sich auf einen „Ziehkampf" einlassen, den das Pferd doch gewinnen würde. Auch deswegen ist die Körpersprache nach wie vor sehr wichtig. Das Ziel ist immer, egal bei welchen Übungen, mit sparsamsten Signalen auszukommen, idealerweise nur spürbar für das Pferd. An dieser Stelle sei ein Satz zitiert, der eigentlich zu jeglicher Arbeit mit dem Pferd passt: „Der Weg ist das Ziel."

Zusammengefasst lässt sich sagen, dass die Arbeit vom Boden aus Erfolg in zweierlei Beziehungen bringen kann: Zum einen lernt man sich und das Pferd sehr gut kennen; dies verbindet meist mehr, als das Reiten allein es ermöglichen würde. Außerdem hilft Bodenarbeit enorm bei der Erziehung, was sich im ganzen Umgang positiv manifestiert.

Bodenarbeit mit der einfachen Longe

Das „einfache" Longieren dient in erster Linie zum Bewegen des Pferdes. Die Frage stellt sich, wozu das Pony eigentlich bewegt werden soll; artgerecht gehalten hat es doch eigentlich Bewegung genug. Trotzdem gibt es gute Gründe, warum unser Isländer die Longe kennen sollte. Es kann schießlich auch vorkommen, dass man, aus welchen Gründen auch immer, nicht reiten kann. Neben der „klassischen“ Bodenarbeit und dem Freilaufen ist das kontrollierte Bewegen an der Longe das Mittel der Wahl. Kontrolliert heißt, das Pferd nicht irgendwie im Kreis laufen zu lassen, sondern es mit Stimme, Körpersprache und Peitsche in die gewünschte Gangart bzw. Tempo zu bringen und zu halten. Auch einfache Gymnastizierungen lassen sich mit Hilfe diverser Hilfszügel durchführen; dazu sollte man sich Rat bei einem Fachmann holen, denn auch mit der einfachen Longe kann man mindestens ebenso viel verkehrt machen, wie man Nutzen daraus zieht.

Eine Art von Hilfszügel will ich hier hervorheben, weil er – und dies wohl nicht nur beim Islandpferd – fehl am Platze ist, den Ausbindezügel nämlich. Er zwingt das Pferd in nur eine gewünschte Haltung, ohne dann aber nachgeben zu können; das Ergebnis wird entweder sein, dass sich das Pferd gnadenlos auf das Gebiss legt, oder aber dass es hinter den Zügel kommt.

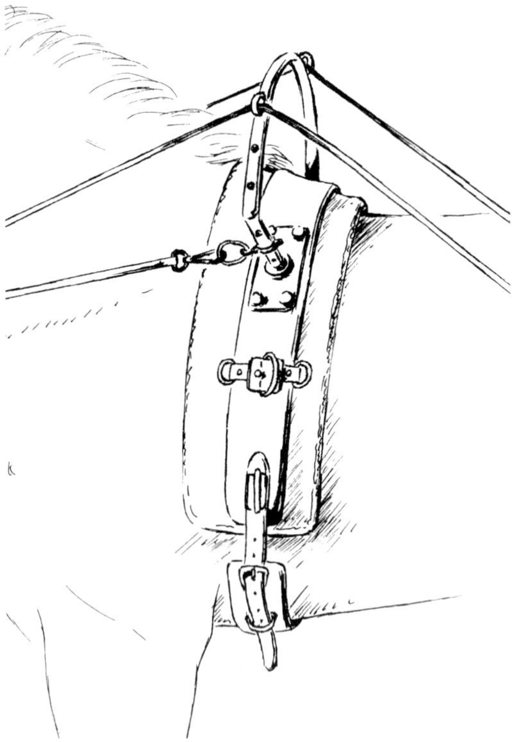

Trotz seines martialischen Aussehens ist der Spanische Reiter im Prinzip nur eine höher verschnallte Doppellonge.

Bodenarbeit mit der Doppellonge

Der große Vorteil der Doppellonge ist, dass der Unterschied zwischen Bodenarbeit und Reiten nicht gar so groß ist; zumindest entspricht die Führung durch die zwei Longen der Zügelführung weitgehend. Um die Doppellonge richtig nutzen zu können, ist ein gut sitzendes Longiergeschirr (Longiergurt) notwendig, das ausreichend viele und genügend große Ringe für die verschiedenen Verschnallungsmöglichkeiten haben sollte. Die Arbeit mit der Doppellonge kann das Reiten sinnvoll ergänzen, sofern sie abwechslungsreich und nicht zu häufig durchgeführt wird. Sie ist auch deswegen sinnvoller als das einfache Longieren, weil eine Vielzahl von unterschiedlichen Verschnallungsvarianten eine echte Gymnastizierung erlauben. Dadurch können teilweise auch Hilfszügel, gleich welcher Art, ersetzt werden, weil man durch die beiden Longen Spannung auf- und abbauen kann, ohne dass man ständig zum Pferd hinlaufen muss, um den Hilfszügel anders zu verschnallen.

Generell wird die Doppellonge wohl in das Mundstück eingeschnallt. Der Longenführer sollte aber solange wie möglich die Empfindsamkeit des Pferdemauls durch geeignete Maßnahmen (z. B. durch Verschnallen des Reithalfters durch die Trensenringe) vor unbeabsichtigten Bewegungen mit der Longe schützen. Denn auch wenn er sehr fein mit dieser umzugehen vermag, gilt, dass je länger die Strecke zwischen Hand und Pferdemaul ist, desto ungenauer wird zwangsläufig die Einwirkung.

Spanischer Reiter oder "Smartjock"

Lange Zeit von der Bildfläche verschwunden, sorgt der spanische Reiter wieder für Zündstoff. Er wurde – wiederum von Walter Feldmann – in den USA wiederentdeckt. Der Smartjock ist eine Kombination aus Longiergurt und einer Art Gestell, das eine Vielfalt unterschiedlicher Leinenführungen ermöglicht. Zusätzlich kann er noch durch Hilfszügel diverser Art ergänzt werden. Er ermöglicht so den Gebrauch der Doppellonge wie auch das Fahren

Ausbildung und Spaß zugleich - wenn man den Umgang mit dem Smartjock korrekt gelernt hat.

das Boden aus, wobei dieser Aufsatz die Zügel- oder auch Leinenführung des Reiters bzw. Fahrers nachahmt. Wie bei vielen Dingen, die neu auf den Markt kommen, halten sich Befürworter und Gegner zur Zeit die Waage. Und wie es bei aufgeheizten Diskussionen leider üblich ist, leidet die notwendige Sachlichkeit darunter.

Die Jagd nach zehntel Punkten auf den Turnieren ist heute üblich und auch notwendig für einen Sieg. Dafür ist – korrekterweise – alles erlaubt, was nicht verboten ist. Auf dem Turniergelände, dazu zählt also auch der Abreiteplatz, ist allerdings nur das erlaubt, was die IPO gestattet, hier muss man also sowieso ohne Ausbinder, Schlaufzügel und eben auch ohne Smartjock auskommen.

Dem Ehrgeiz, unbedingt siegen zu wollen, wird diese Ausbildungsmethode allein nicht gerecht. Nach wie vor ist das Reiten selbst das Entscheidende. Der Könner aber kann durchaus bei dieser speziellen Art der Bodenarbeit (und darum handelt es sich auch bei dieser Ausbildungsmethode) Haltung und Takt verbessern, mit dem nicht zu vernachlässigenden Vorteil, dass das Gewicht des Reiters wegfällt, das Pferd sich also freier bewegen kann. Wer sich für diese Arbeit vom Boden aus interessiert, findet in dem „Spanischen Reiter" durchaus eine sinnvolle Ergänzung zu dem Reiten selbst. Es sei aber wiederum mit aller Deutlichkeit gesagt: Man kann mit dieser Ausbildungsmethode mindestens genauso viel falsch machen wie auch beim Reiten; der Trainer muss sich unter sachkundiger Anleitung mit dieser Methode vertraut machen.

Die Frage bleibt offen, ob Verschiebungen innerhalb der Gangartenskala möglich sind, die es ohne den spanischen Reiter nicht in dieser Form geben würde. Fragwürdig wäre dann der Sinn einer Zuchtbeurteilung eines so trainierten Pferdes. Befürworter streiten eine solche Verschiebung ebenso ab wie Gegner es für möglich halten. Für die meisten von uns mag der oft zitierte Satz gelten: „Versuch's doch mal mit Reiten...“.

Gangarten

Die Islandpferde werden, ganz grob, in zwei Gruppen eingeteilt, in Viergänger und Fünfgänger, je nachdem, ob sie nur den Tölt als vierte oder auch den Rennpass als fünfte Gangart anbieten. Die dritte Gruppe, die der Dreigänger nämlich, fällt

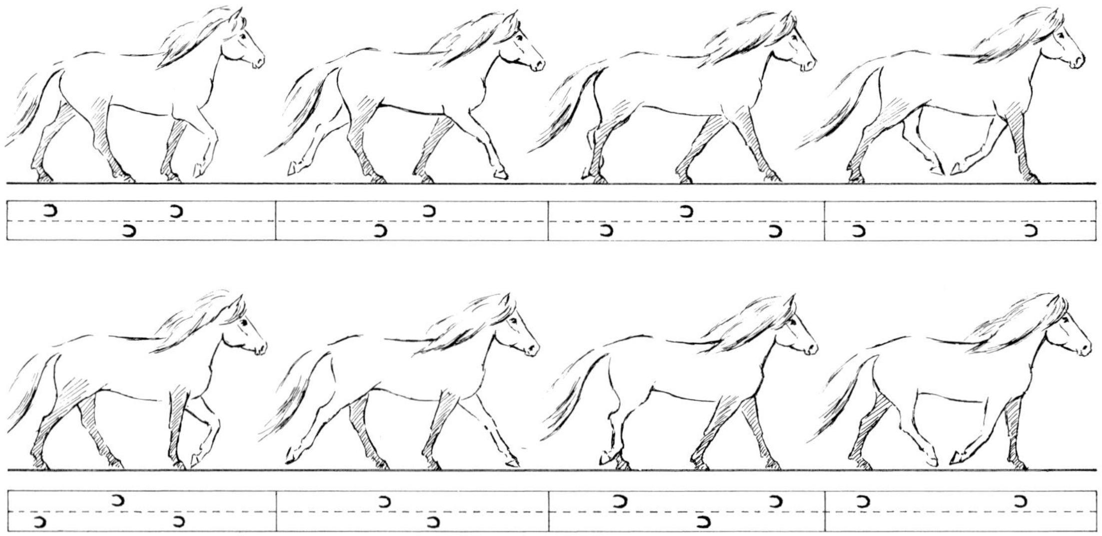

Der Schritt ist ein Viertakt in acht Phasen.

heute kaum noch ins Gewicht. Früher spielten sie noch in der Landwirtschaft oder vor dem Wagen eine Rolle, heute werden sie höchstens noch als Trekkingpferde für Touristen eingesetzt, für die ein Vier- oder Fünfgänger einfach zu schade wäre. Denn gerade die Spezialgangarten wollen richtig geritten werden, wenn sie in der Qualität erhalten bleiben sollen. Die Mehrzahl der reitenden Isländer bevorzugt eindeutig den Fünfgänger, während bei uns die Meinungen durchaus auseinandergehen. Für viele ist der Viergänger einfacher zu reiten und vielseitiger einsetzbar (beispielsweise für Dressur und Springen), während die Grundgangarten beim Fünfgänger problematischer sein können und Rennpass sowieso als die „Hohe Schule" der Islandpferdereiterei gilt: Schön, aber auch ganz schön schwierig.

Schritt

Er ist ein Viertakt in acht Phasen (achtmal werden die Füße umgestellt) mit einer Zwei- oder Dreibeinstütze, d. h. es sind zwei oder drei Hufe auf dem Boden, während ein oder zwei Beine nach vorn bewegt werden. Der Schritt ist eine schwunglose Gangart, weil es bei ihm keine Schwebephase gibt (einen Moment, in dem kein Bein auf dem Boden ist und das Pferd schwebt oder „fliegt"). Im Gegensatz zu Island, wo in der Zuchtbewertung der Schritt gar nicht beurteilt wird, gibt es bei uns sehr wohl eine Benotung, wenn auch mit einem niedrigerem Multiplikator; es ist der gleiche Faktor wie auch für Trab und Galopp.

Wir Islandpferdereiter sind stolz darauf, dass wir im Gelände die Mehrzahl aller Großpferde im Schritt locker hinter uns lassen. Vielleicht hängt dies mit der isländischen Gewohnheit zusammen, dass auf der Insel so gut wie gar kein Schritt geritten wird. Es wird fast jeder Ausritt gleich im Tölt oder Trab begonnen. Das ist bei uns anders, auch weil es sinnvoll ist, sein Pferd erst im Schritt aufzuwärmen, die „Gelenke zu schmieren", wie man sagt. Daneben ist der Schritt eine der Grundlagen für den Fleiß des Pferdes. Im Gelände soll das Pony von sich aus möglichst fleißigen Schritt gehen; ist diese Grundhaltung erst einmal erreicht, kommt dies auch allen anderen Gangarten zugute. Mit anderen Worten: Im Gelände wird meist ein anderer Schritt als in der Bahn geritten. Er neigt schon fast dazu, als „gelaufen" bezeichnet zu werden und ist daher insofern auch kritisch zu betrachten, weil das Pferd Gefahr läuft, auf die Vorhand zu kommen. Die Kriterien aber für einen guten Schritt sind die gleichen wie beim Großpferd auch: Taktklar, schreitend, raumgreifend, der Hinterhuf soll mindestens in die Spur des Vorderhufes treten. Optimal wäre es, wenn das Pferd dabei auch am Zügel geht: Der Kopf des Pferdes steht, von der Seite betrachtet, bei stetiger, weicher Zügelverbindung in der Senkrechten, keinesfalls dahinter, lieber eine Handbreit davor. Je stärker die zwei Spezialgänge ausgeprägt sind, desto stärker beeinflussen sie auch den Schritt, in Form von Taktfehlern nämlich.

Fordert man von einem dreigängigen Pferd ein zu hohes Schrittempo, wird es aller Wahrscheinlichkeit nach anfangen zu **zackeln,** es wird in einen kurzen, oft gespannten Trab übergehen. Das Zackeln findet man vornehmlich auch bei dem Viergängern, vor allen Dingen bei solchen mit wenig Töltveranlagung.

Die **Tendenz zum Pass** (Schritt im Zweitakt) sollte man eigentlich mehr dem Fünfgänger zuordnen, aber weit gefehlt. Einen passähnlichen Schritt kann nämlich jedes Pferd gehen. Bei Warmblütern und deutschen Reitponys ist der Pass-Schritt sehr gefürchtet, weil er ein deutliches Zeichen dafür ist, dass in der Ausbildung dieses Pferdes elementare Fehler passiert sind. Aber auch bei dem vier- oder fünfgängig veranlagten Isländer ist dieser Taktfehler recht häufig zu sehen. Dabei kann es sich sowohl um einen vorübergehenden als auch um einen andauernden Fehler handeln. Zum Pass neigen zum einen Pferde mit viel Temperament, zum anderen Pferde mit viel Pass und Töltveranlagung. Tritt dieser fehlerhafte Schritt vorwiegend zu Beginn des Reitens auf, ist es die Aufgabe des Reiters, den Takt durch geschicktes Lösen des Pferdes zu verbessern. Dann kann dressurmäßiges Arbeiten angesagt sein, Trab- oder Töltreprisen können Abhilfe schaffen; bei dem temperamentvollen Fünfgänger kann auch ein Legen in den Rennpass eine lösende Übung sein.

Ist der Schritt aber ständig oder immer wieder mit Zweitakttendenzen behaftet, wird man in der Mehrzahl der Fälle auch Fehler in den anderen Gangarten feststellen, denn das Pferd ist richtiggehend und andauernd verspannt. Ähnlich wie bei anderen Rassen auch sind hier fundamentale Fehler in der Ausbildung des Pferdes zu suchen. Überforderung im Trainingsprogramm kann eine Erklärung von vielen sein.

Den gelaufenen, übereilten Schritt, den man einerseits so gerne mag , weil man damit recht schnell vorankommt, trifft man bei Vier- und Fünfgängern gleichermaßen. Er ist letztendlich eine – sehr langsame – Form des Tölts, da das Pony immer noch einen taktklaren Viertakt geht. Insofern ist der übereilte Schritt eigentlich kein Takt-, sondern ein Tempofehler.

Die **Zügellahmheit** kann ebenso zu den Taktfehlern gezählt werden. Dabei hat man den Eindruck, als ob das Pferd ungleich geht und ein Bein (hinten wie vorn) kürzer tritt als die anderen. In diesem Fall würde man vergeblich nach einem physischen Schaden forschen; als Ursache kommt allein ein lang anhaltender, starker Zügelanzug infrage. Zügellahmheit entwickelt sich langsam, nicht von heute auf morgen. Aber ebenso langsam ist sie wieder abzubauen; Dressurarbeit oder gar turniermäßiges Reiten kann man für lange Zeit vergessen: Egal, wann diese Taktunreinheit aufgetreten ist, man ist gezwungen, auf die unterste Sprosse der Ausbildungsleiter hinabzusteigen. Reiten in der Dehnungshaltung, also vorwärts-abwärts, ist notwendig, um dem Pferd das Vertrauen in den Zügel wiederzugeben. Es braucht wohl nicht weiter erwähnt zu werden, dass hier auch gerade der Reiter an sich selbst arbeiten muss, um die Ursache, die harte, unnachgiebige Hand nämlich, auszuschalten.

Trab

Den Trab, obwohl sonst traditionell als Grundgangart bezeichnet, beherrschen nicht alle Islandpferde. Denn es gibt auch dreigängige Pferde mit den Gangarten Schritt, Tölt, Galopp oder (wenig erstrebenswert) mit Schritt, Pass und Galopp. Der Trab kann also, je nach Veranlagung, eine ganz schön wackelige Angelegenheit sein.

Der Trab ist, vom Tempo her gesehen, die Alternative zum Tölt; Strecken, die man, aus welchen Gründen auch immer, nicht tölten kann oder will, trabt man. Das können längere Strecken sein, Distanzritte oder Wanderritte. Auch können es sehr unebene Wege sein, auf denen das Pferd im Tölt zu sehr aus dem Takt kommen würde. Außerdem wird der Trab viel gebraucht als lösende Gangart, so wie es häufig auch geschickter ist, Dressurlektionen im Trab zu reiten. Selbstverständlich gibt es dabei ebenso viele Ausnahmen, wie es Regeln gibt, denn der Gebrauch des Trabes hängt sehr stark von der Gangverteilung ab, also wie stark die einzelnen Gangarten bei dem Pferd ausgeprägt sind.

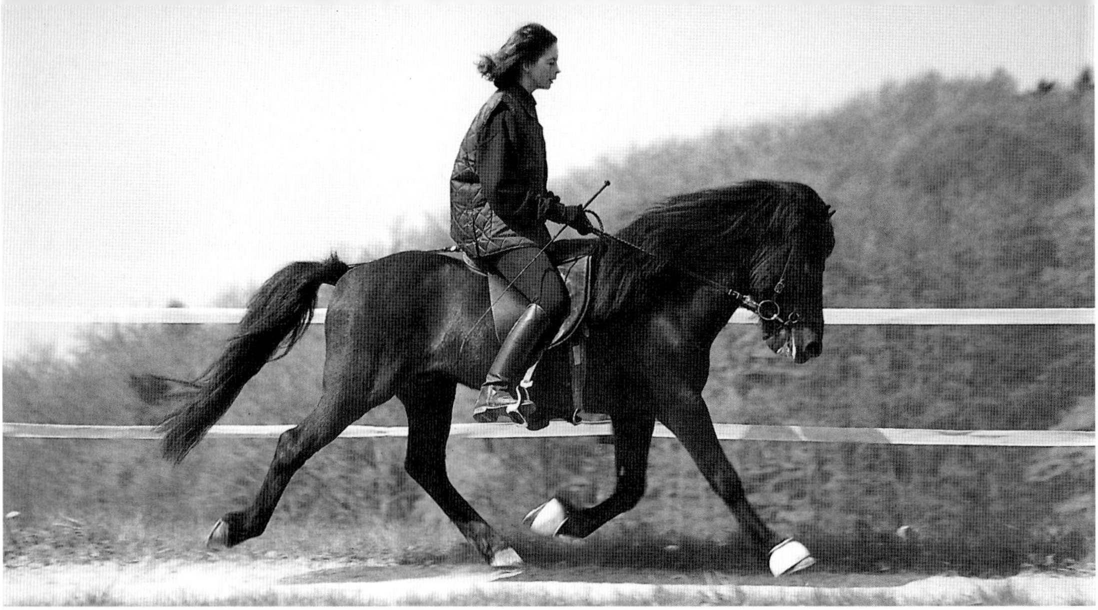

Korrekt ausgeführter Arbeitstrab, schwungvoll und am Zügel, Schwebephase.
Links: Der Trab ist ein Zweitakt in vier Phasen mit einer ausgeprägten Schwebephase.

Der Trab ist ein Zweitakt in vier Phasen, wie der Pass auch, jedoch bewegen sich im Gegensatz zum Pass jeweils die diagonalen Beine gleichzeitig nach vorn. Im Pass sind es die gleichseitigen Beine. Zwischen dem Auffußen der Beinpaare ist jeweils eine Schwebephase, die beim Isländer jedoch sehr unterschiedlich ausfallen kann. Sie kann gar nicht vorhanden oder auch sehr ausgeprägt sein.

Ein „normaler“ Viergänger mit gleichmäßig verteilten Gängen wird, wenn man den Schritt über die Tempogrenze hinaus beschleunigt, normalerweise antraben. Um anzutölten, müssten dafür schon die speziellen Hilfen eingesetzt werden. Dieser Trab ist so sicher, dass man sowohl im Vollsitz (Aussitzen), als auch leichtgetrabt oder im Entlastungssitz reiten kann. Auch die verschiedenen Dressurlektionen sind möglich, ohne dass das Pferd die Gangart wechselt. Für das Warmreiten wählt der Reiter ebenfalls den Trab.

Bei manchen Isländern ist das Anstraben und Beibehalten des Trabes aber nicht so einfach. Im Zweifelsfall kann es auch einem „Tanz auf Eiern“ ähneln. Bei dem idealen Fünfgänger sind die Probleme noch nicht so gravierend, hat er doch idealerweise fünf gleichmäßig veranlagte Gänge. Bei ihm genügt es meist, seinen Rücken bei den Übergängen zum Trab zu entlasten (Schritt – Trab, Galopp – Trab); das heißt, er will nur deutlich mitgeteilt bekommen, welchen Gang er als nächstes einlegen soll. Generell lässt sich sagen, dass je schwächer der Trab veranlagt ist, desto mehr muss man ihn suchen, um so tiefer muss der Reiter in seine Trickkiste greifen, um den „Trab-Knopf“ zu finden. Diese Trabschwäche kann in allen möglichen Variationen zu finden sein, also nicht nur bei dem fünfgängig veranlagten Pferd. Bei vielen Gebrauchsreitern sind solche Pferde gefragt, die möglichst einfach zu tölten sind, bei denen also der Tölt sehr ausgeprägt ist.

Bei einem Viergänger mit überwiegender Töltveranlagung kann mit kleinen Kniffen der Trab auch gefördert werden. So genügen oft etwas schwerere Eisen an den Vorderhufen oder Gewichte in Form von Glocken, Ballenboots oder Ringen, um den Trab zu festigen. Trotzdem kann es dem Reiter passieren, dass bei schwierigeren Dressurlektionen, die eine höhere Tragkraft der Hinterhand erfordern, sein Pferd in den Tölt wechselt. Wenn dieses Pferd den Trab gefunden hat, kann der Trab wiederum ganz unterschiedlich aussehen: Entweder das Pferd schwebt jetzt in einem sehr ausdrucksvollen Trab davon oder es „zweitaktet" so dahin ohne jede Schwebephase. Eines haben diese zwei Trabarten jedoch häufig gemeinsam: Es reicht eine winzige Störung des Reiters oder eine Bodenunebenheit, um das Pferd zum Tölt wechseln zu lassen. Eine Ausbilderin von Warmblütern, die einmal mit diesem Problem konfrontiert wurde, meinte: „Der Tölt kann eine furchtbare Waffe sein".

Ein Fehler ist gerade bei den „schwierigen" Trabern recht häufig zu beobachten: Nach der – korrekten – Hilfe zum Antraben, nämlich den Rücken des Pferdes leicht zu entlasten, bleibt der Reiter in diesem Vorwärtssitz, mit dem Ergebnis, dass das Pferd zu sehr auf die Vorhand kommt und demzufolge die Hinterhand nicht mehr genügend Schub entwickeln kann. Die Folge ist ein baldiges Umspringen in den Pass(-tölt). Gerade solche Pferde sind häufig im „Sitzenbleiben" (was nicht mit dem Aussitzen verwechselt werden darf, bei dem auch die Kreuzhilfe zum Einsatz kommt) am sichersten im Trab zu halten, weil dann der Reiter sein Gewicht eher auf die Hinterhand bringt und diese aktiv bleibt.
Die Kriterien für einen guten Trab sind:

- Gleichmäßiger Takt
- Raumgreifend mit guter Vorhandaktion und Schwebephase
- Optimal wäre es, wenn das Pferd dabei in guter Aufrichtung, aber am Zügel geht.

Geritten wird er meist im Arbeits- bis Mitteltempo (die meisten Ovalprüfungen lassen dem Reiter diese Auswahlmöglichkeit). Sehr gute Pferde können auch den Mitteltrab zeigen, also im Tempo zulegen, und zwar nicht durch schnellere Trittfolgen, sondern durch größere Tritte mit deutlicher Rahmenerweiterung.

Einer der möglichen Taktfehler ist die **„Rolle"**: Dabei werden meist ein, seltener zwei Beine (ein Hinter- und ein Vorderbein) höher gehoben als die übrigen, – das Pferd galoppiert sozusagen mit einem oder zwei Beinen. Zwei Ursachen kommen in Frage: Zum einen kann es sich um eine Schiefe im Pferd handeln; es ist auf einer Seite sehr viel steifer als auf der anderen. Hier kann nur dressurmäßiges Reiten helfen, um das Pferd auf der steiferen Seite geschmeidiger zu machen, es gerade zurichten. Zum anderen kann es sein, dass das Pony zu sehr auf der Vorhand läuft, zu lasch geritten ist oder einfach zu müde ist und sich so in einen „Viertelgalopp" rettet. Es hilft dann bestimmt nichts, wenn man einfach – im Entlastungssitz bleibend – hofft, dass der Trab schon irgendwann kommen wird. Im Gegenteil, solche Pferde müssen schon im Schritt besser vorbereitet werden, mehr gesetzt werden, damit der Schwung wieder aus der Hinterhand entwickelt wird, und, wie erwähnt, hilft es oft, beim Traben sitzenzubleiben.
Umspringen in den Tölt, Pass oder Galopp: Dazu kann es kommen, wenn entweder das gerittene Tempo unpassend (es kann sowohl zu schnell als auch zu langsam sein) oder das Pferd nicht ausbalanciert ist. Zudem kann auch der Untergrund eine Rolle spielen. Ist er eher hart und eben, springt das Pferd meist in den Tölt oder Pass um, ist er eher tief, sucht es vielleicht den Galopp, um besser vorwärtszukommen.

Jedes Pferd hat für eine Gangart ein Tempo, in dem es sie am sichersten beibehält. Diese Geschwindigkeit wählt man, um den Takt zu festigen. Dann kommt die Balance dazu, nämlich wenn der Reiter versucht, das Pferd mehr auf die Hinterhand zu setzen und anschließend die Tempogrenzen nach oben oder nach unten zu erweitern. Auch der Boden spielt dann verstärkt eine Rolle.

Balance bedeutet zweierlei: Pferd und Reiter müssen nicht nur physisch eine Einheit sein. Es darf auch psychisch weder eine zu große noch eine zu geringe Spannung vorherrschen. Einerseits muss für den Trab die Hinterhand genügend aktiv sein, andererseits muss auch eine gewisse Dehnung im Pferd vorhanden sein. Sehr vereinfacht gesagt hieße dies, das Pferd muss in Trab- und nicht in Tölthaltung sein. In der Tat entscheidet, wenn sonst alles stimmig ist, allein die Haltung darüber, ob das Pferd nun trabt oder töltet, ist es doch für den Tölt noch kürzer und erhabener aufgerichtet. Zur Unterstützung des notwendigen Gleichgewichtes kann der Reiter zusätzlich noch Gewichte an den Vorderbeinen befestigen; zu Vor- und Nachteilen solcher Hilfsmittel kommen wir noch in einem späteren Kapitel (siehe S. 132ff.).

Gelaufener Trab: Es wurde bereits erwähnt, dass für diesen Trab mit wenig oder gar keiner Schwebephase die Veranlagung eine wichtige Rolle spielt. Vielleicht ist ja auch manch ein Reiter ganz zufrieden damit, weil dieser Trab meist sehr bequem zu sitzen ist. Will man ihn aber verbessern, muss man dem Pferd in erster Linie mehr Schwung verschaffen, also sind alle Übungen, die die Vorhand freier werden lassen, sehr geeignet. Anhalten aus dem Trab und erneutes Antraben aus dem Stand (auch gut freilaufend oder an der Longe zu üben!) seien hier stellvertretend für eine Vielzahl von Lektionen genannt, die die Hinterhand des Pferdes zu vermehrter Tätigkeit anregen können. Die natürlichen Grenzen setzt allein das Umspringen in eine andere Gangart.

Noch eine Nebenbemerkung zum Trab als Abschluss: Die meisten Tierärzte (und auch die Hufschmiede) lassen sich die Pferde am liebsten im Trab vorführen, um eine Diagnose – die Beine oder auch den Rücken betreffend – zu stellen. Einerseits ist man es einfach so gewohnt, dann ist es aber auch des klaren Zweitaktes wegen am günstigsten, denn auch sehr geringfügige Abweichungen sind im Trab gut zu erkennen, sei es nun ein Lahmen, unregelmäßige Nickbewegungen oder nur Steifheit erkennen. Um Gleiches im Pass oder gar im Tölt festzustellen, braucht der Tierarzt jede Menge Erfahrungen mit Gangpferden.

Tölt

Über den Tölt ist nun schon etliches gesagt worden, jene vierte Gangart, die entscheidend dazu beigetragen hat, das Islandpferd so bekannt werden zu lassen. Durch den Tölt sind auch noch andere Pferderassen etwas mehr in den Blickpunkt gerückt, die ohne diese neue Gangart wohl nur Exoten geblieben wären. Pasos, Mangalarga Marchadores, Tennessee-Walker, Saddlebred, aber auch die kleinen, sonst unscheinbaren griechischen Tölter seien hier stellvertretend für die vielen töltenden Rassen genannt. Auffallend ist, dass viele dieser Rassen reine Gebrauchspferde sind oder zumindest aus der Gebrauchsreiterei herrühren. Es waren also beileibe nicht nur die isländischen Inselbewohner, die ermüdungsfreies Reisen zu Pferde als angenehm empfanden.

Aber nicht nur die verschiedene Pferderassen beherrschen jene schnelle Form des Viertaktes, bei der man früher höchstens gemeint hat, dass dieses oder jenes Tier „komisch" lief, unter den Hunderassen beherrscht der Neufundländer den Tölt. Und – wer hätte es gedacht – der Elefant bewegt sich ausschließlich in Schritt und Tölt.

Der Tölt ist ein Viertakt mit acht Phasen. Das Besondere an ihm ist, dass es keine Schwebephase gibt. So rasant ein guter Tölter auch aussehen mag, wie schnell auch immer er am Horizont verschwunden ist, das Pferd hat immer ein- oder zwei Beine aufgesetzt, mindestens ein Huf trägt das Pferd vorwärts. Die Bezeichnung „schwunglose Gangart" ist bei dem Tölt erst auf den zweiten Blick zu verstehen.

Bei einem sehr guten Pferd reicht das Tölttempo übergangslos vom Schritt bis in die Geschwindigkeit des Galopps. Die meisten Pferde dagegen liegen in einem, mittleren Bereich; durch entsprechende Ausbildung kann die Tempovielfalt jedoch gesteigert werden. Im Turniersport wird die Töltprüfung oder der Töltpreis IPO 1.3 als die Königin aller Turnieraufgaben bezeichnet, jene schwere Töltprüfung also, die alle Tempi, Arbeits- bis freies- oder Renntempo mit punktgenauen Tempounterschieden fordert.

Der Tölt-Takt ist nur optimalerweise ein reiner Viertakt mit absolut gleichen Abständen zwischen den einzelnen Phasen; so ist er auch traditionell im Zuchtziel verankert. Häufig jedoch ist er – minimal bis stark – zum Trab oder Pass hin verschoben. Für den großen Teil der Reiter, die ihre Freizeit meist im Gelände auf einem töltenden Pferd verbringen, kann das nebensächlich sein, Hauptsache, man sitzt bequem. Das schadet für das Reiten in Feld und Flur auch nichts, solange diese Taktverschiebung gleichmäßig bleibt und sich nicht immer deutlicher zum Pass oder Trab verschiebt, bis letztendlich vom Tölt so gut wie nichts mehr übrig ist. Vom Reiter wird dies übrigens oft nicht bemerkt, da diese Entwicklung sehr langsam vonstatten gehen kann.

Aber wie heißt es doch so schön: Wehret den Anfängen. In der Tat sollte das Ziel jedes Islandpferdereiters sein, den Tölt so taktklar wie möglich

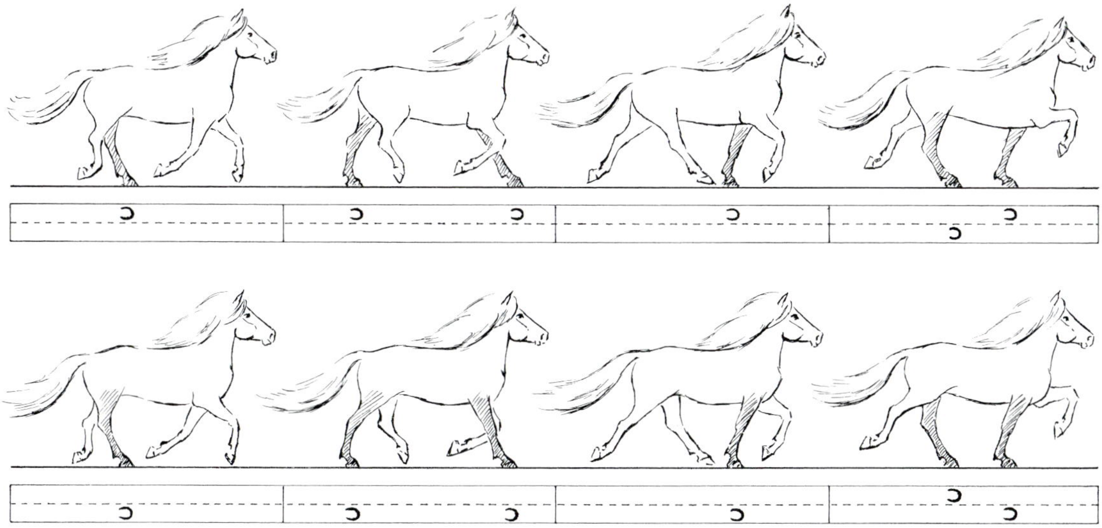

Der Tölt ist ein Viertakt in acht Phasen ohne Schwebephase.

Rechts: Mitteltempo Tölt mit diagonaler Zweibeinstütze (vergleiche Zeichnung oben, achte Phase), Pferd in guter Form unter dem Reiter.

zu reiten. Es darf jedoch nicht zur Quälerei für Reiter und Pferd ausarten, wenn man sein Pferd auf Biegen und Brechen zum taktreinen Tölter schulen will, obwohl aufgrund seiner Veranlagung der Trab- oder Passtölt sein „natürlicher“ Tölt ist. So ist es letztendlich auch zu akzeptieren, wenn ein Pony einfach zu wenig Töltveranlagung generell besitzt. Es führt zu nichts – außer zu einem psychisch zerstörten Pferd und einem unglücklichen Reiter – mit allen technischen Hilfsmittel und viel Geld für den Ausbilder den Pass oder Trab in ein paar Schritte gebrochenen Tölt umzuwandeln; wie schon gesagt, nicht jeder Isländer töltet.

Doch wie sieht der optimal töltende Isländer aus? Man kennt ihn eigentlich von unzähligen Logos, Aufkleber usw., wobei häufig die Knieaktion des Pferdes überzeichnet wirkt. Es gibt meines Wissens kein Emblem mit einem töltenden Isländer, auf dem der Unterarm des Pferdes nicht mindestens in der Waagerechten ist, – meist ist er noch deutlich mehr angehoben. Und in der Tat wird auf diese Bewegungsart auch großer Wert gelegt, den Tölt jedoch nur darauf zu beschränken, wäre doch zu wenig. Auch dem Friesen, jener „schwarzen Perle des Nordens“, der die gleiche rassetypische Knieaktion im Trab zeigt und zu dem die Islandpferdefreunde eine Art von Seelenverwandtschaft fühlen, wäre nicht damit gedient, ihn auf dieses eine Merkmal zu reduzieren.

Der gute Tölt muss taktrein in unterschiedlichen Geschwindigkeiten zu reiten sein (optimal also vom langsamen Arbeitstempo bis hin zum freien Tempo). Das äußere Bild wird abgerundet durch eine sehr gute Aufrichtung des Halses, wobei der Kopf ein bis höchstens zwei Handbreit vor der Senkrechten getragen wird.

Aber man kommt nicht umhin, ein sehr guter Tölter zeichnet sich in seiner Bewegung durch sehr guten Raumgriff, gepaart mit eben dieser Vorhandaktion („Hoch-weit“ ist der gebräuchliche Ausdruck) aus, wobei die aktive tragende Hinterhand selbstverständlich dazugehört. An diesem Punkt scheiden sich oft Laien und Fachleute, wenn sie Pferde beurteilen sollen: Ist es ein Pferd mit angeborenen, hohen Bewegungen, das aber seine Hinterhand nachschleift, als gehöre sie gar nicht zu ihm, oder resultiert seine hohe Aktion (neben den genetischen Faktoren) aus der tragenden Hinterhand, womit es sich also um ein in sich geschlossenes Pferd handelt.

Das frühere Ideal, bei dem die Kopfhaltung nahezu die Waagerechte erreichte, ist überholt. Sie wurde erreicht durch verkehrtes Reiten und war mit einem deutlich sichtbaren Unterhals und einem steifen, weggedrückten Rücken des Pferdes verbunden; Taktfehler waren spätestens in der nächsten zu durchreitenden Kurve zu erwarten.

Einer der Taktfehler im Tölt ist der **Trabtölt.** Noch einmal zur Erinnerung: Das Islandpferd kann zwar takt*klar* Trabtölt laufen, aber es töltet nur dann takt*rein*, wenn die einzelnen Phasen, also das Auf- und Abfußen der einzelnen Beine, genau gleich lang dauern; jede Verschiebung der Phasen bringt das Pony dem Pass oder Trab näher. Zum Trabtölt neigende Pferde müssen mit mehr Spannung geritten werden. Das heißt, sie müssen stärker auf die Hinterhand gesetzt werden, um taktrein laufen zu können. Das passende Tempo, der richtige Beschlag und ein ebener, fester Boden, manchmal auch leicht bergab, können die notwendige Versammlung unterstützen. Häufig tritt dieses Problem bei Pferden auf, die auf der Weide vorwiegend traben und galoppieren, und bei denen freilaufend der Tölt höchstens mal in den Übergängen zu beobachten ist. Um diesen Trabfehler zu korrigieren muss das Pferd schon ziemlich rittig und weit ausgebildet sein. Insbesondere muss es sich gut gegen den Zügel treiben lassen ohne gegen diesen anzugehen oder gar langsamer zu werden. Damit gehört auch genügend Temperament zu den Voraussetzungen für eine Verbesserung des Tölts. Passend beschlagen ist es dann, wenn die Hintereisen schwerer sind als die Vordereisen. Notfalls muss sich der Reiter eine Zeitlang damit helfen, sein Pferd nur hinten beschlagen zu lassen.

Es wäre zu leicht zu behaupten, dass bei dem **Passtölter** alles genau umgekehrt als bei dem Trabtölter gemacht werden muss um den Takt zu verbessern; aber das trifft nur auf den Beschlag zu. Das Pferd wird vorn schwerer beschlagen und kann zusätzlich (und vorübergehend) noch mit Gewichten in Form von Glocken, Ballenboots und dergleichen versehen werden. Es soll dadurch veranlasst werden, die Vorderbeine höher und weiter zu heben als die Hinterbeine und dadurch deren Auffußen zu verzögern, also die Passtendenz zu verringern. Den gleichen Kniff wendet man auch auf Turnieren an, hier allerdings zur Erhöhung der Geschwindigkeit und der Vorhandaktion, der Takt muss sowieso stimmen.

Als Ursachen für diesen „gebundenen“ Tölt können verschiedene Dinge in Frage kommen: Die Gangverteilung kann eine Rolle spielen, ebenso wie das Gebäude, das Exterieur, also beispielsweise ein tief angesetzter Hals, gerader Rücken oder eine überbaute Hinterhand. Auch das Temperament kann mit hineinspielen. Ein „lasches“ Pferd mit zu wenig Temperament, das auf der Vorhand läuft, kann genauso problematisch sein wie ein temperamentvolles, verspanntes Pferd. Natürlich kommt auch der Ausbildung des Pferdes eine große Bedeutung zu.

Dies trifft gerade auf den sogenannten (und heißbegehrten) **Naturtölter** zu, weswegen er auch hier mitbehandelt wird: In der Tat ist dieses Pferd, solange es ungeritten auf seiner Weide läuft, ein Naturtölter; es bietet von sich aus jede Menge Tölt an. Aber allzuoft verändert es sich unter dem Reiter rapide zum Passtölter und gar zum Passer hin. Ursache ist der Reiter, der glaubt, seinen Naturtölter brauche er nicht oder nur ganz wenig in seiner Hauptgangart zu unterstützen. Bei dem Trabtölter würde er spätestens beim häufiger auftretenden Austraben des Pferdes bemerken, dass etwas mit seinem Tölt nicht stimmen kann. Bei „Vieltöltern“ aber passiert dies schleichend und unbemerkt. Wie schon erwähnt, sind Tölt und Pass „genetisch verwandte" Gangarten, und je mehr Tölt ein Pferd bereithält, desto näher ist auch der Pass. Kommen oben erwähnte Exterieurmängel hinzu (oder eben unpassendes Reiten), kann der Tölt gegen Null gehen und man hat schließlich einen Passer.

Wie auch beim Trabtölter muss beim Passtölter die Hinterhand aktiviert werden, um so die Vorhand zu entlasten. Andererseits darf dieses Pferd nicht so unter Spannung gesetzt werden, dass es sich im Rücken steif macht. Insofern kann man doch wieder von einem Natur-Tölter sprechen, denn er muss unter dem Reitergewicht wieder in sein natürliches Gleichgewicht gebracht werden, um dauerhaft tölten zu können. Dazu kann auch eine dosierte dressurmäßige Arbeit beitragen.

Anders hingegen bei dem sehr temperamentvollen Tölter, der sich aufgrund seiner Heißblütigkeit steif macht und deswegen Probleme im Tölt bekommt. Ihm muss der Reiter in der Lösungsphase ausreichend Gelegenheit bieten, sein Temperament – natürlich kontrolliert – auszutoben, so zum Beispiel durch viel Galopparbeit; bei einem fünfgängigen Pferd bietet sich wiederum auch der Rennpass als lösende Übung an. Auch ein vorbereitendes Longieren kann hilfreich sein.

Die Gewichtsverteilung des Reiters auf dem Pferderücken spielt bei dem Passtölter eine besondere Rolle. Deswegen ein kurzer Blick auf den geeigneten Sattel. Besonders flache Sättel, bei denen der Schwerpunkt nicht zwangsläufig auf eine Stelle fixiert ist, sind für die Töltausbildung von Vorteil; der Reiter kann sich bei Bedarf etwas weiter nach hinten setzen, um der Vorhand seines Pferdes maximale Entlastung zu gewährleisten.

Doch damit ist häufig noch nicht getan. Gerade der Passtölter muss nicht nur ins Gleichgewicht gebracht werden, sondern auch die seitliche Balance nimmt Einfluss auf den Takt. So muss der Reiter sowohl in der Bewegungsrichtung des Pferd flexibel mit seinem Gewicht umgehen können (durch unauffälliges Be- und Entlasten des Pferderückens), er muss auch durch seitliche Gewichtsverlagerung in der Lage sein, sein Pferd in leichte Schlangenlinien zu bringen, damit es sich immer wieder neu ausbalancieren muss. Sorgt er gleichzeitig für die nötige Entlastung der Vorhand, wird das Pferd den Takt zum Tölt hin verbessern, da es ihm im Viertakt deutlich leichter fällt, die Balance zu finden als im steifen, lateralen Zweitakt. Auf der Ovalbahn merkt man meist sehr deutlich, dass der Takt in den Kurven deutlich besser ist als auf der geraden, langen Seite, wo sich so ein Pferd regelrecht im Pass festläuft, wenn der Reiter nicht Gegenmaßnahmen ergreift.

Zwei Tempi kommen bei diesem Pferd in Frage: Einmal das langsame Tempo Tölt, sofern das Temperament des Pferdes dieses zulässt, und zum zweiten das mittlere Tempo, wo entsprechende Gewichtsverlagerungen entsprechend stärker zur Wirkung kommen. Die Zügelführung ist dementsprechend flexibler als beim Trabtölter zu gestalten. Bei diesem ist die Zügeleinwirkung am besten als klassisch-englisch zu bezeichnen. Dagegen kommen beim Passtölter auch ein Zupfen, ein ausbinderähnliches-gummiartiges Anstehen oder auch mal der komplett durchhängende Zügel zum Einsatz.

Auf die Frage, mit welchem Tölter man am besten zurechtkommen würde, kann ich aus meiner Sicht raten: Für Umsteiger von Großpferd zum Isländer wäre eher ein klarer Viergänger mit der Tendenz zum Trabtölt geeignet. Seine Taktfehler sind meist leichter zu erkennen und der Tölt insgesamt leichter zu reiten, weil die gewohnte Hilfengebung nur teilweise neu kombiniert werden muss, um zu einem Erfolgserlebnis zu kommen. Hat man nach dem intensiven Einstieg in die Islandszene auch bereits entsprechend vielseitigen Unterricht genossen, kann der „Naturtölter" den Reiter glücklicher machen; bei diesem Pferd ist vielleicht mehr reiterliches Gefühl und Ideenreichtum gefragt.

Die **Galopprolle** kann auch zu einem Problem werden, und man hat als Reiter ordentlich zu tun, sie wieder zu eliminieren. Man kann es vereinfacht so erklären: Je höher die Phasenzahl (Tölt = Viertakt mit acht Phasen), um so schwerer fällt es dem Pferd, seinen Takt gleichmäßig zu halten (was nebenbei wieder eine Erklärung dafür ist, warum jeder Tölt ständig geritten werden muss, damit er nicht seine Qualität einbüßt). Die Rolle kann verschiedene Ursachen haben: unpassendes Tempo (meist zu schnell), verkehrte Einwirkung (zu hart), falscher Beschlag (vorne zu schwer), Ermüdung des Pferdes und nicht zuletzt eine – häufig einseitige – Steifheit des Pferdes.

Naturgemäß fällt dieser Taktfehler beim Durchreiten einer Kurve besonders auf, in vielen Fällen entsteht er auch erst jetzt. Theoretisch ist die Galopprolle eher leicht zu korrigieren: Man sollte nur in der Lage sein zu erkennen, ob sie links oder rechts angesiedelt ist. Ist sie beispielsweise links, bräuchte man nur – angedeutet – die Hilfen für den Rechtsgalopp einzusetzen. Angedeutet deswegen, weil man ja nicht wirklich angaloppieren will; sobald die erwünschte Wirkung erzielt ist, töltet man normal weiter.

Wie es jedoch auch beim Angaloppieren verschiedene Kniffe gibt, damit der richtige Galopp auch tatsächlich gefunden wird, so gibt es auch zur Beseitigung der Rolle verschiedene Kombinationsmöglichkeiten. Gewichtsverlagerung nach innen oder außen, Links- oder Rechtsstellung, verstärktes Treiben auf einer Seite, es gibt eine Vielzahl möglicher Varianten, mit denen man sich – erstmal – behelfen kann. Doch diese Maßnahmen reichen auf Dauer nicht aus, denn die wirklich grundlegende Ursache liegt in der natürlichen Schiefe des Pferdes. Alle anderen genannten Gründe für die Galopprolle lassen sich mit wenig Aufwand abstellen. Die Schiefe des Pferdes, also die einseitige Steifheit des Pferdes kann man nur durch das Reiten von Dressurlektionen beheben, und das dauert seine Zeit. Dann aber lässt sich eine kurzfristig auftretende Galopprolle so einfach ausbügeln, wie es oben als eher theoretische Möglichkeit beschrieben wurde.

Das **Wechseln** oder **Tribulieren** ist ein Taktfehler, den man gefühlt haben muss, um ihn nur annähernd beschreiben zu können. Die Ursache ist immer eine zu starke Spannung im Pferd, die einmal aus möglichen Rückenproblemen resultieren kann oder auch von Aufregung, hohem Temperament oder einer gewissen Faulheit herrühren kann. Es fühlt sich an, als ob das Pony unter einem „erzittert", alle Beine durcheinanderwirft und dann im taktklaren Tölt oder Trab weiterläuft. Was unter dem Reiter wirklich abläuft, ist aus der Fußfolge des Tölts zu erklären: Während normalerweise immer der gleichseitige Hinterfuß vor dem Vorderfuß auftritt, bleibt nun der Hinterhuf aufgrund der starken Verspannung länger in der Luft, der Vorderhuf fußt zuerst auf, und der weitere Verlauf entscheidet darüber, ob das Pferd den Tölt wiederfindet oder im Trab weiterläuft.

Entscheidend für eine Korrektur ist der Reiter, der entsprechend vorsichtiger einwirken muss (was zugegebenermaßen bei einem faulen Pferd schwierig sein kann) und damit überschüssige Spannungen abbaut, andererseits Tempoüberschreitungen vermeidet. Die Meinungen gehen allerdings auseinander, was das Tribulieren angeht: Während der eine Trainer sagt, das Wechseln sei allgemein zu vermeiden, meint der andere, dass man es bei gewissen Pferden dosiert in die Töltarbeit mit einbauen kann, da das Pferd nach dem Tribulieren durchaus seinen Takt finden kann. Meine persönliche Ansicht ist, dass es bei manchen Pferden durchaus helfen kann, aber auch dies ist wieder einmal nur eine „Krücke", auf lange Sicht hilft nur die gewissenhafte Ausbildung des Pferdes. hilfreich.

Eines gilt für alle Taktfehler: Andauerndes Trabreiten hilft nicht, den Tölt zu verbessern; Taktfehler im Tölt kann der Reiter nur durch das Korrigieren während des Töltens beheben. Für die Grundvoraussetzungen wie Rittigkeit oder Durchlässigkeit sind allerdings auch andere Gangarten.

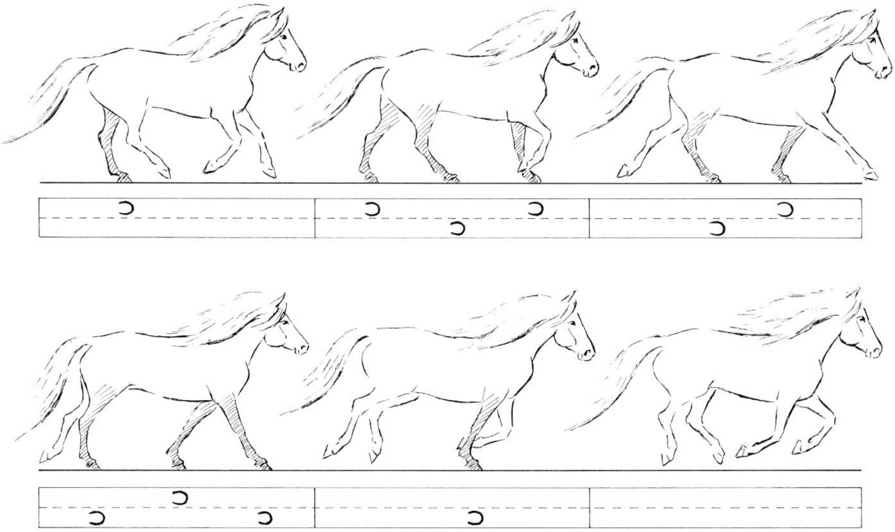

Der Galopp ist ein Dreitakt mit Schwebephase.

Galopp

Diese Gangart hat insofern eine Besonderheit, die sie von den anderen Gängen unterscheidet, als dass es zwei Arten von Galopp gibt, den Links- und den Rechtsgalopp. Der Galopp ist zwar die schnellste Gangart des isländischen Ponys und es werden in Island selbst und seltener auch bei uns Rennen ausgetragen. Jedoch gibt es mindestens zwei sehr gute Gründe, den Galopp in dieser Hinsicht nicht zu missbrauchen: Aufgrund ihrer Vielgängigkeit sind viele Isländer nicht die geborenen Galopper. Es strengt sie relativ stark an, und vor allen Dingen flacht der häufige, schnelle Galopp die Bewegungen ab, auf die wir doch mit Recht so stolz sind. So leidet speziell die ausdrucksvolle Bewegungsmanier im Tölt darunter. Und nicht nur der schnelle Galopp hat seinen Reiz, im Gegenteil, ein langsamer, bergauf gesprungener Galopp sitzt sich sehr angenehm und ist auch vom Pferd länger durchzuhalten; so geritten ist er eigentlich nach dem Tölt die angenehmste Gangart.

Der Galopp ist eine schwungvolle Gangart, also mit einer Schwebephase, die im Dreitakt mit sechs Phasen abläuft. Der optimale Galopp hält eben diesen Dreitakt konsequent durch, (was für das isländische Pferd keineswegs eine Selbstverständlichkeit ist), und wird gut und deutlich bergauf gesprungen. Das heißt, die Vorhand des Pferdes hebt sich bei jedem Sprung betont in die Höhe, wobei der schön aufgerichtete Hals dem Reiter das Gefühl gibt „im Pferd“ zu sitzen. Der Kopf soll im gut ausgebildeten Galopp nahezu oder ganz in der Senkrechten stehen. Auch beim Zulegen der Geschwindigkeit soll sich die Haltung des Pferdes kaum verändern, denn die Tempoerhöhung kommt nicht nur durch schnellere Galoppsprünge, sondern vor allen Dingen durch ein Verstärken des Gangmaßes, des Raumgriffs zustande.

Leider haben nur wenige Islandpferde diesen idealen Galopp, denn diese Gangart muss am häufigsten Einbußen durch die anderen Gangarten hinnehmen, – bis hin zu dem Extrem, dass der Galopp nahezu gar nicht mehr vorhanden ist, wie es bei stark rennpassveranlagten Pferden der Fall sein kann. Sie galoppieren nur noch dann, wenn aufgrund der hohen Geschwindigkeit sonst gar nichts mehr geht.

Der **Kreuzgalopp** ist der gröbste Taktfehler im Galopp, der jeden fühlenden Reiter sofort veranlassen wird, das Pferd durchzuparieren. Denn der Kreuzgalopp lässt sich überhaupt nicht sitzen, und der Reiter merkt bei den groben Stößen gleich, dass da etwas nicht stimmen kann. Denn das Pferd läuft hinten im Linksgalopp, während die Vorhand den Rechtsgalopp gewählt hat (oder umgekehrt). Dies kommt dadurch zustande, dass nach der Einbeinstütze hinten nicht das diagonale Beinpaar, sondern das laterale, gleichseitige auffußt. Neben einer gewissen Steifheit im Pferd selbst, oft hervorgerufen durch viel Temperament, ist es der Reiter selbst, der den Kreuzgalopp provoziert: Ungenügende Vorbereitung vor dem Angaloppieren, unruhiger Sitz (der Reiter fällt dem Pferd in den Rücken), aber auch zu schnelles Galoppieren und ein ungeeignetes, zu enges Geläuf können zu diesem Taktfehler beitragen. Die notwendigen Korrekturen ergeben sich aus den Ursachen: Gewissenhaftes Aufwärmen, geschmeidiger Sitz und ausreichend Platz sorgen dafür, dass das Pferd den richtigen Galopp findet; auch Galopp an der Longe auf einem großen Zirkel kann förderlich sein.

Der **Vierschlag** und der **gelaufene Galopp** sind wohl die häufigstenTaktfehler beim Islandpferd überhaupt; sie sind so häufig zu finden, dass sie fast als normal angesehen werden kann. Der ungerittene Viergänger kann zwar durchaus noch im Dreitakt galoppieren und setzt dies auch noch unter dem Reiter fort, solange er noch nicht eingetöltet wurde. Mit wachsender Töltsicherheit steigt jedoch auch die Tendenz zum Viertakt-Galopp, das heißt, das diagonale Beinpaar setzt nicht mehr gleichseitig auf, sondern der Hinterhuf früher als der Vorderhuf, – der Viertakt ist da. Diese Tendenz zum Viertakt kommt bei allen Pferderassen vor, und zwar dann, wenn es um die Höchstgeschwindigkeit, meist also Rennen geht. Der Galopper auf der Bahn, der Traber vor dem Sulky, und selbstverständlich auch der Rennpasser sind in ihrem Renntempo nicht mehr in der Lage, das diagonale Beinpaar, bzw. bei dem Rennpasser das laterale Paar, gleichzeitig auf den Boden zu bringen; immer fußt das Hinterbein etwas versetzt vor dem Vorderbein auf dem Boden auf. Um gleich Missverständnissen vorzubeugen, handelt es sich dabei trotz des Viertaktes nicht um eine Variante des Tölts. Denn Tölt ist eine schwunglose Gangart, ohne eine Schwebephase also, während in den erwähnten Beispielen immer eine deutliche Sprungphase zu erkennen ist.

Beim Islandpferd ist, wie gesagt, der Vierschlaggalopp als nahezu normal anzusehen; auch die besten Viergänger, wie man sie auf den Weltmeisterschaften zu sehen bekommt, gehen in dieser Hinsicht selten ganz taktrein. Korrigiert wird dieser Taktfehler durch energisches Angaloppieren mit gut treibenden Hilfen, abwechslungsreiche Galopparbeit (wobei wiederum dem Treiben die Hauptaufmerksamkeit zukommt) und eben alle jene Übungen, die der Kräftigung der Hinterhand dienen. Dazu zählt auch die Geländearbeit, bei der vor allen Dingen das Bergaufreiten im Schritt, später auch im Galopp sinnvoll ist. Daraus ergibt sich von selbst, dass zu lange und vor allem schnelle Galoppaden absolut kontraproduktiv sind.

Ähnlich verhält es sich mit dem gelaufenen Galopp, der zwar sehr bequem zu sitzen ist, da das Pferd hinten kaum noch eine Sprungphase zeigt, während die Vorhand noch deutlich das Bergauf-Gefühl vermittelt. Fast alle Fünfgänger gehen den mehr oder weniger stark ausgeprägten gelaufenen Galopp, er ist ausgesprochen eine Frage der Gangverteilung. Die Korrektur entspricht der des Vierschlaggalopps.

Der **Passgalopp** ist ein unangenehmerer Taktfehler als die oben angesprochenen. Das ganze Pferd fühlt sich etwas steif an, häufig fehlt auch die Bergaufbewegung, verbunden mit einer oft geringen Aufrichtung des Halses, so dass der Reiter wenig Pferd vor sich hat. Bei einer in Zeitlupe abgespielten Videoaufnahme sieht man zwischen der Einbein- und der Dreibeinstütze für einen kurzen Moment eine laterale Zweibeinstütze, die dadurch zustande kommt, dass der Vorderfuß der Diagonalen vor dem dazugehörigen Hinterfuß auftritt.

Dies ist das Hauptproblem von stark passveranlagten Pferden, bei denen oft zwei Dinge zusammenkommen: einmal die stark laterale Veranlagung und zum zweiten, was den Taktfehler noch verstärkt, eine zu starke Anspannung der Rückenmuskulatur, die auch psychischer Herkunft sein kann, zum Beispiel Angst vor dem Galopp auf unebenem Untergrund und zu engem Raum. Gar nicht selten helfen sich solche Pferde selbst, indem sie direkt nach dem Angaloppieren einmal kräftig buckeln und auskeilen; in der Tat scheinen sie so Spannungen abzubauen, denn der Galopp ist nachher deutlich besser.

Das **Durchgehen** ist kein Taktfehler, jedoch soll es an dieser Stelle mit abgehandelt werden, da es vielen Reitern enorme Angst macht; zu Recht, denn ein Pferd kennt beispielsweise von sich aus keine Verkehrsregeln. Die Ursachen, die ein Pferd zum Durchgehen veranlassen, sind vielfältig. Nur eine scheinbar wirksame Korrektur ist das Einschnallen eines schärferen Gebisses; nach einer Weile der Gewöhnung, in der ein Durchgehen mit einem neuen Mundstück zu verhindern ist, merkt das Pferd, dass man sich auch diesem widersetzen

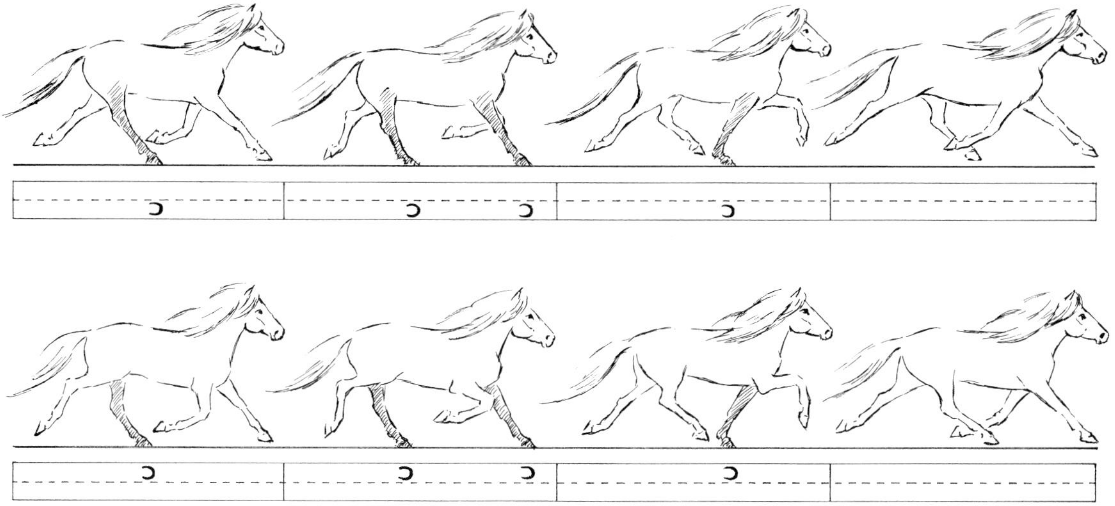

Der Rennpass ist ein Zweitakt in vier Phasen mit Schwebephase.

kann und das „Spiel“ geht wieder von vorne los.

Der Reiter muss sich grundlegend über den Auslöser klar werden, in den allermeisten Fällen ist es nämlich er selbst. Sei es, dass das Pferd Angst hat vor der zu harten Hand, sei es, dass die Rangfolge beider Beteiligter nie zufriedenstellend geklärt worden ist, oder sei es, dass der Reiter schlichtweg zu leichtsinnig gewesen ist und sich (und seinem Pferd) Dinge zugemutet hat, denen er einfach nicht gewachsen ist (zum Beispiel der Renngalopp in einer größeren Reitergruppe).

Eigentlich ist das Durchgehen nicht auf den Galopp beschränkt, vielmehr kommt es in allen Gangarten einschließlich des Schritts vor. Ein Pferd, das nicht auf dem gewünschten Punkt durchpariert werden kann, ein Pferd, das in einer Gangart schneller läuft, als es der Reiter eigentlich will, ist ein potentieller Durchgänger. Mit anderen Worten, der Reiter hat sein Pferd erst dann sicher „in der Hand“, wenn er jederzeit, ob allein oder in der Gruppe, das Tempo sicher und auf den Punkt regulieren kann; Hand auf's Herz, welcher Reiter ist sicher in der Lage, sein Pferd zum Schritt und zum Halt durchzuparieren, wenn der Rest der Truppe im wilden Jagdgalopp davonprescht?

Hier ist wieder die konsequente Schulung von Reiter und Pferd gefordert, die das Vertrauen auf den guten Charakter des Ponys ergänzt durch Sicherheit in dessen Ausbildung.

Was kann man jedoch kurzfristig tun, um ein Durchgehen im Galopp zu vermeiden? Zunächst einmal den Galopp tunlichst ganz vermeiden. Wenn man aber galoppiert, dann nur auf langen Strecken, gerne auch bergauf, und möglichst alleine. Wer in einer Gruppe reitet, macht diese vorher auf das Problem aufmerksam und sollte sicher sein, dass man sich auf die Kollegen auch wirklich verlassen kann.

Wenn man galoppieren möchte, gibt einem ausreichend Platz die Sicherheit, am langen Zügel in Vorwärtssitz zu reiten. Bis man jedoch wieder ganz normal in der Gruppe mitgaloppieren kann, ist es noch ein langer Weg.

Rennpass

Der Rennpass ist nach dem Tölt die zweite Spezialgangart der Islandpferde und auf Messen mittlerweile der übliche Höhe- und Endpunkt jeder Schaueinlage. Es herrscht der Irrglaube, dass nur das Islandpferd allein den Rennpass beherrscht. Wie es aber überhaupt insgesamt auf der Erde mehr Passgänger als trabende Pferde gibt (die allerdings nur den „Reisepass“ gehen), gibt es in Amerika eine Linie der Standardbred-Rasse, die – analog dem Traber – Rennpass vor dem Sulky gehen und erstaunlicherweise noch ein wenig schneller sind als die Renntraber. Allerdings sind

Rennpass in der Prüfung, oft schwierig zu reiten und ebenso schwierig zu richten.

die Islandponies meines Wissens nach die einzige Rasse, die den Rennpass nicht vor dem Sulky, sondern unter dem Reiter laufen.

Den „fliegenden" Pass zu reiten, wird auch als die „Hohe Schule" der Islandpferdereiterei bezeichnet. Sicherlich zu Recht, denn neben dem geeigneten Pferd gehört jede Menge Erfahrung und noch mehr Gefühl dazu, ein Pferd in den Pass zu legen, maximales Tempo herauszureiten und wieder sicher zu einem ruhigeren Tempo zu kommen; denn eigentlich ist das Ganze in 30 Sekunden schon wieder vorbei.

Der Rennpass ist ein Zweitakt in vier Phasen; es fußen jeweils ein gleichseitiges Beinpaar auf, unterbrochen von einer Schwebephase. Der gute Rennpasser kommt dabei in eine maximale Streckung bei möglichst hohem Tempo. Die guten Zeiten liegen bei 23 sec. auf 250 m, wobei die ersten 50 m möglichst Galopp sein sollen. Bestzeiten betragen zur Zeit ca. 21,3 sec auf 250 m, auf 150 m knapp unter 15 sec., was einer Geschwindigkeit von etwa 45 km/h entspricht. Längere Strecken sollten nicht geritten werden, da diese Gangart enorm anstrengend für das Pferd ist und damit auf diese Renndistanzen beschränkt ist.

Warum ist es denn so schwierig, das Reiten im Rennpass überhaupt zu erlernen?

- Gute Rennpasser sind eher rar, und wer einen solchen hat, gibt ihn „zum Üben" selten her.
- Ein solches Pferd selbst auszubilden, gelingt einem Ungeübten nur in absoluten Einzelfällen; man muss da schon einen absoluten Glückstreffer landen.
- Selbst wenn ein geeignetes Pferd und der Ausbilder dazu vorhanden ist, ist der Unterricht im Pass selbst sehr schwierig durchzuführen. Rennpassreiten kann man nicht durch ständiges Wiederholen üben, und das Legen in den Rennpass muss so schnell erfolgen, dass für begleitende Korrekturen kaum Zeit bleibt. Videoaufnahmen aber von den erfolgreichen oder auch missglückten Versuchen sind gerade hierbei eine sehr große Hilfe.
- Von dem Reiter wird sehr viel vorausgesetzt. Routine und Erfahrung im allgemeinen Reiten und besonders im Töltreiten (weil die Takt-Korrekturen zum Teil sehr ähnlich sind) sind ein Muss. Das Reiten im Galopp soll so gefestigt sein, dass der Reiter schon im Ansatz des Angaloppierens fühlen kann, welchen Galopp sein Pferd gewählt hat. Denn darauf bauen sich die Hilfen für das Legen auf. Ferner muss er sehr reaktionsschnell und trotzdem fein die entsprechenden Hilfen geben können, um das Pferd im

Pass halten zu können. Im Unterricht ist schnelles Umsetzen in Korrekturen und entsprechende Signale für das Pferd Voraussetzung für einen gelungenen Lauf.

Was das Pferd angeht sind eine gute genetische Veranlagung zum Rennpass und ausreichend Temperament die Voraussetzung. Das Pferd sollte in sich gefestigt sein und seine Ausbildung in allen anderen Gangarten abgeschlossen haben. Denn die Schulung auf den Rennpass hat fast immer zur Folge, dass mindestens eine andere Gangart vorübergehend zu leiden hat. War deren Ausbildung nicht abgeschlossen, kann ihre voraussichtliche Qualität nur noch sehr schwer erreicht werden.

Allgemein gilt, dass der Rennpasser vorn schwerer zu beschlagen ist als hinten. Wieviel zusätzlich noch an Gewicht nötig ist, hängt sehr vom Ausbildungsstand, vom Gebäude und von der Veranlagung ab. Glocken,oder auch Gamaschen zum Schutz können nötig sein, weil die Gefahr des Streifens oder Tretens bei Taktunreinheiten recht groß sein kann.

Bevor man mit dem Gedanken spielt, ein Pferd im Rennpass ausbilden zu lassen, muss es – wie bereits gesagt – sehr weit ausgebildet sein und auch in der Dressur eine fundierte Grundlage haben. Auch sollte der Reiter sich vorher beraten lassen, ob sein Pferd wirklich die Voraussetzungen mitbringt, damit sich der Versuch lohnt. Andererseits kann es durchaus auch dem Nicht-Turnierreiter eine Menge Spaß machen, sein Pferd im geeigneten Gelände im Pass laufen zu lassen.

Die sogenannten „Taktfehler" gibt es im Rennpass nicht. Entweder das Pferd läuft im Pass oder nicht. Trotzdem einige Hinweise für mögliche Fehler.

- **Zuviel Zweitakt:** Das Pferd streckt sich nicht genug, ist steif im Rücken und verkürzt sich. Es sollte vorne schwerer beschlagen werden oder mit entsprechenden Glocken geritten werden.
- **Zuviel Viertakt:** Auch hier liegt es an der ungenügenden Streckung des Pferdes, mit dem Unterschied, dass es locker in der Rückenmuskulatur ist. Meist genügt es, das Pferd mehr vorwärtszureiten (schneller!), vorausgesetzt, man hat an seinen Vorderhufen das Gewicht reduziert oder es leichter beschlagen.
- **Galopprolle:** Fängt das Pferd an, im Rennpass zu rollen (gleicher Fehler wie in den anderen Gangarten), sollte der Reiter versuchen, sein Gewicht mehr auf die entgegengesetzte Seite zu verlagern und auf der gleichen Seite durch entsprechende Zügelhilfen die Rolle zu beseitigen. Besonders muss auf einen harten, ebenen Boden geachtet werden.
- **Temperamentsprobleme** und **Kraftprobleme:** Fraglos ist ein eher faules Pferd mit dickem Weidebauch auch mit der entsprechenden Veranlagung nicht geeignet für eine so anspruchsvolle Ausbildung. Aber auch das hektische Pferd mit ungenügendem Vertrauen zum Reiter ist nicht soweit, im Rennpass trainiert zu werden. Ist das Pferd eher lasch, sollte selten und nur auf kürzeren Strecken Pass geritten werden; viel Abwechslung im Trainingsprogramm kann das Pferd leistungsbereiter werden lassen. Ein sehr temperamentvolles Pony, das vielleicht nur aus Angst läuft, muss erst einmal Vertrauen zum Reiter finden. Solange sollte auf das Passtraining ganz verzichtet werden.

Wann reitet man den Rennpass? Optimal ist jede genügend lange und gerade Strecke mit einem festen Untergrund. Günstig ist es, wenn sie ihren Abschluss in einem bergauf führenden Hang findet, wo das Pferd seine Ruhe wiederfinden kann.

Und ansonsten sei hier mit dem Spruch eines erfahrenen isländischen Reiters geantwortet: Die Woche über reitest du Trab, Tölt oder Galopp, aber wenn dann am Sonntag alles passt, die Sonne scheint und die Vögel zwitschern, dann legst du dein Pferd in den Pass.

Grundsätzliches zur Ausbildung

Gewöhnungsphase

Der stolze Besitzer des ersten eigenen Pferdes kann es sicherlich kaum erwarten, das Pferd bei sich zu Hause zu haben, und freut sich auf die gemeinsamen Ritte, Kurs- und Turnierbesuche und was man sonst noch so alles vorhat. Doch erst einmal muss sich das Pferd einleben und an die neue Umgebung gewöhnen. In den nun folgenden Wochen oder gar Monaten zeigt sich, was wirklich in der Neuerwerbung steckt. Gute, aber auch weniger gute

Eigenschaften kristallisieren sich allmählich heraus und wollen gefördert bzw. unterdrückt werden.

Ein einfaches Beispiel, um deutlich machen, was jedermann passieren kann: Man hat für gewisses Geld einen einfach zu töltenden Wallach gekauft. Ein paar Wochen später ist er nur unwillig vom Stall wegzubekommen, er legt sich auf das Gebiss, und von seinem bequemen, leicht zu reitenden Tölt ist nur noch ein rollender Pass-Tölt übrig geblieben. Das Pferd wäre in diesem Zustand nur noch etwas über die Hälfte wert, wäre kaum wieder zu verkaufen. Manch einer mag diese Beschreibung etwas extrem finden, leider aber trifft sie in vielen Fällen durchaus zu. Wie kommt es dazu?

Besitzer und Pferd sind beide Lebewesen mit ganz individuellen Eigenheiten, und diese Individuen müssen erst einmal zusammenwachsen. Vielleicht ist der Reiter nun ein eher ungeduldiger Mensch, wogegen das Pony, möglicherweise jung und zudem importiert, unsicher und mit der Umstellung auf die hiesigen Verhältnisse beschäftigt ist. Vor dem Kauf wurde es von Profis geritten, die durch ihre Erfahrung und die passende Ausrüstung sowohl Taktunregelmäßigkeiten als auch Durchlässigkeitsprobleme mühelos in dem Griff bekamen.

Der neue Reiter befürchtet nun, etwas verkehrt zu machen, ist unsicher, überspielt das vielleicht durch forsche Reitweise. Das Pferd aber hat ebenso mit sich selbst zu tun, es muss sich in der Herde zurechtfinden, so etwas wie ein Heimatgefühl entwickeln. Es fühlt sich aber auch überfordert und baut Verspannungen auf; also fängt es an, am Stall zu kleben und die Gangarten durcheinanderzuwerfen, die fordernde Handhabung der Zügel bringt es zudem dazu, gegen diesen anzugehen.

In Situationen wie dieser sind jetzt zwei Dinge gefragt, einmal eine sichere Selbstkontrolle und zum zweiten ein Mensch mit Erfahrung, der mit Rat (und evtl. mit Tat) zur Seite steht, egal ob „Reiterkollege“ oder Ausbilder. Auch wenn dieser nicht umsonst arbeiten wird, sind die Ausgaben gerechtfertigt, um den Wert des Pferdes – und zwar nicht nur den finanziellen – zu erhalten und zu steigern.

Anspannung und Entspannung

Das Prinzip von Anspannung und Entspannung liegt eigentlich jedem Reiten zugrunde, egal, welche Disziplin und Reitweise man gewählt hat. Ob nun Dressur oder Springen, Western oder klassisch geritten wird, das Pferd braucht Anspannung, um seine spezifische Leistung zu erbringen, und es braucht Entspannung als Vorbereitung für die nächste Anforderung.

Ein Beispiel: Für das Tölten braucht der Reiter eine gut untergesetzte Hinterhand, vermehrte Aufrichtung und genügend Energie. Diese Anspannung muss vom Pferd eingefordert und dann auch erbracht werden, denn sonst bringt es allenfalls Trab oder Pass zustande. Es kommt auch sehr darauf an, welche Art des Töltes vom Pferd gezeigt werden soll. Wird das Pferd in einer Turnierprüfung vorgestellt, die auf größtmögliche Bewegung und Aufrichtung ausgelegt ist, braucht es danach Entspannung in der Art, dass man es anschließend in den Paddock stellt, fressen lässt, eben entspannen lässt. Tölten auf einer Töltdistanz, auf der das Pony gerade mal in jener Balance gehalten werden muss, dass es den Reiter mittragen kann, verlangt zwischendurch Schrittphasen, die hier als Entspannung genügen.

Beim Islandpferd aber geht dieses Grundprinzip noch viel weiter. In Island selbst reitet man schnell, dafür wird dem Pferd alle Stunde eine Pause gegönnt, oder es wird gar gegen ein mitgeführtes Handpferd ausgetauscht. Zudem werden die meisten Pferde, die im Sommer unter dem Sattel waren, im Herbst in die Winterpause geschickt, was nichts anderes heißt als Eisen runter und ab auf die Weide.

Wenn man diesen Ablauf auch bei uns beibehält, wird manch einer über die Frische und Ausgeglichenheit seines Ponys erstaunt sein; es geht wieder flott vorwärts, der Tölt ist taktklarer, all jene Verspannungen, die der Reiter vor der Winterpause nicht hat lösen können, sind jetzt – zumindest vorübergehend – verschwunden. Den Hufen tut die Beschlagspause unbedingt gut, die alten Nagellöcher können rauswachsen, der Hufmechanismus erfüllt – ungehindert durch das Eisen seine Aufgabe.

Es ist also wirklich eine Überlegung wert, seinem Pferd diese Pause zu gönnen (es im Kopf frei werden zu lassen, wie man auch sagt). In unseren Wintern hat man sowieso nicht oft Gelegenheit zu reiten. Matschwetter und die frühe Dunkelheit machen uns oft genug einen Strich durch die Rechnung. Weniger als zwei Monate sollte die Ruhephase jedoch nicht dauern, sonst bringt sie nicht den erwünschten Effekt. Wenn das Pferd vorher

Das Pferd ist keine Maschine, und auch das Islandpony ist keine Ausnahme.

ausreichend trainiert war, ist die Grundkondition nach dem „Urlaub“ auf jeden Fall noch vorhanden, so dass man sich um das Aufbautraining keine Gedanken machen muss.

Kontinuität und Abwechslung

So banal es klingt, das Pferd ist keine Maschine, und auch das Islandpony ist keine Ausnahme. Eher im Gegenteil, denn als sehr ursprüngliche Rasse hat es sich alle Instinkte unverfälschter bewahrt als vielleicht manch andere Rasse und reagiert somit unwilliger auf eintönige Arbeit. Es kommt also sehr darauf an, in seiner Ausbildung keine Einseitigkeit, keine Langeweile aufkommen zu lassen, ohne aber deswegen das jeweilige Ausbildungsziel aus den Augen zu verlieren.

Keinen Sinn macht es daher, sich für diese Saison die Dressur, für die nächste den Tölt, und danach dann die Ausdauer vorzunehmen; eins ginge dann zu Lasten des anderen. Genauso verkehrt wäre es aber, sich für den folgenden Ritt die Seitengänge, für den nächsten dann ausschließlich die Gangarten vorzunehmen; auf diese Weise kommt man auch nicht weiter. Die sinnvolle Abfolge verschiedener Übungen machen erst den Fortschritt aus.

Diejenigen, die ein junges Pferd selbst ausbilden wollen, bilden die Minderheit der Kaufinteressenten. Die meisten wünschen ein sicheres, gut erzogenes Pony. Aber eher selten hat jemand das Glück (und das Geld), ein schon weit ausgebildetes Pferd zu bekommen. Meist ist es gerade mal angeritten, beherrscht im Grunde nur seine vier Gangarten, alles weitere ist Sache des nächsten Besitzers. Grundsätzlich gelten die Regeln, die im folgenden beschrieben werden, für alle Islandpferde, egal in welcher Ausbildungsstufe sie sich befinden.

Regel 1: Lassen Sie sich (und somit Ihrem Pony) Zeit. All die Reiter, die man im Sport regelmäßig an der Spitze findet, wissen, dass die Ausbildung eines Pferdes mehrere Jahre dauert. Es ist leicht zu verstehen, dass das nicht nur für die „Kracher“ zutrifft, sondern ebenso für den geliebten „Familienzausel“. Es macht wenig Sinn, alles, was das Pferd vielleicht zu bieten vermag, mit Gewalt in einer Saison herauszuzwingen. Erstens wird es gar nicht erst klappen, zweitens rächt sich allein schon der Versuch und hat Unlust oder Gegenwehr, manchmal aber auch gesundheitliche

Beschwerden zur Folge; drittens hofft man ja zu Recht, dass man über viele Jahre, vielleicht sogar Jahrzehnte, von seinem Pferd begleitet wird. Die Gefahr besteht, dass dem Pony schlichtweg langweilig würde, wenn man so gar nichts mehr verbessern könnte.

Es macht auch Spaß, ein Pferd zu reiten, das noch nicht alles beherrscht. Es muss nicht immer gleich schnelles Tölt-Tempo sein; es ist doch auch schön, wenn das Pony das Tempo der trabenden Pferden immerhin schon mithalten kann. Auch muss nicht das Umrunden eines Hindernisses gleich in vollendeter Biegung vollführt werden; wichtiger ist erst einmal, dass das eigene Knie unversehrt bleibt. Ihr Pferd aber bekommt in dieser Zeit Routine und Kondition, es lernt eine Menge kennen, und quasi nebenbei bringen Sie es dazu, gleichmäßig zu laufen, jeden Platz in der Gruppe zu akzeptieren, durch Wasser zu gehen, und durch vorbereitende Übungen wie Reiten in Stellung usw. legen Sie die Grundlage für spätere Dressurarbeit.

Regel 2: Wenn Sie die Wahl haben, entweder in die Bahn oder ins Gelände zu gehen, sollten Sie eines beachten: Immer erst in die Bahn, dann der Ausritt, nie umgekehrt. Das Pferd würde es als Strafe verstehen, wenn es nach dem Ausritt und der Arbeit im Gelände auch noch auf begrenztem Raum seine Runden absolvieren muss. Sollte etwas im Gelände nicht so geklappt haben, wie es eigentlich erforderlich gewesen wäre, nehmen Sie sich lieber für den nächsten Ritt das Problem gezielt vor und arbeiten Sie mit den passenden Lektionen in der Bahn daran.

Durchlässigkeit = Sicherheit

Man ist als Reiter nie davor gefeit, dass das Pferd einmal außer Kontrolle gerät. Eine Menge Faktoren spielen hierbei eine Rolle: der Charakter des Pferdes, eine neue Situation, ein zweites Pferd, die eigene Erfahrung und Ausbildung sowie natürlich die Ausbildung des Pferdes.

„Ein Pferd, das an den Hilfen steht, geht nicht durch." Einfach zu lesen, aber was steckt wirklich dahinter? Hilfen stehen in der Reitersprache ja für die Signale, mit denen der Reiter mit dem Pferd kommuniziert, sich verständlich macht und dem Pferd sagt, was er von ihm will.

Die Hilfen haben sich so und nicht anders im Laufe der Zeit – nämlich seit das Pferd zum Reiten entdeckt worden ist – herausgebildet; sie unterscheiden sich nur dem Stil nach, den die jeweilige Reitweise erfordert. Im Laufe der Jahrhunderte sind so die Zweckmäßigen erhalten und verfeinert worden, während diejenigen, die wirkungslos blieben, verworfen wurden.

Wenn ein Pferd auf diese Hilfen hört, die ja nicht jede für sich allein, sondern als Kombination mit verschiedenen Abstimmungen gegeben werden, spricht man von „Durchlässigkeit", das Pferd „lässt die Hilfen zu sich durch" und befolgt sie. Das heißt mit anderen Worten, dass das Pferd wohl auf Reize aus der Umwelt reagiert und dem Reiter auch mitteilt, was es gesehen, gehört, gefühlt hat, nichtsdestotrotz aber darauf wartet, was der Reiter aus der Situation machen will und somit auf ihn allein reagiert.

Anschnallgewichte in der Ausbildung

Vor allem Glocken werden zum Schutz vor Ballentritten bei Spring- und Militarypferden eingesetzt. Maßgeblich ist in diesem Fall nicht das Gewicht, sondern einfache Anbringung am Pferdehuf, Haltbarkeit und Größe. Erst bei den Gangpferden erkannte man schnell, dass solche „Schutzmaterialien" noch einen anderen, wesentlich wichtigeren Aspekt haben: Die Pferde bekommen damit nämlich ausdrucksvollere Bewegungen. Sicherlich mag manch einer Glocken ausschließlich zum Schutz der Hufe anbringen, weitaus wichtiger sind neben den größeren Bewegungen die Taktverbesserungen, die man damit erreichen kann, ohne – um es überspitzt zu sagen – selbst mehr tun zu müssen, ohne besser reiten zu können.

Genau hier liegt nämlich „der Hund begraben" wie bei vielen anderen technischen Hilfsmitteln auch, die das Reiten angeblich einfacher machen, die schneller zum Erfolg führen sollen. Der so eingeschlagene Weg kann schnell zur Sackgasse werden. Auf Anschnallgewichte jeglicher Art bezogen, heißt das, dass das Pferd wohl im Tölt einfacher seinen Takt finden mag; der – vielleicht – etwas ahnungslose Reiter ist zunächst einmal glücklich, irgendwann aber hat er vielleicht keine Lust, die

Glocken bzw. Anschnallgewichte der verschiedensten Arten. Falsch angewendet können sie schnell zur Sackgasse werden.

Glocken überzustreifen, und es gibt das böse Erwachen: Sein Pony geht nur noch Pass.

Wie gebraucht man nun solche Hilfsmittel richtig? Noch einmal zur Funktionsweise: Zusätzliches Gewicht – vor allen Dingen an den Vorderhufen – veranlasst das Pferd dazu, die Beine höher anzuheben und dadurch auch später wieder aufzufussen, aufgrund dieser kreisförmigen Bewegung treten Kräfte auf, die das Gewicht vervielfachen und so die eigentliche Wirkung der Glocken ausmachen. Daraus erklärt sich auch, warum eine Erhöhung des Gewichts an den Hinterbeinen längst nicht so wirksam sein kann: Die Hinterfüße nämlich werden nur vergleichsweise flach angehoben, es treten also nicht solche Fliehkräfte auf. Ferner reagieren Pferde mit größeren Bewegungen auch stärker auf diese Beeinflussung, weil große Bewegungen gleichbedeutend sind mit einem größeren Radius und damit stärker wirkenden Kräften.

Aber damit sind wir noch nicht beim Kern dieser Angelegenheit angekommen. Je größer nämlich die Bewegungen werden, desto mehr müssen die Muskeln arbeiten. Richtig eingesetzt heißt das, dass nicht nur die unmittelbar an der Beinarbeit beteiligten Muskeln betroffen sind, sondern dieser lockernde Effekt geht weiter bis in die Schultern und den Rücken. Und hier steckt der eigentliche Sinn solcher Maßnahmen: Die Muskeln lockern heißt nichts anderes als das Pferd zu lösen, Verkrampfungen abzubauen und dadurch zum Beispiel vom verspannten Passtölt zu einem klaren Viertakt zu kommen.

Die Folgerung ist jetzt klar: Es genügt zur Taktverbesserung nicht, einfach nur zusätzliche Gewichte an dem Huf zu befestigen und weiterzureiten wie zuvor. Das Reiten muss umgestellt werden, um damit dem Pferd zu helfen, seine Verspannungen zu lösen.

Es werden also auch andere Übungen mit einbezogen, z. B. Longieren und Cavaletti-Arbeit. Beim Reiten selbst ist auch auf geeigneten Boden zu achten (eher weich und federnd). Das Ziel ist, Anspannung aufzubauen oder aufrecht zu erhalten, ohne Verspannungen zu provozieren. Man beginnt mit einer recht hohen Belastung der Vorderbeine (300 g und mehr), die nach und nach verringert wird, um baldmöglichst wieder ohne solche Hilfsmittel auszukommen. Ein normaler 10er/8er Beschlag sollte für den Alltag ausreichen.

Anders sieht es aus beim turniermäßigen Wettkampf. In den Gangartenprüfungen sollen die Glocken weniger den Takt verbessern (wenn sie auch nebenbei dazu verwendet werden), sondern die Vorhandaktion noch betonen und deren Bewegungen erhabener zu machen. Man geht davon aus, dass ein Turnierpferd absolut sicher im Takt ist, so sicher, dass der Reiter mit möglichst schweren Glocken reiten kann, ohne dass der Takt darunter leidet. Er muss also unter Umständen sogar gegen das aufgeschnallte Gewicht anreiten, weil sonst der oben besprochene Effekt sich in sein Gegenteil verkehren würde.

Um gleich Stimmen zu bremsen, die nach dem Tierschutz rufen: Die IPO hat der Belastung der Ponies enge Grenzen gesetzt; pro Vorderbein ist bei 300 g die Obergrenze erreicht, wobei in den regelmäßig vorgenommenen Kontrollen auch der anhaftende Bahnbelag nicht etwa vor dem Wiegen entfernt wird, sondern zu dem Gesamtgewicht gerechnet wird.

Welche Art von Zusatzgewichten eignen sich für welchen Zweck? Der Markt hat schon lange auf diese Nachfrage reagiert und bietet eine Vielzahl unterschiedlicher Modelle an. Das Angebot reicht vom ganz einfachen Scalper über Ballenboots mit oder ohne Einsteckgewichten bis zu Anschnallglocken, Überziehglocken, Doppelglocken und Gewichtsringen. Für eine Verbesserung des Taktes eignen sich am besten Ringe oder Glocken, weil diese auch im tieferen Boden nicht verrutschen können. Für das Wettkampfreiten benutzt man je nach Gewichtsbedarf und Hufqualität Ballenboots, Glocken oder eine Kombination aus beiden, wobei Gewichtsringe nicht erlaubt sind. Ballenboots können insofern problematisch sein, weil sie passgenau in die mittlere Strahlfurche eingeschnallt werden müssen und dadurch leicht nach oben rutschen; Glocken liegen relativ locker um das Fesselgelenk und verleiten manche Pferde auch durch ihr „Eigenleben" zu einer höheren Aktion, allerdings stellt sich der Gewöhnungseffekt sehr bald ein. Auch wenn die Glocken gut angepasst wurden, können sie doch während des Reitens heruntergetreten werden, und der Reiter muss mit nur einer Glocke die Prüfung oder den Aufgabenteil beenden.

Bei allen Gewichten, die um die Fessel herumgeführt sind, muss man sehr sorgfältig die Fesselbeuge kontrollieren, in der die empfindliche Haut leicht wundgescheuert wird; Schweißbänder aus dem Sportgeschäft können solche Verletzungen zumindest verringern.

Auch die „Turnierglocken" werden nicht etwa zu Beginn der Saison (bei den Isländern läuft die Turniersaison fast ausschließlich in der wärmeren Jahreszeit, überdachte Ovalbahnen sind zu teuer) beim Reiten angeschnallt und zum Ende wieder abgenommen. Die Pferde werden rechtzeitig vor Turnierbeginn mit den zusätzlichen Gewicht trainiert, damit sie sich zwar daran gewöhnen, jedoch auch nicht zu sehr, weil sonst der Effekt wieder zunichte gemacht würde. Nach dem Turnier geht das Training ohne Glocken oder mit sehr reduziertem Gewicht weiter.

Sinnvolle Lektionen

An ganz elementarer Grundausbildung ist von einem jungen Pferd nicht allzu viel zu erwarten. Es kann mindestens vier Gangarten auseinanderhalten, ist auch allein zu reiten, und an einer Straße bleibt es zumindest so lange stehen, bis eine Lücke im Verkehr es zulässt, die Straße zu überqueren.

Im folgenden soll ein „Leitfaden" dafür gegeben werden, was ein Pferd nicht nur für die Sicherheit des Reiters, sondern vor allem auch zu seiner Freude beherrschen sollte. Diese Übungen sollen nicht im Einzelnen beschrieben werden, sondern nur deutlich machen, worauf man achten sollte und worin ihr spezieller Effekt besteht. Sie werden inzwischen mit mir übereinstimmen, dass in der Dressur die Durchlässigkeit des Pferd begründet ist, dass also ein gehorsames Pferd durch das Reiten einfacher Dressurlektionen durchlässiger wird.

Vorhandwendung

Bei der Vorhandwendung dreht sich das Pferd um seine Vorhand, diese bleibt also stehen bzw. tritt auf der Stelle, während die Hinterhand in einem Halbkreis um sie herumtritt. Das Pferd darf also nicht durch Anlegen eines Schenkels nach vorne weglaufen, sondern muss ihn als seitwärtstreibend akzeptieren. Nach jedem Doppeltritt (jedes Bein tritt einmal seitwärts, deswegen „Doppeltritt") der Hinterhand kann man eine Pause machen, überlegen, was richtig war und was zu verbessern ist, und dann die Lektion fortsetzen. Bei dieser Vorhandwendung wird schließlich einiges vom Pferd verlangt: Es muss anhalten und stehenbleiben, auf ein nächstes Signal warten bevor es sich wieder bewegen darf. Trotz treibender Hilfe darf es nicht vorwärtsgehen, sondern muss zur anderen Seite ausweichen, um dann wieder stehenzubleiben.

Wenn das Pferd irgendwann die Vorhandwendung beherrscht, kann man diese allerdings fast gleich wieder vergessen, weil sie nämlich einen gravierenden Nachteil in sich birgt: Sie bringt nämlich auch das Pferd auf die Vorhand, und daher ist anschließend eine Lektion angebracht, die das Pferd etwas „mehr auf die Hinterhand" setzt. Daher ist es fast besser, die Vorhandwendung durch eine Wendung um die Vorhand zu ersetzen, die aus der Bewegung heraus geritten wird und bei der die Vorhand einen kleinen und die Hinterhand einen größeren Kreis beschreibt. Diese Weiterführung der Vorhandwendung sollte man jedoch nicht unterschätzen; sie verlangt vom Pferd ein gleichzeitiges Vorwärts- und Seitwärtstreten der Hinterhand.

Und noch ein Tipp für Sie als Reiter: Schauen Sie nicht auf das Pferd, sondern weit weg, und lassen Sie Ihren Oberkörper ganz unbeteiligt an dieser Übung. Sie werden merken, dass sie Ihnen so viel leichter gelingt. Außerdem sollte Ihr Pferd auf die seitwärtstreibenden Schenkel- (und Gerten-) Hilfen hin herumtreten, nicht aufgrund der Zügeleinwirkung, das würde dieser Lektion jeglichen Sinn nehmen.

Schenkelweichen

"Ein Pferd, das kein Schenkelweichen kann, kann gar nichts!" Dieser Satz mag eher aus der Großpferdeszene stammen, wo Seitengänge erst richtig bei Travers, Renvers etc. anfangen. Doch gilt er auch für Islandpferdereiter. Das Schenkelweichen hat eine elementare Bedeutung in der dressurmäßigen Arbeit, und zwar nicht nur als Vorbereitung auf weitere Seitengänge. Es gehört zu jedem Ausbildungsrepertoire zwingend dazu. Üben kann man es auf die übliche Art und Weise, an der Wand entlang. Diese Wand aber (die Bande, ein Zaun o. Ä.) ersetzt eine wichtige Hilfe, vornehmlich die verwahrende Hilfe. Und da das Pony gerade diese Hilfe annehmen und umsetzen lernen soll, ist es also geschickter, es ohne Bande zu probieren.

Am besten reitet man irgendwo im Freien geradeaus, nimmt den Schritt etwas auf, stellt das Pferd leicht zu einer Seite und drückt Knie und Oberschenkel an der gleichen Seite im Schrittrhythmus an das Pferd. Dabei sollte deutlich der innere Gesäßknochen mehr belastet werden (nicht mit dem Oberkörper, sondern aus der Hüfte heraus). Gerade Pferde, die „richtiges" Schenkelweichen noch nicht beherrschen, reagieren auf diese Hilfengebung und weichen zumindest leicht zur anderen Seite hin. Der Oberschenkel ist dabei deshalb so wichtig, weil der Hauptfehler beim Schenkelweichen das hochgezogene Knie ist, das den Reiter auf der verkehrten Seite (nämlich außen) sitzen und dadurch diese Lektion scheitern lässt.

Man kann diese Übung auf jeder beliebigen Schrittstrecke des Ausritts machen, mal nach links, mal nach rechts. Nach und nach kommen dann die Unterschenkel und vielleicht auch die Gerte unterstützend hinzu. Man sollte darauf achten, dass das Pferd dabei vorwärts und seitwärts gleichzeitig geht, d. h. das Schenkelweichen darf nicht zu einer reinen Seitwärtsbewegung werden. Die Streckenlänge, die man sich vornimmt, sollte jedoch lieber etwas kürzer und dafür korrekt geritten werden. Ganz wichtig ist es, dass der Reiter selbst das Schenkelweichen beendet, indem er wieder gleichmäßig belastend sitzt und das Pferd mit den äußeren Hilfen gerade stellt.

Früher oder später wird jedes Pferd versuchen, sich dem Schenkelweichen zu entziehen, indem es über die äußere Schulter davonläuft. Dem wirkt man entgegen, indem man erstens dem Pferd wirklich nur eine ganz leichte Stellung gibt (der Hals bleibt so gut wie gerade), zweitens durch Beachtung der äußeren Hilfen, der verwahrenden, begrenzenden Hilfen und drittens durch Beendigung der Übung durch den Reiter. Das Pony soll *am* Schenkel weichen, nicht *dem* Schenkel flüchten.

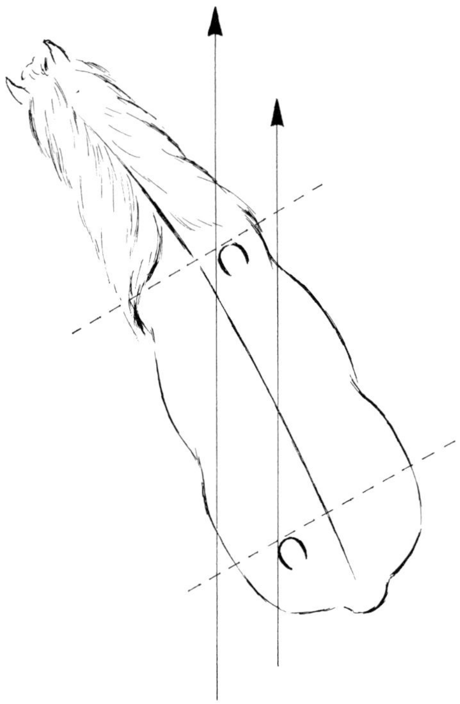

Das Schenkelweichen hat eine elementare Bedeutung in der dressurmäßigen Arbeit mit dem Islandpferd.

Ich sprach oben von der „elementaren" Bedeutung dieser Lektion. In der Tat ist die Umsetzung dieser Übung in die Praxis der erste Schritt, das Pony von hinten nach vorn zu reiten, also gleichbedeutend mit *der* Grundregel allen Reitens. Anders ausgedrückt: Wenn man vielleicht bisher das Pferd vorwiegend mit den Zügeln gelenkt hat, beginnt man nun damit, die hinteren Hilfen einzusetzen und mit den Zügeln nur aufzufangen, was „getrieben" wurde; eine Grundvoraussetzung für das Versammeln (auf die Hinterhand setzen) des Pferdes.

Den Schenkelgehorsam braucht man außerdem für das Geraderichten des Pferdes, Punkt 5 der auch für die Islandpferde gültigen Ausbildungsskala. Und schließlich ist das Schenkelweichen eine gute Konzentrationsübung für das Pferd, wenn es

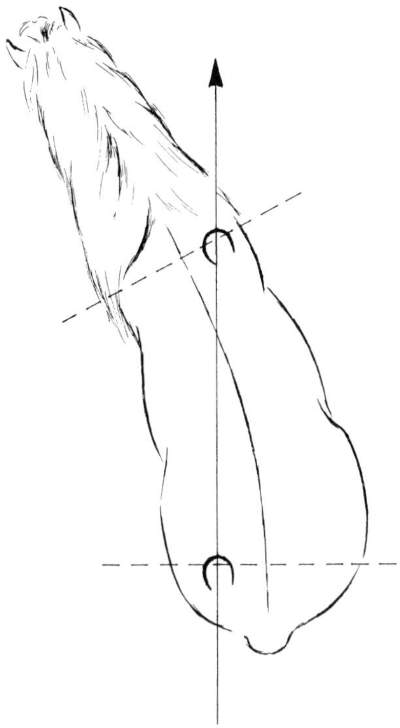

Beim Schulterherein geht das gebogene Pferd weiter geradeaus, wobei es geteilte Meinungen gibt, ob nur die Vorderbeine oder Vorder- und Hinterbeine übertreten sollen.

einmal abgelenkt, aufgeregt und vielleicht kurz vor dem Durchgehen sein sollte. Dann kann diese Übung es wieder auf die Hilfen (und damit auf den Reiter) konzentrieren, und die Gefahr ist vorüber.

Schulterherein

Man nennt das Schulterherein auch die „Mutter aller Lektionen“, einfach deshalb, weil sich so gut wie alle Dressurübungen daraus entwickeln oder vorbereiten lassen. Das gilt für Biegungen jeglicher Art genauso wie für Galoppwechsel, Pirouetten usw. Je nach Reit- (und Sicht-)weise wird unterschieden zwischen Schulterherein auf $1^1/_2$ oder zwei Hufschlägen, also in unterschiedlichen Biegungsgraden. Für uns reichen $1^1/_2$ Hufschläge vollkommen aus, d. h., das Pony tritt mit dem äußeren Vorderfuß zwischen die Spur der Hinterbeine, mit dem inneren Vorderfuß eine extra Spur ganz innen. Kompliziert? Eigentlich gar nicht.

Irgendwo, wo ausreichend Platz dafür ist, reitet man eine Volte. Es macht gar nichts, wenn sie erstmal nicht so recht gelingen will. Man wiederholt diese Volte, bis Stellung und Biegung ausreichend vorhanden sind. Als nächstes beginnt man wieder mit einer Volte, sobald aber das Pferd auf diese abwenden will, treibt man es mit dem inneren Bein, unterstützt vom äußeren Zügel, geradeaus weiter. Wenn man dabei beachtet, dass die Biegung erhalten bleibt, hat man schon die ersten Schritte Schulterherein geritten. Übrigens: Jede korrekt gerittene Ecke des Dressurvierecks beginnt quasi „automatisch“ mit ein paar Schritten Schulterherein!

Wie bei dem Schenkelweichen ist das Hauptproblem, dass das Pferd versucht, über die äußere Schulter auszubrechen. Deshalb sollte man das Pferd nicht stärker stellen, als es gebogen ist, und auch mal bereit sein, das äußere Bein seitwärts treiben zu lassen.

Soweit also zu den dressurmäßigen Übungen, die Sie, wenn Sie möchten, auch in den höheren Gangarten üben können. In aller Deutlichkeit sei jedoch gesagt: Sie sollen kein „Dressurcrack“ werden (dazu gehört auch noch wesentlich mehr), sondern Sie sollen vor allen Dingen Spaß am Reiten haben; dazu braucht man nun einmal ein befriedigend durchlässiges Pferd.

Im Gelände

Was sollte das Pferd sonst noch können? Es ist schließlich ein Gangpferd, bei dem die Dressur nur Mittel zum Zweck sein sollte. Eine Voraussetzung ist, dass das Pferd zunächst willig vom Hof, vom Stall weggeht. Mit wachsender Eingewöhnung jedoch kann es zu Schwierigkeiten kommen; das Pferd möchte lieber zu Hause bleiben. Dann muss der Reiter sich konsequent durchsetzen.

Kleben am Stall

Damit das Pferd nicht plötzlich und unvermutet umdreht und nach Hause rennt, sollte man sich als Route für jeden Ausritt einen Rundweg auswählen.

Rechte Seite: Ein Winterritt durch den Pulverschnee gehört zu den absolut schönen Dingen im Leben.

Zumindest bis noch nicht alles sehr gefestigt ist, sollte man nicht wegreiten, um dann irgendwo einfach umzudrehen und auf derselben Strecke zum Stall zurückzukommen.

Das Pony will aber gar nicht erst weg vom Hof, es bleibt stehen und dreht sich um? Wenn es nur stehenbleibt, sollte man eine zweite Person bitten, sich mit einer Gerte zu bewaffnen und ein Stück weit hinterherzugehen, bis das Pferd etwas weiter weg ist vom Stall und nun wieder willig vorwärtsgeht. Oder aber man nimmt sich Zeit, Zeit, um das Pferd zu „nerven". Jedesmal, wenn das Pferd stehen bleibt, wartet man eine Zeit lang ab, beginnt dann aber, es mit der Gerte zu kitzeln, eben zu nerven, ganz gleichmäßig, ganz zart. Da es vielen widerstrebt, ihr Pferd zu hauen, und es sich auch durch Buckeln o. Ä. zur Wehr setzen könnte, was nun auch nicht jedermanns Sache ist, ist das „Nerven" eine ziemliche sichere Methode. Umdrehen darf das Pferd dabei jedoch auf keinen Fall. In den allermeisten Fällen wird sich das Pferd nach einer Weile überlegen, nun doch vorwärtszugehen. Dann darf man das Loben nicht vergessen! Wenn man genügend Geduld aufwendet (ich habe so einmal eine gute halbe Stunde auf dem stehenden Pferd gesessen, genau in der Hofeinfahrt, so dass die Autos im Bogen um uns herumfahren mussten), wird das Pferd mit ziemlicher Sicherheit vom Stall weggehen und solche Schwierigkeiten nie wieder machen.

Etwas anderes ist es, wenn das Pferd herumtänzelt, sich ständig umdreht und gar nicht von Anbindeplatz fort will. In diesem Fall führt man es ein Stück weit weg und sitzt dann erst auf. Notfalls bittet man jemanden, das Pferd dabei festzuhalten. Dann nimmt man die Zügelhände ganz weit auseinander und etwas höher (Sie können sich vielleicht vorstellen: wie ein Chopper-Fahrer) und reitet im stark verkürzten Tempo vom Stall weg, bis das Pony dann wieder willig vorwärtsgeht. Diese ungewöhnliche Handhaltung ermöglicht es, den Hals des Pferdes so gut wie möglich gerade zu halten und so ein Umdrehen zu verhindern; die höher gehaltenen Fäuste machen es dem Pferd schwer zu buckeln. Das „Zeitlupen"-Tempo, bei dem gutes Treiben unerlässlich ist, gibt dem Reiter dabei mehr Zeit, auf widrige Reaktionen zu reagieren.

Als eine weitere Möglichkeit – vor allen Dingen dann, wenn es unter dem Reiter gar nicht funktionieren will – bietet sich die Doppellonge an (Fahren vom Boden). Voraussetzung ist natürlich, dass das Pferd sie kennt und der Führer geschickt damit umzugehen weiß. Gerade an der Doppellonge ist es für das Pferd nicht sehr schwer, umzudrehen und sich dabei in der Longe einzuwickeln.

Ein zweites Pferd mitzunehmen ist jedoch keine gute Methode, diesen Schwierigkeiten aus dem Weg zu gehen; je öfter man dies tut, desto größer werden die Probleme, wenn man dann doch mal alleine reiten möchte. Was man aber im Vorfeld tun kann, ist das Pferd zur Selbständigkeit zu erziehen, z. B. alleine anzubinden und zu putzen, Bodenarbeit etc. Oft kann man dadurch aufkommende Probleme schon im Keim ersticken.

Wer Wanderitte vorzieht, sollte sein Pferd daran gewöhnen, überall ruhen zu können.

Gruppenausritte machen Spaß, bieten aber auch viele Schulungsmöglichkeiten für das Pferd.

Straßenverkehr

Das Pferd hat in seiner Grundausbildung gelernt, solange stehenzubleiben, wie der Reiter es verlangt. Im Gelände und vor allem an der Straße ist es abgelenkter und vielleicht auch aufgeregter. Wer in seinem Ausreitgelände asphaltierte Feldwege hat, kann das Stillstehen auf der „Straße" in Ruhe üben, gerne auch mit einem Autofahrer zusammen, der erst langsam, später schneller und vielleicht mit lautem Hupen hin- und herfährt.

Auf diese Weise kann man ein Pferd sehr gut schulen, mit dem Ziel, dass es nur losläuft, wenn der Reiter es gestattet. Noch ein Tipp: Nie direkt nach dem ersten Auto losreiten, denn schnell wird es dem Pferd zur Angewohnheit, sofort zu starten, wobei es das zweite herannahende Auto nicht wahrnimmt.

Wer auf einer befahrenen Strecke ein Stück auf der Straße entlang reiten muss, sollte auch das „Überholt werden" üben. Das ist eine Situation, wo ein erfahrenes Begleitpferd von Nutzen ist. Der zweite Reiter reitet hinter dem unsicheren Pferd und schirmt es dadurch ab; hilfreich kann es auch sein, wenn er etwas versetzt in die Straße reitet, so dass ihn das erste Pferd auch noch sieht.

Durch Wasser

Es ist ein Vorteil der importierten Ponies, dass sie meist mit Bächen o. Ä. keine Probleme haben. Bei wasserscheuen Pferden ist das Reiten in der Gruppe hilfreich: Ein- oder zwei reiten vorweg, um dem Neuling zu zeigen, dass nichts passiert. Die anderen nehmen ihn zwischen sich und reiten gemeinsam durch das Wasser. Auch der ein oder andere Klaps mit der Gerte kann helfen, die Angst vor dem Unbekannten zu überwinden.

Bergab

In bergigen Gegenden kann es vorkommen, dass man auch mal steil bergab reiten muss und will. Im Zweifelsfall sollte man absteigen und führen, vor allem, wenn man allein unterwegs ist. Auch hier bieten die Original-Isländer den Vorteil, dass sie auch unwegsame Hänge aus ihrer Heimat kennen, die wir nicht im Traum herunterreiten würden. Die dort geborenen und aufgewachsene Pferde jedenfalls gehen unsere Bergabpassagen meist mit Gelassenheit und Ruhe an. Selbst starkes Treiben veranlasst sie nicht, schneller zu werden; sie passen eben auf sich (und damit auch auf ihren Reiter) auf. Bei uns geborene Islandponys sind möglicherweise genauso unerfahren und vorsichtig wie der Reiter selbst. Sie neigen eher dazu, der vergrößerten Schwerkraft zu folgen und bergab zu rennen, was auf jeden Fall unangenehm für den Reiter ist. Hier ist erstens die oben besprochene Durchlässigkeit und zweitens ein sicheres Pferd zum Vorwegreiten gefragt, das man notfalls auch mal als Bremsklotz benutzen darf.

Zur Schulung des Ponys sollten solche Hänge auf jeden Fall im Schritt bis ganz zum Ende geritten werden. Die höhere Gangart kommt später. Fehlerhaft ist es, zu denken, den Rest schaffen wir auch im Trab oder Tölt; der Grundstein für ein verfrühtes Losrennen wäre damit gelegt.

Reiten zu Zweit

Obwohl es auch sehr entspannend sein kann, allein mit seinem Pferd unterwegs zu sein, reitet wohl die Mehrzahl lieber zu zweit und zu mehreren. Auch dabei muss man beachten, dass trotz allen Spaßes die Sicherheit nicht zu kurz kommt; für die Schulung des eigenen Ponys bleibt aber viel Raum.

Um sich zusammenzufinden brauchen die Pferde in allen Gangarten (wenn auch zunächst Schritt und Tölt am wichtigsten sind) ein gleiches Gangmaß, ein gleiches Tempo; also auch schon bei zwei Reitern muss zumindest einer einen Kompromiss finden, das Tempo etwas forcieren oder eben ein bisschen langsamer reiten.

Nebeneinander – Hintereinander

Viele Feld- und Waldwege lassen ein Nebeneinanderreiten zu, weil sie eben breit genug dafür sind. Erst im Schritt, dann aber auch bald im Trab oder Tölt probiert man aus, welches Tempo am besten zu beiden Pferden passt. Weder sollte das eine Pony so sehr zurückgehalten werden, dass es sich um so mehr aufheizt, noch darf das andere nicht andauernd so überfordert sein, dass es seinen Takt überhaupt nicht finden kann.

Müssen engere Stellen oder Fußgänger, Traktoren, parkende Autos passiert werden, wird hintereinander geritten, wobei zweckmäßigerweise mal der eine, mal der andere hinten einreiht. Spaziergänger werden grundsätzlich im Schritt, verbunden mit einem freundlichen Gruß, passiert. Zum Vordermann wird stets eine Pferdelänge Sicherheitsabstand gehalten. Mit wachsender Sicherheit können auch Engstellen in einer höheren Gangart genommen werden, wozu zum Einreihen hintereinander schon Tempounterschiede in dieser Gangart notwendig sind.

Überholen

Sich gegenseitig zu überholen ist eine gute Gehorsamsübung für die Ponys. Der Erste pariert durch zum Halt, während der Zweite im Schritt eine gewisse Strecke weiterreitet. Dann töltet der Zweite an und überholt den Vorreiter, dessen Pferd unbedingt im Schritt bleiben sollte; ein Lospreschen des überholten Pferdes sollte unbedingt vermieden werden. Der Töltende muss also oft über Schulter zurückschauen. Die zweite Möglichkeit ist, dass ein Reiter im Tölt eine gewisse Wegstrecke vorausreitet und dann wieder zum Schritt durchpariert, woraufhin der Zweite antöltet und den Ersten überholt. Dies kann auch fließend im ständigen Wechsel geschehen. Die Pferde lernen so sehr schnell, unabhängig voneinander zu laufen, so dass man später auch mal ein eigenes Tempo reiten kann, ohne dass der andere Reiter gleich in Not gerät.

Getrennte Wege

Sich unterwegs für eine gewisse Wegstrecke zu trennen und später wieder zueinander zu stoßen, ist ebenfalls eine sinnvolle Übung.

An einer entsprechenden Gabelung trennt man sich und reitet zumindest im zügigen Schritt, besser noch im Tölt davon. Solange man den anderen Reiter im Gelände noch im Blickfeld hat, gibt dies noch etwas Sicherheit. Nach und nach kann man dieses getrennte Reiten verlängern, bis sich vielleicht die Pferde erst am Stall wiedersehen; ein großer Schritt zum selbständigen Reiten ist vollbracht.

Rennen verkehrt

Sicher gehört es mit zu den Vergnügungen, es mal so richtig „knacken“ zu lassen, mal im Renntölt oder Galopp so richtig Gas zu geben, wenn man sich sicher genug fühlt. Es muss ja auch nicht bei allem, was man so im Gelände tut, die Ausbildung des Pferdes im Vordergrund stehen. Beim „Rennen verkehrt“ ist aber die Schulung der Hauptzweck, denn auch der Isländer, bei allem wünschenswerten Temperament, soll regulierbar sein.

Man reitet also nebeneinander im Schritt und macht einen bestimmten Punkt auf dem Weg aus, wo man meinethalben hintölten möchte. Auf ein Zeichen geht es dann los, aber nicht so schnell wie möglich, sondern andersherum, so langsam wie möglich. Das heißt, der zuletzt Ankommende ist der Gewinner. Gerade bei Pferden, die viel zusammen geritten werden, kommt dabei oft Erstaunliches zutage; vielleicht ist man schon lange nicht mehr so langsam getöltet oder getrabt. Aber auch jener „Lonesome Rider“, der am liebsten allein seine Wege zieht, kann einmal die Gelegenheit nutzen, die ein Begleiter bietet. Allein unterwegs kann er ja immer sein beliebiges Tempo reiten, und auch bei viel Erfahrung schleicht sich häufig ein schnelleres Tempo ein, als es der Reiter eigentlich beabsichtigt hat. Bei genügend Routine bietet sich auch der Galopp an, eine gute Gelegenheit, das Pferd in dieser Gangart wieder zu setzen und zum Treiben zu kommen. Langsamer Galopp will schließlich viel mehr geritten sein als ein Renngalopp.

Reiten in der Gruppe

Alle oben beschriebenen Übungen eignen sich prinzipiell auch für den Gruppenausritt und sind hier beliebig erweiterbar. Mit wachsender Routine wird jeder auch seine eigenen Ideen entwickeln.

Das schwächste Glied

Wie schnell oder wie langsam auch immer der Gruppenausritt gestaltet wird, ein Grundsatz muss gelten: Das schwächste Glied, also der unsicherste Reiter oder das schwierigste Pferd gilt als das Maß aller Dinge; was dieser/dieses mitmachen kann, können alle in der Gruppe machen. Also trägt die Gruppe, so zusammengewürfelt sie auch sein mag, gemeinsam die Verantwortung, – übrigens im eigenen Interesse. Ein Unfall, verursacht durch jenen Schwachen, kann weitere Unfälle nach sich ziehen, die sonst vielleicht nicht passiert wären. Dieser „schwache“ Reiter hat aber nun seinerseits die Aufgabe, sich nicht nur auf seiner „Schwäche“ auszuruhen, sondern muss seinerseits alles tun, die Gruppe nicht mehr als nötig zu behindern.

Führung

Ob der Trupp nun einen (meist den erfahrensten) Reiter bestimmt, der das Kommando übernimmt, oder ob gemeinsam entschieden wird, hängt ganz von der Einstellung der einzelnen Mitreiter ab. Am sinnvollsten ist es meistens, bei Ausritten mit nicht so miteinander bekannten Gruppenmitgliedern die erste Möglichkeit zu wählen, während Freunde unter sich auch ganz zwanglos entscheiden können. Es sollte aber immer ein eisernes Gesetz sein, auf ein deutliches „Halt“ irgendeines Mitreiters sofort alle Pferde durchzuparieren und sich erst einmal zu erkundigen, was mit diesem nun passiert ist.

Meistens nimmt der Kommandogeber auch gleichzeitig die Tête (Spitze) der Gruppe ein; ich finde es sinnvoller, einen zuverlässigen „Tempogeber“ dort zu platzieren und selbst neben oder hinter dem Trupp zu reiten, man hat diese viel besser im Blick und kann schneller reagieren.

Abstände

Eine Pferdelänge Abstand soll jedes Pferd-Reiter-Paar zum nächsten (auch versetzt reitenden) Paar grundsätzlich einhalten. In besonderen Situationen wie zum Beispiel dem Überqueren einer Straße kann es bis zu einer halben Pferdelänge reduziert werden. Bei größeren Gruppen kann es sinnvoll sein, zwei oder mehr Teilgruppen zu bilden, die dann zwischen sich größere Abstände bilden. Die Erfahrung zeigt, dass dann größere Ruhe eintritt. Ein Wechsel zwischen den einzelnen Gruppen sollte allerdings dann vermieden oder auf gemeinsame Pausen verschoben werden.

Tempo

Gerade bei größeren Gruppenausritten ist ein häufig gemachter Fehler, solange Schritt zu reiten, bis Ruhe eingekehrt ist. Das Gegenteil ist meist der

Reiten in Formation – eine der vielen Möglichkeiten. Besser wäre es, wenn die Reiterinnen Reithelme trügen.

Fall, die Pferde powern sich gegenseitig immer mehr auf, bis es irgendwo im wahrsten Sinne des Wortes kein Halten mehr gibt. Umgekehrt ist es richtig: Die erste längere Strecke wird genutzt, um anzutölten und den ersten Dampf rauszulassen.

Der Einzelne, sein Pferd und die Gruppe

Jedes Pferd hat, ganz individuell, den Platz, wo es am liebsten läuft. Die einen sind kaum zu halten, bis sie sich an die Spitze gesetzt haben, andere fühlen sich sicherer in der Mitte, und wiederum andere laufen am besten am Schluss, um sich ziehen zu lassen. Natürlich wird man anfangs die Position wählen, wo das Pferd am besten geht. Nach und nach aber sollte sich der Reiter bemühen, dort zu reiten, wo er selbst es will; ist das Pferd durch oben beschriebene Übungen schon vorgeschult, wird das auch keine unüberwindlichen Probleme mehr mit sich bringen.

Ovalbahnreiten

Sie gehören vielleicht zu den Glücklichen, denen eine Ovalbahn zur ständigen Verfügung steht? Wirklich glücklich sind Sie vielleicht dann, wenn Sie diese auch zu nutzen wissen. Wenn Sie als Zuschauer einmal ein Turnier besucht haben, und dann, nach Haus zurückgekehrt, Ihr Pony satteln und über das Oval knattern, dann erinnert das doch zu sehr an jenen Formel-1-Zuschauer, der nach Abschluss des Rennens mit quietschenden Reifen heimwärts donnert. Mit anderen Worten: Besser keine Ovalbahn als eine verkehrt genutzte.

Vorgeschichte

Diese, nur der Rasse Islandpferd eigene Reitbahn, ursprünglich 200 m lang mit abgerundeten Ecken, ist eigentlich entstanden auf einem Gestüt der ersten Stunde, Aegidienberg nämlich. Und weil der ehemalige Garten eben diese Größe hatte, kam diese erste Ovalbahn mit ihren merkwürdigen Maßen zustande. Wohl gab es auch vorher schon Islandpferdeturniere, jedoch wurden diese auf einem geraden, harten Weg abgehalten. Das ständige Stopp und Kehrt-Marsch war dem Gangfluss nicht gerade förderlich.

Heute genügt diese 200 m-Bahn den gestiegenen Anforderungen längst nicht mehr. Größere und internationale Turniere verlangen mindestens eine 250 m-Bahn, wobei eine lange Seite zu einem „P" oder, noch besser, zu einem „Doppel-P" verlängert ist. Diese lange, gerade Strecke wird benötigt für eine optimale Vorstellung im Rennpass; abenteuerliche Bilder am Ende einer langen Seite, wo die Pferde im vollen Tempo in die Kurve einliefen, führten zu dieser Variante. Bahnen, auf denen regelmäßig Ausbildung von Pferd und Reiter stattfindet, haben oft an einer kurzen Seite ein kleines Oval oder zwei Zirkel integriert. Diese ermöglichen engere Biegungen in den verschiedenen Gangarten und auch einen mühelosen Handwechsel, bei dem nicht zum Schritt durchpariert werden muss.

Regeln

Auf einer Ovalbahn gibt es keine vorgeschriebenen Wege oder Bahnfiguren. Nichtsdestotrotz haben sich aus der Praxis heraus einige Regeln gebildet, die man kennen sollte, gerade wenn man zu mehreren Reitern auf der Bahn ist.

- Wenn auf beiden Händen gleichzeitig geritten wird, bleiben die Reiter auf der linken Hand außen, die auf der rechten Hand weichen nach innen aus.
- Je höher die Gangart, desto weiter außen wird sie geritten, also Schritt am Innenrand, Galopp an der Bande entlang. Schwierig wird es, wenn ein Reiter sein Pferd in den Rennpass legen will. Im gestreckten Pass ist ein Pferd kaum noch lenkbar; es sucht sich seinen Weg selbst, und meist sucht es sich die Anlehnung an einem Bahnrand. Der Reiter sollte deshalb vorher die anderen von seinem Vorhaben informieren und um Rücksicht bitten; überhaupt kostet das Ansprechen anderer Reiter höchstens ein bisschen Überwindung und macht – gerade in Zweifelsfällen – das Reiten auf der Ovalbahn sicherer; um so nötiger ist es, je mehr Reiter sich auf der Bahn befinden.

Praktisches Training

Viele Trainer empfehlen ihren Schülern, prinzipiell außen an der Bande zu reiten; einerseits zu Recht, weil dadurch zumindest übermäßiges Abkürzen der Kurven vermieden wird. Wenn Sie einmal einen Kurs buchen und Ihnen der Ausbilder dasselbe sagt, fragen Sie mal nach dem Grund: Eine

Antwort wird eben das Abkürzen sein, eine andere vielleicht, dass das Pferd sicherer läuft, wenn es eine Anlehnung an der Bande hat.

Vielleicht wissen Sie schon, worauf ich hinaus möchte: Auf der Weide, im Auslauf, also innerhalb seiner Ruhezonen, mag das Pferd laufen, wo es will. Unter dem Reiter, eben bei der Arbeit, soll es dort gehen, wo der Reiter möchte, und das ist etwa in der Mitte der Bahn. Denn hier hat man alle Möglichkeiten, mit dem Pferd zu arbeiten, Schenkelweichen, Schlangenlinien, Schulterherein, – all dies ist in den verschiedenen Gangarten möglich. Das Pferd lernt von Anfang an, nur auf die Hilfen des Reiters zu hören und zu reagieren, unabhängig davon, wo es sich gerade befindet. Vielleicht haben Sie einmal Gelegenheit, ein Pferd zu reiten, das durch entsprechende Schulung „gewohnt" ist, außen zu laufen. Spätestens, wenn Sie ein solches Pferd mehr fordern, verkürzter Schritt oder die ganze Parade zum Halt als Beispiel genannt, werden Sie sich samt dem Pferd an der Bande wiederfinden, und wenn Sie noch so viel dagegensetzen.

Wer eine Bahn benutzt, bei der ein Zirkel an einer kurzen Seite integriert ist, sollte möglichst vermeiden am Ende einer langen Seite auf diesen abzubiegen. Man reitet besser immer erst außen herum und dann auf diesen Zirkel; spätestens im Galopp könnte man sich sonst abrupt vom Pferd trennen, wenn man selbst auf ein „weiter geradeaus" eingestellt sind, das Pony aber durch das kleine Oval abkürzt.

Bevor man die Bahn betritt, hat man sein „Programm" schon im Kopf bereit, sonst macht ein Bahntraining keinen Sinn. Es gilt, lieber von Anfang an an einem bestimmten Punkt zu arbeiten und dann wieder Schluss zu machen, als einfach hineinzureiten und zu warten, wie das Pony gerade drauf ist, wozu es Lust zu haben scheint. Bahnreiten kann und soll auch nicht einen Ausritt ersetzen, bei dem man schon mal „die Fünfe gerade sein lässt". Andererseits muss die Reihenfolge Lösungsphase – Arbeitsphase – Entspannungsphase für das Pferd eingehalten werden; für den Reiter ist die „Bahnstunde" vom Aufsitzen bis zum Absitzen Arbeit.

Noch einmal: Spannung und Entspannung

Reiten beginnt im Kopf – neben dem ganzen Rüstzeug, das man sich mehr oder weniger mühsam angeeignet hat, ist dies das Wichtigste überhaupt. Das Nachdenken über seine eigene Reitweise, seinen eigenen Reitstil ist aber beileibe nicht das Ende der Fahnenstange. Vor allen Dingen die psychische Gesundheit des Pferdes sollte das Hauptanliegen sein. Hier ist vielleicht der größte Unterschied überhaupt zum üblichen Reiten auf Warmblutpferden zu finden.

Natürlich gilt – wie schon ausgeführt – auch bei unserer Reitweise das Prinzip Anspannung-Entspannung; bei den Isländern aber wird viel Gewicht auf einen weiteren Punkt gelegt: das Temperament. Alle lösenden Übungen, die Lektionen also, die ein Pferd locker, geschmeidig und biegsam machen sollen, haben beim Islandpferd nur einen bedingten Wert; sie sind sozusagen in Klammern zu setzen. Reitet man diese Lektionen ein wenig zu lange, zu eintönig, haben sie eher den umgekehrten Effekt: Das Pony „macht sich zu", es geht nahezu nichts mehr. Hier spätestens fängt das Reiten mit Kopf an, hier kommt es auf das vielzitierte „reiterliche Gefühl" an. Das Islandpferd darf auf keinen Fall den Spaß am „Vorwärts" verlieren (und Sie natürlich auch nicht), also gehört an diese Stelle nicht nur der Schritt am langen Zügel. Sondern zur Entspannung, zum „Frei werden im Kopf" zählt auch – und gerade beim Islandpferd – das freie, ungezwungene Laufen.

Was in Island selbst vielleicht noch etwas zu kurz kommt – das Lösen, das Aufwärmen des Pferdes zu Beginn der Arbeit – wird hier in Deutschland oft übertrieben, wogegen der Wert des freien Vorwärtsreitens vielfach unterschätzt wird. Dies geschieht dann leider zum Nachteil der freien Entfaltung unserer Islandpferde. Noch einmal mit anderen Worten ausgedrückt: Die richtige Mischung aus „Deutsch-Reiten" und „Isländisch-Reiten" macht den guten Islandpferdereiter aus.

Fahren

Vielleicht sind Sie bei der Arbeit mit der Doppellonge auch auf die Idee gekommen, Ihr Pferd einmal einzuspannen, vor einen Sulky, eine kleine Kutsche oder „nur mal so" im Winter vor einen Schlitten. Eignet sich das Islandpferd überhaupt für eine Fahrausbildung?

Auch in Island ein eher seltenes Bild: Islandpferde angespannt.

Fahren in Island

Um es gleich vorweg zu nehmen, in Island selbst hat hat das Fahren keineswegs die gleiche Tradition wie etwa das Reiten; das Pony wurde erst mit der Erfindung der Mähmaschine zum Zugtier. Nebenher wurden dann auch zweirädrige Karren zur Heuwerbung, zum Milchtransport und beim Straßenbau zur Anlieferung von Schotter eingesetzt. Im Winter hatten allerdings Schlitten auf den gefrorenen Flüssen, gezogen vom Pferd, schon seit längerem ihren Zweck gefunden, während Kutschen zum Personentransport eher selten und nur für (hauptsächlich englische) Touristen gebraucht wurden. Erst seit kurzem werden Sulkys zum Training von Töltern, vor allen Dingen aber von Rennpassern eingesetzt.

Auf dem Kontinent

Auch bei uns sucht man im „großen“ Fahrsport die Islandpferde vergeblich in den Ergebnislisten. Dass sie nie so recht Fuß fassen konnten, mag auch daran liegen, dass die importierten Pferde der ersten Jahre recht klein und mit relativ dicken, tief angesetzten Hälsen versehen waren, also wahrlich nicht sonderlich attraktiv vor einer Kutsche wirkten.

Aber all jene positiven Eigenschaften wie Nervenstärke, Durchhaltevermögen, Charakterfestigkeit müssen doch eigentlich dieses Pferd geradezu prädestinieren für den Fahrsport. Und in der Tat setzt unser Pony auch diese Vorzüge beim Fahren auf das Beste um. Man möge nur an die großen Equitana-Schauen denken, wo der unvergessene Kurt Hilzensauer vier Islandhengste in einer großartigen rasanten Vorführung in der Quadriga (vier Pferde nebeneinander eingespannt) einsetzte.

Dennoch, Islandpferde als Fahrpferde sind, verglichen mit anderen Ponyrassen, eher selten. Neben der anfangs erwähnten Ursache spielen drei Gründe hier eine Rolle. Das Islandpferd ist als Fahrpferd zu teuer; ein vergleichbares Haflingergespann erwirbt man für weniger als die Hälfte. Zum Kutschieren braucht ein Pferd gute Grundgangarten, was wiederum die Auswahl bei den Isländern stark einschränkt; mögen der Schritt und der Trab noch ausreichen, spätestens beim Galopp wird es eng; es sei denn, man greift auf die eher ungeliebten Dreigänger zurück. Und schließlich ist

„Hoch zu Bock“: Nervenstärke, Durchhaltevermögen und Charakterfestigkeit zeigen die Isländer auch als Fahrpferde.

der Isländer, vor allem anderen, ein Gangpferd, bei dem zum einen der möglichst fließende Tölt und zum anderen eine gute Aufrichtung (die auch den großen Reiter möglichst gut „abdeckt“) erwünscht ist.

Vor der Kutsche aber sollen die Pferde durch das Genick gehen, was einer hohen Aufrichtung unter dem Reiter widerspricht. Ein Ziehen von Gewicht ist für ein töltendes Pferd zu anstrengend (wegen der wiederkehrenden Einbeinstütze); wenn überhaupt, ist ein Tölten im Zug nur vor einem leichten Sulky auf ebenen Strecken zumutbar. Hier wird das Zugpferd oft noch durch Hilfszügel (Overcheck, Side-Check) in seinem Viertakt unterstützt, allzu schnell ginge sonst der Tölt verloren.

Das alles braucht und soll Sie aber nicht davon abhalten, Ihren Isländer einzuspannen, wenn er oben genannte „Fahreigenschaften“ besitzt. Eine gründliche Ausbildung vom Boden aus und anschließend eine Fahrschule werden natürlich vorausgesetzt; das Fahren muss genauso erlernt werden wie das Reiten, und es ist nicht leichter.

Welche Gründe sprechen dafür, sein Pferd einzuspannen? Einen hatte ich schon genannt: Im Winter einen Schlitten hinter das Pferd zu hängen oder sich auf Skiern hinterherziehen zu lassen, kann einen Mordsspaß machen. Andere ziehen den Sulky vor; das Sulky-Fahren gibt gute Kondition und kräftigt vor allem die Hinterhand des Pferdes. Einzelne Turnierreiter beispielsweise halten so die Grundkondition ihrer Sportpferde. Oder Sie fühlen sich zum Reiten nicht mehr fit genug, wollen aber nichtsdestotrotz irgend etwas mit Pferden weitermachen. In diesem Fall bietet sich das ein- oder zweispännige Fahren in einer Kutsche an.

Bei Ihren Überlegungen darüber sollten Sie zwei Dinge einplanen: Zum einen erfordert das Einspannen von ein oder gar zwei Pferden erheblich mehr Zeit und ist meist nur mit Hilfe einer zweiten Person zu bewerkstelligen. Zum anderen kostet die Grundausrüstung eine Menge Geld, für das Sie leicht ein oder zwei Pferde kaufen könnten.

Futter, Wasser, Luft und Artgenossen, so fühlt sich das Islandpferd wohl.

Verband und Vereine

Die meisten Anhänger einer bestimmten Pferderasse sind in irgendeiner Form organisiert; die Islandpferdefreunde machen diesbezüglich keine Ausnahme. Der überwiegende Teil ist Mitglied im 1996 gegründeten IPZV e V. (Verband der Islandpferdefreunde und -züchter). Dieser Dachverband ist untergliedert in die einzelnen Landesverbände, die sich wiederum aus dem Ortsvereinen zusammensetzen. Nach einem Delegiertensystem haben die Vereine Stimmrecht im Landesverband wie auch im Dachverband, dessen Fachausschüsse u. a. aus den Fachwarten der einzelnen Landesverbände zusammengesetzt sind.

Neben der Zeitschrift „Das Islandpferd" ist der IPZV auch verantwortlich die für IPO (Islandpferde-Prüfungsordung) und gibt seit geraumer Zeit ein internes Branchenbuch heraus, in dem der Islandpferdefreund Höfe, Ausbildungsstätten und Gestüte findet. Die Beschreibungen sind recht ausführlich und übersichtlich anhand von Symbolen (ähnlich einem Hotelführer) dargestellt.

Die Islandpferde-Prüfungsordung beinhaltet nicht nur die Turnierordnung; einen großen Raum nimmt auch die Regulierung des Ausbildungswesens ein. Hier werden die Anforderungen für die jeweiligen Reitabzeichen oder Ausbilderkategorien festgelegt. Die Ausbildungsstufen reichen vom Fachübungsleiter über IPZV-Trainer B, Trainer A bis zum IPZV-Ausbilder; ähnlich aufgegliedert ist auch die Richterausbildung. Die IPO ist anerkannt von der FEI (Fédération Equestre Internationale), die sämtliche Reitweisen unter ihrer Federführung hat.

1996 wurde neben dem IPZV der DIV (Deutscher Islandpferdezüchter Verband) aus der Taufe gehoben. Ihm obliegt in Zukunft die Zuchtbuchführung für Islandpferde einschließlich der Ausstellung von Abstammungsnachweisen. Parallel dazu ist es jedem Züchter freigestellt, Mitglied in einem der übrigen, schon länger bestehenden Zuchtverbände zu bleiben oder zu werden. Der DIV ist zwar ein eigenständiger Verband, doch arbeiten IPZV und DIV Hand in Hand, sind also eng miteinander verknüpft. Die Gründung dieses speziellen Islandpferde-Zuchtverbands war nötig geworden, weil nur ein solcher Spezialzuchtverband die besonderen Ansprüche an die Islandpferdezucht hinreichend vertreten kann und damit den Besonderheiten dieser Pferderasse gerecht werden kann.

Die Grundlage des IPZV bilden die über hundert Ortsvereine, die sich um einen Hof, einen Züchter oder um eine herausragende Bahnanlage herum gegründet haben. Ständig kommen neue Vereine hinzu, vor allem natürlich in den neuen Bundesländern, bei denen nach der Wende diese Pferderasse erst richtig bekannt wurde. Die Ortsvereine haben jeder für sich ihre eigenen Schwerpunkte; während bei dem einen das Wanderreiten im Vordergrund steht, fühlen sich bei dem Zweiten besonders die Jugendlichen gut aufgehoben, weil für sie besonders viel getan wird, beim Dritten wiederum steht der Turniersport mit Islandpferden an erster Stelle.

Vereinsmitglied zu sein bedeutet auch, dass man günstig zu einer Haftpflichtversicherung für das eigene Pferd kommt. Der IPZV hat diesbezüglich mit einer Versicherungsgesellschaft besonders preisgünstige Konditionen für seine Mitglieder herausgehandelt; ein Hinweis sollte hier – wie bei allen Verträgen – aber nicht fehlen, nämlich sorgfältig das „Kleingedruckte" zu lesen. Auch der Bezug des Verbandsorgans „Das Islandpferd", das zur Zeit sechsmal im Jahr erscheint, ist im Vereinsbeitrag mit inbegriffen. Hier erfährt man, was sich im Sport, in der Zucht, in der Haltung und in der Freizeitgestaltung mit dem Pferd tut, abgesehen von den Annoncen und Kleinanzeigen, die für manchen fast das Wichtigste an dieser Zeitung sind.

International hat die FEIF, die „Föderation der europäischen Islandpferdefreunde" die Regie in ihrer Hand. Richtlinien zur Ausrichtung internationaler Zuchtveranstaltungen und Turniere, aber auch der Jugendaustausch zwischen den Mitgliedsländern werden durch die FEIF organisiert.

Veranstaltungen

Es ist innerhalb des IPZV seit langem üblich, Veranstaltungen in die Schwerpunkte Freizeit, Sport und Zucht aufzugliedern. Sicherlich sinnvoll ist die Abgrenzung von Zuchtveranstaltungen, zu denen vor allen Dingen die Zuchtprüfungen nach dem Schema der FEIF zählen. Fragwürdig ist immer mehr die traditionelle Unterteilung in Freizeit und Sport. Es ist – auch bei der Neuordnung der IPO 1997 – nicht gelungen, hier eine für alle befriedigende Lösung zu finden und diese „unechte" Unterteilung wegfallen zu lassen. Erschwert wird dies sicherlich durch die Tatsache, dass es im Islandpferdesport zwar einige Reiter gibt, die ausschließlich mit dem Islandpferd ihren Lebensunterhalt verdienen, jedoch keine dementsprechende Aufteilung in „Amateure" und „Profis", wie es in anderen Sportarten durchaus üblich ist.

Stethoskop und Armbanduhr – Konditionskontrolle auf einem Distanzritt.

Während der Turniersport selbst den absoluten Vorrang hat, werden in der IPO (wie auch in der Praxis) andere Sportarten mit dem Islandpferd, wie Distanzrennen, wettkampfmäßiger Wanderritt (WWI) oder Freizeitturniere nur unter „sonstige Veranstaltungen" aufgeführt, – meines Erachtens nach ein Unding: Die sogenannten Freizeitreiter finden sich – auch auf Turnieren – in der Überzahl, und zwar in allen Klassen, auch in der Sportklasse A (der schwersten Klasse). Diese Reiter gehen schließlich einem ganz „normalen" Beruf nach und nutzen eben ihre Freizeit, um zu reiten.

Andererseits haben jene Reiter selbst Mitschuld an dieser Situation, denn sie haben kaum eine Lobby, die ihre Interessen vertritt; deswegen keine Lobby, weil sie sich nur schwer oder gar nicht organisieren lassen, und weil ihre Interessen zu individuell sind, um sich auf einen gemeinsamen Nenner bringen zu lassen.

Nichtsdestotrotz hat jeder interessierte Reiter viele Auswahlmöglichkeiten, wenn er an Veranstaltungen jedweder Art teilnehmen möchte. Eine Schnitzeljagd oder Rallye kann durchaus auch von Nicht-Islandpferdevereinen angeboten werden und zusätzlich zu dem erlebten Spaß erlauben, einmal einen Blick über den Zaun zu riskieren. Bei ein- oder mehrtägigen Wanderritten kann man sein Verhalten in einer Gruppe üben und hat die Gelegenheit, seine eigene oder eine fremde Reitgegend näher kennenzulernen.

Der **wettkampfmäßige Wanderritt** (WWI) wird relativ selten angeboten; bei ihm bekommen Pferd und Reiter jeweils ein 100-Punkte-Konto, von dem während des Rittes Punkte abgezogen werden; überprüft werden beispielsweise Ausrüstung, Kartenkenntnisse, Vorführen des Pferdes, Nervenstärke usw. Wenn dieser WWI gut organisiert ist, kommt neben dem gesunden Ehrgeiz, gut abzuschneiden, auch der Spaß nicht zu kurz.

Distanzritte führen über 30 bis 80 km, wobei der härteste Eintagesritt über 160 km gehen kann (der „100-Meiler"). Während die kürzeren Strecken jedes regelmäßig gerittene Pferd mitgehen kann (ohne freilich gewinnen zu können), ist für 50 km oder mehr schon ein regelrechtes Vorbereitungstraining vonnöten. Ein Distanzritt oder -rennen ist eine wunderbare Gelegenheit, Reiten durch abwechslungsreiches Gelände mit sportlichem Ehrgeiz zu verbinden. Zusätzlich sehr wertvoll und deswegen nicht zu unterschätzen sind die zahlreichen Veterinärkontrollen, die einen genauen Überblick über den Gesundheitszustand des Ponys gewährleisten; die ständige Anwesenheit des Tierarztes und seiner geschulten Helfer vor, während und nach dem Ritt machen es faktisch unmöglich, sein Pferd zu sehr zu überfordern. Wenn man bedenkt, dass das Nenngeld in etwa den gemeldeten Kilometern in DM entspricht, hat der Reiter allein durch diese Kontrollen sein Geld mehr als wieder herausbekommen. Leider werden in unserer Region keine Distanzrennen über mehrere Tage angeboten. Erst bei solchen Rennen spielt das Islandpferd seine Stärke – nämlich Ausdauer gepaart mit der nötigen Gelassenheit und Nervenstärke – voll aus; zwar ist der Isländer kein gutes Galopp-Pferd, erreicht also auf kürzerer Strecke nicht die Geschwindigkeit vieler dreigängiger Rassen, bei einem Rennen über mehrere Tage käme ihm aber seine unermüdliche Ausdauer sehr zur Hilfe. Der Distanzritt ist der einzige sportliche Wettbewerb neben den Turnieren, für den auch eine Deutsche Meisterschaft ausgeschrieben wird.

Distanzritte besonderer Art sind die **Töltdistanzen,** bei denen auf vorgeschriebenen Strecken der Tölt des Pferdes unter dem Reiter gezeigt werden muss und beurteilt wird. Anders als auf Turnier-Gangprüfungen wird hier ausschließlich auf Leichtigkeit des Töltens Wert gelegt; idealerweise sollte das Pferd (und der Reiter) im Tölt den Eindruck erwecken, als könne man die ganze Strecke durchtölten.

Natürlich spielen auch bei den Islandpferden die Turniere die herausragende Rolle. In der IPO stehen neben den üblichen Gangprüfungen auch verschiedene Rennen, Spring-, Gelände- und Gehorsamsprüfungen, die ein Veranstalter anbieten kann. Es gibt verschiedene Anforderungen an die Veranstalter, je nachdem, welche Art Turnier man anbieten möchte. Angefangen beim Hausturnier über das Offene Sportturnier (OSI) bis hin zu den verschiedenen Meisterschaften. Hier gibt es die Deutsche Meisterschaft (DIM), die Deutsche Jugendmeisterschaft (DJIM) und letztendlich die Weltmeisterschaften (WM), die erstmalig 1993 in Holland ausgetragen wurden. Sie haben die bis dahin ausgetragenen Europameisterschaften abgelöst, denn mittlerweile gibt es Islandpferde (und damit Teilnehmer) auch in nicht-europäischen Ländern, so z. B. in den USA und Kanada. Die DIM, DJIM und auch die WM werden jedes Jahr vom IPZV bzw. von der FEIF an einen Antragsteller vergeben.

Die anzubietenden Klassen der üblichen Turniere umfassen Kinder (ab 6 Jahren), Jugendliche (ab 12), Junioren (ab 16) und schließlich die Erwachsenen (ab 21). Zusätzlich können noch Prüfungen ausgeschrieben werden, die klassenübergreifend sein können, und solche, die nicht in der IPO aufgeführt sind (aber den allgemeinen Leitgedanken folgen müssen). Die einzelnen Klassen sind noch einmal unterteilt in leichte und schwerere Prüfungen, die Kinderklasse zusätzlich noch in drei Altersgruppen. Bei den Kindern, Jugendlichen und den Junioren wird bei Ovalbahnprüfungen eine zusätzliche Stilnote vergeben, mit der Sitz und Einwirkung beurteilt werden.

Ab dem OSI aufwärts hat die Organisation auch bestimmte Richtlinien zu erfüllen in Bezug auf Bahngröße und -beschaffenheit, Rennpass-Strecke einschließlich der Startboxen und Anzahl der Richter, um eine entsprechende Genehmigung für ein solches Turnier vom Landes- oder Bundessportwart zu bekommen. Insbesondere gilt dies für die Veranstaltungen, bei denen ein Reiter eine Qualifikation für eine höhere Klasse oder für eine Deutsche Meisterschaft erreichen kann. Ideal ist eine Anzahl von fünf Richtern pro Prüfung, auf Hausturnieren oder in Kinder- und Jugendklassen können auch drei Richter ausreichend sein; bei Hausturnieren besteht auch die Möglichkeit, dass erfahrene Turnierreiter und Trainer B und A einzelne Richter ersetzen.

Zumindest eine gelegentliche Teilnahme an einem Turnier sollte jeder Islandpferdereiter anstreben; abgesehen davon, dass es Spaß bringen kann (vor allen Dingen, wenn man nicht alleine dorthin fährt), gibt die Teilnahme an verschiedenen Prüfungen die Gelegenheit festzustellen, wo man selbst mit seinem Reitstil und das Pferd mit seinen individuellen Möglichkeiten steht; anhand der Noten, aber auch nur vom Zuschauen fällt es relativ leicht, Vergleiche zu ziehen, sofern man bemüht ist, einigermaßen objektiv zu Werke zu gehen.

Besonderen Augenmerk sollte man auf den Einstieg von Kindern und Jugendlichen legen. Einerseits bilden sie die nächste Generation der erwachsenen Reiter und sollen unbedingt nach ihren Möglichkeiten gefördert werden, andererseits liegt darin auch eine große Gefahr, nämlich die Erziehung zum einseitig ausgerichteten „Schleifenjäger“, bei dem die Fairness gegenüber dem Pferd und den Mitstreitern leider allzu leicht auf der Strecke bleibt.

Das eigene Pferd

Die Verkäufer

Bevor man ein Pferd sein eigen nennt, muss dieses erst einmal gefunden werden. Man hat hierbei verschiedene Möglichkeiten, sich auf die Suche zu begeben. Zur Auswahl stehen Ponys von Privatpersonen, von Züchtern oder von Händlern. Sind nun tatsächlich Pferdehändler Rosstäuscher?

Nun, in der Vergangenheit war an diesem Ausspruch bestimmt etwas dran, und auch heute muss man schon vorsichtig sein, will man nicht an den Falschen geraten. Jedoch ist das Geschäft mit den Islandpferden relativ jung (verglichen mit dem Vieh- und Pferdehandel allgemein), und in diesen Bereich sind Leute eingestiegen, die vormals oft etwas ganz anderes gemacht haben, also nicht unbedingt mit den negativen Seiten dieses Berufsstandes so betraut sind. Auch ist die Islandpferdeszene – wiederum verglichen mit dem allgemeinen Pferdehandel – immer noch überschaubar; vor allem die Profis kennen sich untereinander und sorgen größtenteils selbst dafür, dass „schwarze Schafe" nicht so zum Zuge kommen. Sie würden ja der ganzen Branche großen Schaden zufügen.

Für den Neuling ist das schon angesprochene Islandpferde-Adressbuch zumindest eine erste Hilfe. Daraus kann man ersehen, ob und wieviele professionelle Verkäufer sich in der näheren Umgebung befinden. Es gibt unter diesen drei prinzipielle Unterschiede: Manche Züchter bieten ihre Nachzucht an, wobei sich der Käufer um das Anreiten – vielleicht unter Mithilfe des Züchters – selbst kümmern muss. Zum Zweiten gibt es Trainingstationen, die sowohl ihre eigene Nachzucht ausbilden, aber auch und vor allen Dingen Jungpferde bei verschiedenen Züchtern aufkaufen, anreiten und dann den Käufern anbieten. Und schließlich gibt es noch die Importeure, die Original-Islandpferde aus Island einführen, hier eventuell noch etwas weiter ausbilden, um sie dann ebenfalls zu verkaufen.

Es schadet natürlich nicht, bei verschiedenen Verkäufern vorbeizuschauen, nur tun Sie mir – und vor allem Dingen den Anbietern – einen Gefallen: Gefürchtet sind nämlich bei diesen die sogenannten „Guck-Leute", jene nämlich, die sich alles anschauen, alles ausprobieren, aber nichts kaufen. Wenn Sie also mit einem Verkäufer einen Termin vereinbaren, so lassen Sie ihn über Ihre Absichten nicht im Unklaren. Erklären Sie ihm, dass Sie durchaus daran denken, auch noch Pferde bei anderen Anbietern auszuprobieren.

Wer zumindest schon eine engere Auswahl an Pferden getroffen hat, kann in nähere Verhandlungen eintreten. Viele (Islandpferde-)Verkäufer handeln nicht gerne, zumindest nicht mit einem Kunden, der „nur" ein Pferd kauft. Sie setzen lieber auf Festpreise (weil sie eben nicht aus den alten Viehhändlerkreisen kommen). Mir als Verkäufer ist es lieber, ein potentieller Käufer sagt „Nein, zu teuer", anstatt dass er versucht, einen niedrigeren Preis auszuhandeln.

Von einem sofortigen Kaufentscheid nach einmaligem Probereiten rate ich ab. Meist ist es besser, eine Nacht darüber zu schlafen und wenn möglich am nächsten Tag das Pferd noch einmal zu testen, vielleicht allein im Gelände, oder, wenn man das schon hinter sich hat, in der Bahn. Man muss sich selbst ganz klar und deutlich fragen, ob dieses Pferd den Vorstellungen entsprechen könnte; meist handelt es sich ja um eine Entscheidung für etliche Jahre.

Wenn man sich mit dem Verkäufer auf einen Kauf „auf Probe" einigt und damit also das Pferd eine gewisse Zeit bei sich zu Hause testen kann, versteht es sich von selbst, dass das Risiko ganz beim Käufer liegt. Passiert dem Pferd irgendetwas, so muss der Käufer allein zahlen, es sei denn, es ist anders vereinbart.

Rechte Seite:
Ein weiter Weg zu solch einer Harmonie.

Lassen Sie ein Pferd erst einmal als Ganzes auf sich wirken.

Beurteilung eines Jungpferdes

Sie haben sich also dafür entschieden, ein noch „rohes“, also ein noch nicht eingerittenes Pferd zu kaufen? Ihnen ist bekannt, wie ein Islandpferd aufwachsen sollte? Außerdem wollen Sie auch dafür Sorge tragen, dass dies auch weiterhin so bleibt, – es sei denn, Ihr Pferd ist bereits vier- oder fünfjährig und es beginnt gleich nach dem Kauf der Ernst des Lebens mit Einreiten etc. Bedenken sollten Sie jedoch, dass der Beritt circa DM 2.000,– zusätzlich kosten wird und somit auf den Kaufpreis aufgeschlagen werden muss.

Es ist eigentlich einerlei, ob Sie zu einem großen oder eher zu einem der kleineren Züchter zum Pferdekauf fahren. Nur muss er die Prinzipien der natürlichen Aufzucht praktizieren und einen guten Leumund haben, – sonst hätten Sie sich ihn ja gar nicht erst ausgesucht. Ob man sich nur bei einem oder bei mehreren Züchtern umsehen möchte, ist Ihre persönliche Entscheidung. Einerseits sollte genügend Auswahl an Pferden vorhanden sein, andererseits sollen es auch nicht so viele sein, dass man den Überblick verliert und sich schließlich gar nicht mehr entscheiden kann. Für Pferdekauf ist sicherlich der Sommer die günstigere Zeit, weil man wegen des kürzeren Fells mehr vom Pferd erkennt als im Winter, wo es als Plüschtier getarnt ist.

Die Gruppe Pferde, die Sie antreffen, darf wohl näherkommen und Sie sogar einkreisen, aber wenn ein Fingerschnippen nicht ausreicht, sie zurückweichen zu lassen, oder wenn gar eine Nase Ihre Tasche sucht, haben sie ihre Minuspunkte schon weg, ohne dass Sie überhaupt näher hingeschaut hätten. Teilen Sie sich die Pferde in „gut – mittel – schlecht“ oder auch „gefällt mir – sagt mir nichts – gefällt mir nicht“ ein. Als nächstes möchten Sie die Pferde auch einmal in Bewegung sehen, um einen Eindruck vom Gangwerk der Aspiranten zu bekommen. Fragen Sie auch nach der Abstammung, denn auch diese kann Ihnen Hinweise für den späteren Verwendungszweck geben.

Nach einer Weile haben Sie vorsortiert, es kommen vielleicht noch drei oder vier Pferde in die engere Wahl. Nun kommt der Moment, wo Sie wahrscheinlich am meisten Zeit brauchen. Vielleicht schicken Sie den Züchter schon einmal nach Hause, damit Sie sich genug Zeit nehmen können. Denn nun sollen Sie die Pferde in Ruhe auf sich wirken lassen. Dazu lassen Sie die sogenannte Exterieurkunde einmal ganz außer Betracht.

Vier- oder Fünfgänger oder Tölter?

- Der **Viergänger:** Er zeigt als Hauptgangart den Trab, der ab einem bestimmten Tempo in einen häufig gut gesprungenen Galopp übergeht. Je nach Grad der Töltveranlagung kann dieser dann beim Abbremsen in ein Paar Schritte sauberen Tölt übergehen.
- Der **Fünfgänger:** Er kann mehrere Gangarten als „Hauptgangart" anbieten, von denen allerdings meist eine überwiegt. Das kann auch der Trab sein, vorwiegend ist es jedoch Pass, Tölt oder eine Mischung aus beiden. Es kommt auch vor, dass der Galopp – in diesem Fall meist ein mäßig gesprungener Vierschlaggalopp – als Hauptgangart gezeigt wird. Wird in allen Lebenslagen nur Pass gezeigt, mag das Pferd später einmal ein guter Rennpasser werden; seine Eignung als Fünfgänger ist aber sehr fraglich.
- Der **Tölter:** Man sieht ihn in einem sauberen Tölt laufen, der manchmal zum Pass, aber auch zum Trab hin verschoben sein mag. Der Schritt ist häufig recht gut, während der Galopp zwar schön bergauf gesprungen aussieht und später unter dem Reiter sehr bequem zu sitzen ist, aber mit der Hinterhand meist stark gelaufen ist. Und man darf sich nicht täuschen lassen: Tölt ist eine Gangart, die auf jeden Fall geritten sein will, sonst ist sie über kurz oder lang kaputt- oder weggeritten.

Die übliche Standard-Exterieurkunde dürfen Sie nun vergessen. Beurteilen Sie die „Auserwählten" nach folgenden Punkten:

- Der **Kopf** mag zu lang oder zu kurz sein, oder andere Vor- und Nachteile haben, das interessiert nicht. Der Kopf soll Sie vor allen Dingen ansprechen, er soll Ihnen etwas sagen, Ihnen sympathisch sein.
- Wie sieht der **Hals** bei einem gut gerittenen Isländer aus? Je mehr der Hals eines Ihrer Weide-Isländer dem eines Reitpferdes gleicht, desto idealer ist er. Merke: Der Hals und dessen Aufrichtung bestimmen letztendlich, wie groß ein Isländer – unabhängig von seinem Stockmaß – wirkt; der Hals deckt den Reiter gut (oder eben weniger gut) ab.
- Der **Rücken** muss zum Übrigen des Pferdes passen und soll so geformt sein, dass man sich auch ohne Sattel darauf wohl fühlen könnte, dabei doch so stabil sein, dass dies auch dem Pferd nicht unangenehm wäre. Bei dem Absetzer und bei dreijährigen oder älteren Pferden achten Sie bitte darauf, dass der Widerrist mindestens gleich hoch wie der höchste Punkt der Kruppe, am besten aber ein bis drei Zentimeter höher ist. Zum einen sitzt dann später der Sattel besser und rutscht nicht so leicht vor über die Schulter, zum anderen braucht man das „bergauf", das in dem Pferd von Natur aus steckt, nicht erst herauszureiten. Bei den Ein- bis Zweijährigen lässt sich dies meist nicht beurteilen, weil sie in diesem Alter sowieso ziemlich verbaut sind.
- Bei den **Beinen** scheiden sich die Geister. Die einen wünschen sich diese immer noch – von vorn betrachtet – schnurgerade, vielleicht darf die Zehe ein bisschen nach außen gedreht sein. Jede andere Abweichung von der Geraden bringt nämlich – nach dieser Meinung – vorzeitigen Verschleiß und damit eine kürzere Nutzungsdauer des Pferdes. Den anderen ist dies alles ziemlich egal. Die Gelenke sollen ganz einfach schön ausgeprägt sein, streifen (sich berühren) darf sich das Pferd in keiner Gangart.
- Die **Hufe** sollten zum Pferd passen. Es sollten keine Hornspalten, Löcher von alten Verletzungen u. Ä. zu sehen sein, außerdem sollten sie halbwegs gleichmäßig geformt sen. Ist Ihr Auserwählter so weit, dass er sich anfassen und zumindest ein Bein hochheben lässt, tun Sie es. Achten Sie dabei darauf, ob im Bereich der Trachten und der Eckstreben (also im hinteren Bereich) genug Hufmaterial zur Verfügung steht, und ob die äußerste Schicht, die Hufwand schön dick ist. Denn hier sollen ja später die Nägel ihren Halt finden. Für barfuß gehende Pferde ist eine stabile Hufwand ebenso wichtig, wenn sie nicht schon nach zwei Wochen klamm gehen sollen.

Sie könnten nun bei Ihrer Entscheidung allein Ihrem Eindruck und dem Züchter vertrauen, – er sollte ja die meiste Ahnung haben. Aber Vertrauen ist ja schön und gut, und ich will unseren Islandpferdezüchtern auch nicht zu nahe treten, aber in diesem Fall reicht Vertrauen allein doch nicht aus.

Vielleicht sollten Sie zur Beurteilung ein bis höchstens zwei pferdekundige Freunde mitnehmen, die Ihnen hilfreich zur Seite stehen. Vor allen Dingen aber sollten Sie eines tun, denn damit machen Sie sich nicht nur den Kauf, sondern Ihr ganzes zukünftiges Leben als Pferdebesitzer einfacher: Sie sollten sich einen Tierarzt suchen, der selbst Pferdemann ist und dem Sie zutrauen, dass er Sie hier und auch in Zukunft objektiv berät. Es wird nur in Ausnahmefällen möglich sein, diesen zu Ihrem zukünftigen Pferd mitzunehmen.

Also scheuen Sie nicht das Geld (solange es in einem vertretbaren Rahmen bleibt), das ausgesuchte Pferd zu Ihrem Tierarzt zu einer ausgiebigen Ankaufsuntersuchung zu bringen. Kosten und Risiko des Transports trägt in der Regel der zukünftige Besitzer, falls mit dem Züchter nicht anders vereinbart.

Sind all diese Klippen erfolgreich umschifft, sind Sie Besitzer eines Islandpferdes. Was Sie daraus machen können, wird an anderer Stelle erläutert.

Kaufvertrag und Ankaufsuntersuchung

Auch „moderne" Islandpferdehändler berufen sich noch gern auf eine Sitte alter Viehhändler, den „Kauf per Handschlag". Wesentlich besser, weil sicherer, ist ein schriftlich abgefasster Kaufvertrag, der meist schon als Vordruck bereitgehalten wird. Er beschreibt das Pferd und dessen Abstammung, legt Zahlungsbedingungen fest, sichert bestimmte Eigenschaften zu (oder schließt sie aus), legt die Modalitäten einer Ankaufsuntersuchung fest und beinhaltet sonst all jenes juristisches Beiwerk, das nun mal zu so einem Vertrag gehört. Diese Vordrucke lassen den Vertragspartnern jedoch auch genügend Raum, individuelle Abmachungen schriftlich festzuhalten.

Sie sollten, wenn es nicht schon der Verkäufer tut, auf jeden Fall auf einen Kaufvertrag bestehen, auch wenn es sich bei dem Verkäufer um einen guten Freund handelt; so manche Freundschaft ist schon an juristischen Auseinandersetzungen zerbrochen, und zudem geht es ja beim Pferdekauf um eine nicht unerhebliche Summe Geld.

Bevor der Pferdekauf perfekt ist, lässt man üblicherweise eine tierärztliche **Ankaufsuntersuchung** durchführen, denn diese ist für beide Seiten von Vorteil: Der Käufer hat die Gewissheit, ein gesundes Pferd zu kaufen (im Rahmen der zu untersuchenden Kriterien), der Verkäufer seinerseits kann ruhigen Gewissens das Geld in Empfang nehmen; gerade bei Streitigkeiten einige Zeit nach dem Kauf kann dann auch der Tierarzt als Zeuge hinzugezogen werden.

Eine solche Ankaufsuntersuchung sollte neben der Begutachtung des Gesamtzustandes Untersuchungen von Herz, Lunge, Augen sowie Schleimhäuten beinhalten. Weiterhin werden Pulsfrequenz und Körpertemperatur gemessen, die Beine abgetastet und anschließend eine Beugeprobe durchgeführt. Bei dieser Untersuchung werden die Gelenke aller vier Beine eine gewisse, immer gleichbleibende Zeit deutlich gebeugt. Danach muss das Pferd sofort antraben. Beurteilt wird damit, ob und wie stark das Pferd auf diese (meist einminütige) Beugung reagiert, also lahm geht. Falls die Beugungsprobe positiv ausfällt, das Pferd also lahmt, ist nun die weitere Vorgehensweise abzuklären. Bei näherer Untersuchung (z. B. Röntgen) kann ein pathologischer Befund herauskommen, der durchaus einen „kaufhindernden Mangel" darstellen könnte.

Auch andere „Mängel" lassen durchaus noch Verhandlungsspielraum, sie müssen also nicht in jedem Fall vom Kauf absehen lassen.

Diese Untersuchungsart wird allgemein als „kleine" Ankaufsuntersuchung bezeichnet und hält sich im finanziell vertretbaren Rahmen. Aber je mehr ein Pferd kosten soll, desto umfangreicher kann auch die tierärztliche Untersuchung sein; Kontrolle des Pferdes unter Belastung und eine röntgenologische Untersuchung seien beispielhaft genannt, dies ist dann eben eine Frage des Geldbeutels.

Ist die Ankaufsuntersuchung mit einem „o. b. B." (ohne besonderen Befund) abgeschlossen, steht dem Kauf nichts mehr im Wege, es sei denn, es tritt ein **Hauptmangel** auf:

Diese Hauptmängel oder Gewährsmängel sind vom Gesetz (§ 482 BGB) her festgelegt und beinhalten das sofortige Rücktrittsrecht des Pferdekäufers, sofern ein solcher Mangel innerhalb 14 Tagen nach Gefahrenübergang auf den Käufer auftritt und von diesem innerhalb von 2 Tagen dem Verkäufer angemeldet wird. Es handelt sich um insgesamt 6 „Krankheiten": Rotz, Dummkoller, Dämpfigkeit, Kehlkopfpfeifen, Periodische Augenentzündung (siehe S. 59) und Koppen.

Tägliche Stallarbeit: Mit Putzen und Striegeln ist es bei einem eigenen Pferd oft nicht mehr getan.

Während Rotz und Dummkoller bei uns kaum mehr eine Rolle spielen, sollte man auf die anderen Hauptmängel schon ein Auge haben. Wenn auch das Koppen bei einem Islandpferd durch die naturnahe Haltung eher selten ist und auch das Kehlkopfpfeifen mir persönlich noch nicht untergekommen ist, spielen Dämpfigkeit und Periodische Augenentzündung auch bei unserer Rasse eine Rolle, deshalb sollte man bei einem Verdacht schnell reagieren.

Das liebe Geld – Kosten rund ums Pferd

Es ist sinnvoll, vor dem Kauf eines eigenen Pferdes die zusätzlichen Kosten, die im Laufe der Zeit auf jeden zukommen zu überschlagen und sich so vorab einen Überblick zu verschaffen.

Anschaffungskosten

Kaufpreise sind marktabhängig – also Angebot und Nachfrage bestimmen den Preis mit. Für die nächste Zeit ist kaum zu erwarten, dass diese Nachfrage wesentlich nachlässt. Etwa bei DM 9.000,– fängt das Angebot bei importierten Pferden an. Für bei uns gezogene Ponys darf man getrost DM 1.000,– bis 1.500,– dazurechnen. Für diesen Preis bekommt man zwar ein komplettes Pferd, allerdings in „Sparausführung"; Besonderes kann man für diese Summe nicht verlangen. Da es sich um eine langfristige Investition handelt und man kaum nach ein paar Jahren erneut auf die Suche gehen möchte, sollte man überlegen, ob man nicht ein wenig länger sparen und dann erst ein – natürlich hochwertigeres – Pferd kaufen möchte.

Nun ist diese Summe sozusagen nur der Nettopreis, für die Suche nach dem geeigneten Pferd und die dann folgende Ankaufsuntersuchung und den Transport nach Hause sind noch einmal DM 500,– bis 1.000,– fällig.

Ausrüstung des Pferdes und des Reiters

Das Traumpferd im Stall, doch womit anbinden, womit putzen, womit satteln und trensen? Für Halfter, Strick und die minimale Grundausrüstung der Putzkiste sind DM 100,– bis 150,– zu rechnen. Ein vernünftiger Qualitätssattel mit Zubehör (Steigbügel, Steigbügelriemen, Bauchgurt, evtl. Schweifriemen oder Satteldecke) ist ab DM 1.700,– zu haben, leicht kann man aber auch DM 2.700.– dafür ausgeben. Eine Trense komplett kostet ab DM 150,– aufwärts. Die Ausrüstung des Pferdes also schlägt mit durchschnittlich DM 2.500,– zu Buche.

Es soll nicht unerwähnt bleiben, dass man diese Grundausstattung auch gebraucht und somit billiger bekommen kann, aber die Suche danach ist möglicherweise recht aufwendig und kann eigentlich (bei Sattel und Trense zumindest) erst nach dem Kauf des Pferdes beginnen. Denn erst dann weiß man, wie der Sattel beschaffen sein muss, welches Mundstück und welche Trense das Pony benötigt.

Wer sich ein Pferd anschafft, hat ja nun doch Reiterfahrung und Wahrscheinlich auch entsprechende Kleidung. Ansonsten ist für Reithosen, Reitstiefel, Winterreitstiefel, Handschuhe, Reithelm und Allwetterbekleidung etwa DM 1.000,– zu veranschlagen.

Haltungskosten

Da der Geldbeutel mittlerweile doch schon arg leiden musste, wird man sich nach einem möglichst günstigen Stellplatz umsehen.

Doch hier sollte man keinen Denkfehler begehen! Zumeist handelt es sich bei solchen Stellplätzen um eine Art der Haltung, bei der der Pferdebesitzer mit eingespannt wird zu Misten, Weidepflege, Ponys morgens und abends raus- bzw. reinlassen, Füttern und Tränken sowieso. Auch solch eine Pferdehaltung kann durchaus klappen, vor allen Dingen, wenn man die aufgewendete Zeit nicht in bare Münze umrechnet. Auf der sicheren Seite ist man aber erst, wenn man für die Kalkulation die ortsüblichen Pensionspreise rechnet, damit man, wenn es mit der günstigen Privathaltung doch nicht klappt, nicht in die Situation käme, das Pferd nicht mehr halten zu können. Bei den professionellen Pensionsställen gibt auch es unterschiedliche Leistungen, woraus sich dann die verschiedenen Preisstaffelungen ergeben. Angeboten werden reine Weide-/Offenstallhaltung ab etwa DM 200,–. Je nachdem ob Box mit Paddock, Laufstall, Nutzung einer Reithalle mit inbegriffen etc. zahlt man von DM 250,– bis über DM 350,–, mit dem zusätzlichen Vorteil, dass man eigentlich immer Gleichgesinnte für gemeinsame Ausritte, ein kühles Bier in der Reiterstube oder gemeinsame Kurse antrifft. Wenn man also DM 300,– einplant, steht im Fall des Falles auch ein solcher Stellplatz für das Pony zur Verfügung, auch wenn man es vorläufig vielleicht billiger unterbringen kann.

Versicherungen

Eine Haftpflichtversicherung für das Pferd ist die finanzielle Absicherung für eventuelle Schäden, die durch das Pony verursacht werden. Stellt man sich das berühmte Beispiel des mit Heizöl beladenen LKWs vor, der bei einem durch das Pony verschuldeten Ausweichmanöver umgekippt ist (die Folgekosten umfassen die Schäden am LKW und, weit schlimmer, die Entsorgung des verseuchten Erdbodens). Nicht nur für solch erhebliche Unfälle macht diese Versicherung Sinn, sie ist geradezu unumgänglich, abgesehen davon, dass sie meist Bestandteil eines Unterstellvertrages ist.

Ist das Pferd in einen Unfall verwickelt oder nur ausgebrochen und über ein frisch eingesätes Feld gelaufen, während der Pferdebesitzer nicht dabei war, ist dieser Schaden Sache des Pensionstalles; er hat dafür eine sogenannte Hütehaftpflichtversicherung abgeschlossen. Aber auch diese Art der Versicherung kann den Besitzer selbst betreffen, nämlich dann, wenn man das Pferd privat hinter dem Haus oder in einer Haltergemeinschaft hält.

Auch Krankheit, Unbrauchbarkeit oder Tod des Pferdes kann man versichern, im Allgemeinen lohnt sich das aber nur, wenn man einen sehr wertvollen Isländer besitzt. Ansonsten steckt man lieber einen gewissen Betrag in das Sparschwein und hofft darauf, dass der geliebte Zausel möglichst lange gesund und am Leben bleibt. Billiger sind natürlich Versicherungsabschlüsse, bei denen nur der Tod des Pferdes durch einen Unfall versichert ist. Für das absolut Notwendige, die Haftpflichtversicherung, zahlt man pro Jahr bei der Verbandshaftpflicht (IPZV) ungefähr DM 40,–, bei allen anderen Versicherungsgesellschaften DM 80,– bis DM 120,–.

Eine Anmerkung noch: Prüfen Sie bitte Ihre eigene Kranken- und Unfallversicherung und überzeugen Sie sich davon, dass Reitunfälle mitversichert sind (manche Versicherungsgesellschaften schließen diese unter der Klausel „Gefährliche Sportarten“ aus), ansonsten sollten Sie dringend eine Zusatzversicherung abschließen.

Tierarzt und Hufschmied

So gesund das Pony auch sein mag, ganz ohne Tierarzt kommt man nicht aus. Mindestens viermal pro Jahr nämlich ist eine Wurmkur fällig (je ca. DM 25,–), und auch gewisse Impfungen sind Pflicht für die verantwortungsbewussten Pferdebesitzer. Die Tetanus-Impfung ist nach abgeschlossener Grundimmunisierung etwa alle zwei Jahre fällig und absolut notwendig. In tollwutgefährdeten Bezirken ist einmal jährlich eine Tollwutimpfung nötig. Wer mit seinem Pferd IPZV-Veranstaltungen besuchen möchte, muss die etwa alle neun Monate zu verabreichende Influenza-Impfung durchführen lassen, die aber recht teuer (ca. DM 60,–) und wegen ihrer Nebenwirkungen auch nicht ganz unumstritten ist.

Auch sollte man eine gewisse Rücklage zur Hand haben, falls das Pony doch einmal krank wird. Manche Pferdebesitzer richten sich dafür ein Sonderkonto ein und zahlen monatlich DM 50,– ein; im Laufe der Jahre wird man sehen, ob man damit auskommt und kann evtl. den Betrag erhöhen oder weniger einzahlen. Eine unvorhergesehene Operation (Verletzung, Kolik) kann den Pferdebesitzer sonst schnell in erhebliche Geldnöte bringen.

Auch wenn des Pferd ganzjährig barfuß laufen kann, muss es etwa alle drei Monate ausgeschnitten werden (siehe S. 26ff.). Für das Ausschneiden ist etwa DM 40,– bis 50,– zu rechnen. Wer das ganze Jahr über ein beschlagenes Pferd reiten möchte oder muss, kommt nicht so günstig weg. Im Winter sind sogar Snow-Grips nötig, die das Aufstollen vom Schnee unter den Hufen vermeiden helfen, außerdem Videa-Nägel und Stollen. Solch ein Winterbeschlag kann unter Umständen bis zu DM 200,– kosten, während man für einen normalen Sommerbeschlag DM 130,– bis 150,– rechnen muss. Der Hufschmied sollte etwa alle acht bis zehn Wochen kommen, so dass man etwa zehn Beschläge bezahlen muss, im Jahr knapp DM 1.000,–.

	DM pro Jahr
Unterstellung	3.500,–
Haftpflicht	80,–
Tierarzt	260,–
Hufschmied	1.000,–
Gesamtkosten	4.840,–

Sonstige Ausgaben

Es gibt noch mehr rund um das Islandpferd, was Geld kostet. Oben genannte Summen umfassen nur die Bereiche, die absolut notwendig und damit unumgänglich sind.

Reitunterricht, Kurse

Wenn überhaupt, kommt nur ein sehr versierter Islandpferdereiter mit seinem Pferd ohne Unterstützung von außen aus. Aber auch unter diesen gibt es viele, die den Leitsatz „Reitenlernen hört nie auf" sehr ernst nehmen und deshalb immer wieder Kurse, Fortbildungen usw. besuchen. Für alle „normalen" Reiter ist es unverzichtbar, Unterricht in irgendeiner Form zu nehmen, will man seinem Pferd nicht langfristig Schaden antun oder in kurzer Zeit auf den Tölt mehr oder weniger ganz verzichten und sich mit einem Dreigänger begnügen.

Wer sein Pferd in einer guten Islandpferde-Reitschule untergestellt hat, kann dort an Stunden teilnehmen. Dafür wird ca. DM 15,– bis 18,– pro Stunde zu zahlen sein. Der Unterricht bringt nur dann etwas, wenn man über einen gewissen Zeitraum regelmäßig, also einmal die Woche, daran teilnimmt. Wer also insgesamt ein halbes Jahr diese Möglichkeit nutzt, rechnet mit Kosten von DM 400,– bis 500,– im Jahr.

Wer diese Art von Unterricht nicht möchte oder nicht in Anspruch nehmen kann, wird möglicherweise auf Reitkurse ausweichen, die entweder ein Wochenende (DM 250 bis 350,–) oder eine Woche dauern können (DM 500 bis 700,–), wobei eventuelle Übernachtungs- und Verpflegungskosten nicht eingerechnet sind; findet ein solcher Kurs also außerhalb statt, muss man für einen Wochenlehrgang DM 1.000,– rechnen. Fortbildung kostet zwar viel Geld, macht aber – sofern sie gut gemacht ist – Spaß und man kann eine ganze Weile davon profitieren.

Teilnahme an Veranstaltungen

Ausschreibungen zu Wander-, Stern- oder Distanzritten sowie zu Turnieren vielfältiger Art findet man im Verbandsorgan „Das Islandpferd", aber auch in der Fachzeitschrift „Freizeit im Sattel (FS)". In diesen Ausschreibungen sind auch entsprechende

Nenngelder (Teilnahmegebühr), Pferdeunterbringungskosten u. v. m. genannt.

Hier einzelne Summen aufzuführen, ist nur schwer möglich, zu sehr kommt es auf die einzelne Veranstaltung an. Als ein Beispiel seien die ungefähren Kosten für eine Turnierteilnahme genannt, wo man ohne weiteres DM 700,– bis 1.000,– für ein Wochenende loswerden kann, einschließlich Transport, Unterbringung für Pferd und Reiter, Startgelder usw. Natürlich kann man es auch billiger haben, wenn Freunde noch einen Hängerplatz frei haben und das Pferd kostenlos mitnehmen, wenn man im Zelt übernachtet und sich selbst verpflegt. Dann wird man für Teilnahmegelder (ca. DM 30,–/Prüfung), Zeltplatz etc. für ein Wochenende auf DM 200,– kommen.

PKW und Hänger

Wer Spaß an den Veranstaltungen gefunden hat und öfters Touren selbstständig plant, braucht einen Pferdetransporter und ein entsprechendes Zugfahrzeug. Heute gibt es Pferdehänger in allen möglichen Variationen: Vom ganz einfachen Zweierhänger aus Holz mit Planenverdeck über den aus gleichem Material gefertigten Viererhänger gibt es inzwischen auch Transporter aus Aluminium, Kunststoff, Alu-Holz gemischt, teilweise ganz geschlossen mit Belüftungseinrichtungen, mit eingebauter Sattelkammer und/oder einem Wohnteil. Je nach Größe kann man ihn für bis zu acht Pferden bekommen. Die Pferde stehen auf dem Hänger, wahlweise längs, quer oder auch diagonal zur Fahrtrichtung. Versuche ergaben zwar, dass man Pferde am besten rückwärts, also mit dem Kopf nach hinten transportiert; solche Hänger werden dagegen meines Wissens nach noch nicht angeboten.

Die Preise variieren bei dieser Vielfalt entsprechend stark, von DM 8.000,– für den einfachen Zweier bis zu über DM 30.000,– für einen Dreier oder Vierer mit Wohnkabine reicht die Spannbreite. Es bleibt dem Geschmack, der Nutzungsart und zuletzt dem Geldbeutel überlassen, für welches Modell man sich entscheidet.

Turniere werden nach ganz unterschiedlichen Gesichtspunkten ausgerichtet.

Zu der viel diskutierten Frage, wie denn die Pferde am liebsten auf dem Hänger stehen, nämlich längs oder quer, kann ich Ihnen aus meiner persönlichen Erfahrung berichten: Bei mehreren Fahrten mit dem Pferde-LKW, auf dem wir ganze Islandpferdeherden freistehend verluden (immerhin 15-20 Stück), standen die Pferde nach nur kurzer Fahrtstrecke entweder quer oder rückwärts zur Fahrtrichtung, die wenigsten mit dem Kopf nach vorn. Bei jenem Pferdehänger, in dem die Pferde quer aufgestellt wurden, hat man zudem noch den Vorteil des leichteren Be- und Entladens der Pferde, einfach, weil die Rampe und demzufolge die Luke wesentlich breiter und damit einladender sind.

Eine ausreichend lange Probefahrt, am besten mit dem eigenen Zugfahrzeug und beladenen Hänger (ein paar Zementsäcke tun's auch) sollte man durchführen und dabei durchaus kritische Fahrsituationen simulieren. Scharfes Bremsen und Fahren in Schlangenlinien legen die eventuell vorhandenen Schwächen des Fahrwerks offen. Auch sollte man ausprobieren, wie sich der leere Hänger von Hand rangieren lässt und ob er einigermaßen ausgewogen auf seinen Rädern steht; auch hier gibt es von Fabrikat zu Fabrikat ganz gravierende Unterschiede.

Nicht zuletzt muss man darauf achten, dass der Hänger auch zu den Ponys passt und zumindest umrüstbar ist. Die Trennwände oder Trennstangen sollten in der Höhe bis zur breitesten Stelle des Rumpfes reichen, ihre Abstände so passend gewählt werden, dass ein Pferd zwar nicht eingezwängt, aber doch im ruhigem Stand Berührung auf beiden Seiten hat; so stehen die Ponys während der Fahrt viel ruhiger, als wenn sie sich ständig ihre Stütze suchen müssen.

Ein Islandpferd wiegt etwa 350 bis 380 kg, ein leichter Zweipferdehänger ab 450 kg aufwärts; ein Zugfahrzeug der Mittelklasse hat 1200 bis 1300 kg gebremste Anhängerlast. Man kann also beispielsweise mit einem „Golf" zwei Islandpferde ziehen. Wer öfters mit einem Pferdehänger unterwegs ist, sollte sich aber überlegen, ob auf Dauer nicht ein besser geeignetes Fahrzeug angeschafft werden sollte. Auch ein PKW der Oberklasse macht bei 1500 bis 1800 kg Anhängelast Schluss, will man also mehr (oder mehr als zwei Ponys transportieren), kommt nur noch ein „Off-Roader", ein Jeep infrage...

Das alte Pferd

Mit diesem Thema ist – nicht nur beim Pferd – besonders sorgsam, besonders sensibel umzugehen; ist doch der Alterungsprozess zwar das natürlichste der Welt, so wird er aber trotzdem gern stiefmütterlich behandelt, wird häufig so getan, als wenn es das „Alter" gar nicht gäbe.

Dabei geht es – gerade auch in diesem Buch – eigentlich doch darum, wie man ein Pferd halten und reiten soll, damit es gesund bleibt und ein möglichst hohes Alter erreicht. Und gerade das Islandpferd ist schließlich bekannt dafür, dass es – relativ gesehen – ein sehr hohes Alter erreichen kann und dementsprechend auch sehr lange genutzt, also geritten werden kann.

Wann ist mein Pferd alt?

Man sagt allgemein, die Jahre von 12 bis 14 seien das beste Alter für ein Islandpferd. Die Ausbildung ist dann weitgehend abgeschlossen (was nicht heißt, dass es nicht mehr dazulernen kann), es hat genügend Erfahrung, es hat eine kolossale Grundkondition – immer vorausgesetzt, dass es dementsprechend gehalten und geritten worden ist. Man hat jetzt ein Pferd, mit dem man alles mitmachen kann, das man optimal „nutzen" kann. Diese „besten Pferdejahre" können andauern bis zu einem Alter, in dem andere Pferderassen schon längst in Rente gegangen sind; noch älter und somit noch länger reitbar sind in unseren Breiten meines Wissens nur die Shetlandponys.

Etwa ab 20 bis 25 Jahren beginnt man, dem Pferd das fortgeschrittene Alter anzusehen. Insgesamt wirkt es – bei gleichem Futterzustand – knochiger, am Kopf fallen vor allem die eingesunkenen Löcher über den Augen auf. Vor allem dunkelfarbige Pferde werden nach und nach deutlich, meist am Kopf beginnend, grau. Bei Ponys mit einseitig dicker, langer Mähne und ausgeprägtem Mähnenkamm (z. B. Hengsten) kann dieser allmählich, wegen Erschlaffung des Binde- und Fettgewebes, zur Seite umkippen. Um es deutlich zu sagen, ist dies nur der optisch auffällige Eindruck vom Äußeren des Pferdes; er hat noch lange nichts zu tun mit dessen Leistungsfähigkeit.

Vorausgesetzt das Pferd war bisher gesund, werden ihm vor allen Dingen die Verdauung und damit zusammenhängend der Stoffwechsel allmählich Probleme bereiten. Erste Anzeichen dafür können verzögerter oder lange dauernder Fellwechsel, vermehrter Futterbedarf und erhöhte Kolikgefahr sein. Auffallen kann zudem, dass das Pferd seltener liegt, es döst oder schläft vermehrt im Stehen.

Im Alter muss man diese Punkte einfach sorgfältig im Auge behalten, und auch die Finger häufiger über dessen Rippen fahren lassen. Denn hat das Pony erst einmal abgenommen, ist es um so schwerer wieder aufzufüttern. Alte Islandpferde scheinen weniger empfindlich gegenüber Eiweißüberschuss zu sein – vielleicht auch wegen dessen Verdaulichkeit. Man kann also mit weniger Bedenken Grünmehlpellets füttern, die, weil sie ja vorgemahlen sind, gut aufgenommen werden; oft sind sie, neben der Versorgung mit Vitaminen und Mineralien, das Mittel der Wahl, die alten Pferde in gutem Futterzustand zu halten. Der erhöhten Kolikgefahr kann man durch Beimischung von Öl oder Weizenkleie begegnen.

Bewegung und Beschäftigung

Nach meiner Erfahrung und Überzeugung ist der wichtigste Punkt, dass ein älter werdendes Pferd so viel wie möglich geritten werden sollte. Drei über 25-jährige Schulpferde in unseren Reitschulen, sowie etliche Pferde, die ich kenne oder gekannt habe, sprechen deutlich für diese Vorgehensweise. Auch Hengste und Stuten, die im Zuchteinsatz stehen, sollten zumindest den Winter über geritten werden; es ist die beste Garantie für ein hohes Alter.

Fällt der Einsatz als Reitpferd jedoch endgültig weg, muss man dem alten Pferd trotzdem ausreichend Bewegung und Beschäftigung bieten. Viele

Die besten Pferdejahre können andauern bis zu einem Alter, in dem andere Pferderassen schon längst in Rente gegangen sind.

Artgerechter Altenteil für Aska, 34 Jahre alt.

Kinder sind froh, wenn sie sich überhaupt um ein Pferd kümmern dürfen, das Reiten kommt häufig erst an zweiter oder dritter Stelle. Und so mancher „Senior"-Isländer wird die Pflege und Streicheleinheiten des kleinen Pflegers genießen. Vielleicht findet sich im Bekanntenkreis auch jemand, der ein Beistellpferd, ein Gesellschaftspony sucht. Wenn man sich davon überzeugt hat, dass die Haltungsbedingungen akzeptabel sind und man dort dem alten Pferd entsprechende Sorgfalt zukommen lässt, kann das durchaus eine gute Alternative sein.

Alte Pferde sind oft auch als „Erzieher" für die Absatzfohlen willkommen. Im Sommer kann das alte Pferd durchaus die Absetzer auf die Weide begleiten. Der erhöhte Futterbedarf der Fohlen kommt dem alternden Pony entgegen.

Der letzte Weg

Aber irgendwann kommt die Zeit, auch eine endgültige Entscheidung zu treffen. Selbst mit dem höchsten Aufwand und bester Pflege muss man entsprechende Anzeichen zur Kenntnis nehmen, evtl. einen Tierarzt zu Rate ziehen, vor allem wenn das Pferd inzwischen auch an schmerzhaften Verschleißerscheinungen leidet.

Ob man das Pferd nun selbst zum Schlachter begleitet, ob man dem Pferd die Aufregung des Transports ersparen möchte oder der Spritze den Vorzug geben möchte, muss man selbst entscheiden. Gute Freunde, die mit diesem Aspekt der Pferdehaltung schon Erfahrung gemacht haben, stehen einem sicherlich gern zur Seite. Auch wenn der Gedanke an dieser Stelle unpassend scheinen mag: Nach dem Abschied vom alten, treuen Gefährten wird bald der Gedanke an ein neues Pony folgen.

Ausblick

Viele Pferderassen sind in den letzten Jahrzehnten zu uns gekommen, haben uns neue Reitweisen beschert und vor allem das gesamte Spektrum unserer traditionellen Pferdehaltung nicht nur in Frage gestellt, sondern buchstäblich über den Haufen geworfen. Unter diesen anderen, neuen Pferderassen waren es – neben den Westernpferden – hauptsächlich die verschiedenen „Gangpferde", die Bewegung in unsere Denkweisen gebracht haben, allen voran die „kleinen-großen" Islandpferde, die ihren festen Platz in der Pferdewelt nicht nur behaupten, sondern ständig weiter ausbauen.

Die Gefahr, dass diese uralte Pferderasse bei uns zum reinen Sportobjekt verkommt, wie es ja auch bei den Warmblutpferden vorgemacht wurde, ist nicht von der Hand zu weisen. Wenn das vorliegende Buch etwas zu der Einsicht beiträgt, dass Sport mit Pferden aus der naturnahen Pferdehaltung durchaus in Einklang zu bringen und zum unverfälschtem Erhalt dieser Pferderasse geradezu zwingend geboten ist, ist schon sehr viel erreicht.

Es sind, allen voran, die kleinen-großen Islandpferde, die ihren festen Platz in der Pferdewelt nicht nur behaupten, sondern ständig weiter ausbauen.

Verzeichnisse

Danksagung

(in rein zufälliger Reihenfolge) an die Personen, ohne deren Hilfe es für mich sehr viel schwieriger gewesen wäre, dieses Buch fertigzustellen:

Ullu Becker: Sie hat tief in ihrem Archiv gegraben, um mir bei dem Kapitel „Abstammung" auf die Sprünge zu helfen.

Birgir „Biggi" Gunnarsson, der das ganze Manuskript sehr sorgfältig gelesen und mir zu unterschiedlichen Themen zusätzliche Hinweise und Tipps gegeben hat, ohne dabei meine eigenen Aussagen infrage zu stellen.

Wolfgang Kresse: Auf ihn geht nicht allein die Idee zurück, dieses Buch durch mich schreiben zu lassen, sondern er hat mich auch, mit viel Geduld, während der langen Zeit der Fertigstellung, telephonisch wie auch indirekt immer begleitet und ebenfalls das Manuskript – vor Abgabe bei dem Verlag – korrekturgelesen.

Dr Hans-Dieter Kolb: Er hat nicht nur Originalfotos aus Island beigesteuert, sondern auch und zuerst die Kapitel „Sommerekzem" und „Fahren" redigiert.

Meinem Tierarzt Norbert Hahn, welcher mich sehr bei der Abfassung des Kapitels „Krankheiten" unterstützt hat; nicht nur, was fachliche Sachverhalte angeht, sondern auch, wie sich die Dinge aus tierärztlicher Sicht darstellen.

Meiner Frau Jutta: Sie hat mich während einer schweren gesundheitlichen Krise immer wieder aufgebaut und meine darauffolgenden, ersten Schreibversuche mit nie endender Geduld in leserliche Form gebracht.

Zierenberg, im Januar 2000 Henning Struve

Literaturverzeichnis

Adalsteinsson, R, und Hampel, G.: Reynirs Islandpferdereitschule. Stuttgart 1998.

Amaral, A.: Junge Pferde selber schulen. München 1979.

Becher, R.: Erfolg mit Longe; Hilfszügel und Gebiss, Heidenheim 1970.

Becher, R.: Meines Pferdes erste Schritte, Berlin 1980.

Becher, R.: Natürliches Reiten, Ratschläge für Reiter und Reitlehrer, Heidenheim 1974.

Betriebswirtschaftslehre für Reitbetriebe, Reitvereine und Fahrvereine und Reit- und Fahrschulen. Warendorf 1983.

Bjarnason, G.: Hengstbuch II; Die Geschichte des Islandpferdes im 20. Jahrhundert, Einsiedeln (CH) 1983.

Freizeit im Sattel; Islandpferde auf dem Kontinent, „Das besondere Thema", Bonn.

Gogue, R.: Die Arbeit an der Longe. Berlin 1988.

Gold, M.: Der Pferdewirt. München 1991.

Habermann, W.: Besser Reiten in Praxis und Unterricht. München 1987.

Hempfling, K. F.: Mit Pferden tanzen. Stuttgart 1993.

Hickman, J.: Der richtige Hufbeschlag. München 1991.

Hölzel, P. und W.: Mentales Training für Reiter. Stuttgart 1995.

Isenbügel, E.: Das isländische Pony. Ein Beitrag zur Abstammung, Rassenkunde und Haltung. Zürich 1966.

Isenbügel, E.: Sprechstunde, „Das besondere Thema", aus „Freizeit im Sattel", Bonn.

Knopfhard, A.: Dressur von A-S. Berlin 1990.

Körber, H.-D.: Huf, Hufbeschlag, Hufkrankheiten. Stuttgart 1989.

Kresse, W.: Pferde halten und pflegen. Stuttgart 1985.

Kresse, W.: Reiten lernen. Stuttgart 1988.

Laur, H. P.: Das Fahrerabzeichen. Stuttgart 1980.

Löwe H. und Meyer, H.: Pferdezucht und Pferdefütterung. Stuttgart 1979.

Magnússon S. und Isenbügel, E.: Islandpferde. München 1993.

Meyer, H.: Das Erlebnis Reiten, Psychologie und Soziologie des Reitens. Köln 1982.

Morris, G. H.: Reit- und Springlehre, Zürich 1981.

Mortimer, M.: Reit-Lehrbuch, Leitfaden zur Schulungspraxis.

Müseler, W.: Reitlehre. Berlin 1981.

Pferdehaltung in Gruppen, Warendorf 1989.

Pirkelmann H.: Pferdeställe und Pferdehaltung. Stuttgart 1976.

Pläge, C.: Den richtigen Draht finden, Ratschläge zur Grundausbildung von Reitpferden. Mainz 1995.

Richtlinien für Reiten und Fahren, Band 1 – 4, Warendorf 1982.

Rostock, A.-K. und Feldmann, W.: Islandpferde Reitlehre. Bad Honnef 1986.

Schwörer-Haag, A. und T.: Gaedingar, die andere Reitlehre. Stuttgart 1991.

Stackelberg, H. von: Reiten, Ausbilden, Richten. Hamburg 1983.

Stern, H.: So verdient man sich die Sporen. Stuttgart 1980.

Trumler, E.: Pferdeleben. Osnabrück 1980.

Wiktorin, K.: Island ABC. Eichstätt 1997.

Xenophon: Über die Reitkunst, Der Reiteroberst. Exclusivausgabe für Cavallo, das Magazin für aktives Reiten.

Bildquellen

Bellinghausen, Dr. Wilfried, Königswinter: S. 57, 67.

Bernhardt, Udo, Langen: Umschlagrückseite, S. 82, 148/149.

Dethering-Schwoebel, Marianne, Rehburg-Loccum: S. 4, 37, 38, 56, 79, 98, 101, 109, 166.

Foto Hibbeln, Lohfelden: S. 121.

Guni & Streitferdt, Böblingen: S. 7, 19.

Horse Harmony, Angelika Schmelzer, Altrip: S. 36, 77, 83, 100, 112, 118, 128.

Kleine-Hegermann, Carmen, Reken: S. 23, 60.

Kolb, Dr. Dieter H., Saarbrücken: S. 27, 146, 147.

Ljösmyndasafn Reykjavik (IS): S. 17.

Slawik, Christiane, Würzburg: S. 41, 63, 68, 87, 91, 104, 108, 131, 165, 167.

Struve, Henning, Zierenberg: S. 21, 102, 133, 138, 152.

Tierfoto Sabine Stuewer, Darmstadt: Titelbild, S. 1, 6, 9, 11, 15, 16, 22 (2), 31, 33, 43, 45, 47, 52/53, 61, 69, 71, 73, 80, 85, 137, 142/143, 151, 155, 156, 159, 162, 169.

Wildlife Photo Report Dossenbach, Siblingen, CH: S. 2, 139.

Die Abbildungen S. 94 und 97 wurden uns freundlicherweise von der Firma Hermann Sprenger, Iserlohn zur Verfügung gestellt.

Die Zeichnung S. 61 stammt von Folke Lindenblatt, Windeck, die Zeichnung S. 95 von Renate Weiterschan, Sindelfingen. Alle übrigen Zeichnungen wurden nach Vorlagen des Autors von Siegfried Lokau, Bochum-Wattenscheid angefertigt.

Register

Absetzen 74
Abstand 141
Abstammungsnachweis 71
Abwechslung 131
Allergie 34, 43ff, 64, 95
Alter 40, 46, 164
Allrid 79ff
Anhängelast 163
Ankaufsuntersuchung 158
Anschnallgewicht 132
Anspannung 130
Arthrose 54
Atemfrequenz 63
Atmung 63ff
Aufrichtung 78, 97
Aufstallungsform 25
Aufzucht 2, 28, 44, 68
Ausbilder 98
Ausfluss 63
Auslauf 18ff, 25ff, 40, 50
Auslese 5ff, 13ff, 24, 64
– durch den Menschen 15ff
Ausschlagen 110
Ausschneiden 46

Ballentritt 58
Bedeckung 70ff
Befruchtung, künstliche 70
Behörde 46
Beinhaltung 102
Bewegung 46
Bewegungsapparat 44
Biestmilch 74
Blutlinie 70
Bodenarbeit 111, 138
Botulismus 35
Box 24ff, 40, 56, 160
Branchenbuch 105, 154
Bronchoskopie 63
Bügelhalfter 92

Calzium 39

Dämpfigkeit 64, 159
Dehnungshaltung 117
Desensibilisierung 44, 64
Distanzritt 117, 152
DIV 150

Doppellonge 112, 138, 145
Dreigänger 116
Dressur 79, 84, 119, 134ff
Dressurkandare 96
Drop-on-Lösung 67
Druckverband 58
Düngung 32
Durchgehen 126
Durchlässigkeit 96, 124, 132

Eigenblut 60
Eiweiß 30ff, 37
Embryo-Transfer 70
Endausscheidung 58
Entlastungssitz 119
Entspannung 130
Entzündung 30, 59ff, 158
Euter 74ff
Exerieurkunde 156

Fahren 145ff
FEIF 46, 75, 150
FEIF-Prüfung 46
Filz 38
Flehmen 60
Fohlenstarter 74
Folgeschäden 58
Freizeit (-reiter) 78ff
-turnier 152
Führkette 113
Fünfgänger 80, 115, 157

Galopp 119, 125ff
Galopprolle 77
Gangarten 115
Gebäude 76
Geburt 72
Gehorsam 79
Gelenke 54
Gelkissen 89
Gerte 113, 138
Gesäßknochen 100, 135
Gewicht 27
Gewichtshilfe 97
Gewichtsringe 133
Gewichtsverlagerung 102
Gewöhnungsphase 129
Glasurschicht 56
Glocken 119, 132
Gras s. Weide

Grassilage 34ff
Griffelbein 54
Großpferd 123
Gruppe 110
Gurt 89

Haarlinge 66
Hackschnitzel 25, 56
Hafer 37
Halfter (Reit-) 90
Hals 157
Haltung 18
Handschuhe 128
Handpferdereiten 80, 82
Harztropfen 72
Hauptmangel 59, 158
Hausturnier 153
Hebelwirkung 92, 95
Heißbeschlag 26
Hengst 16, 70ff, 75, 134
Herbstabtrieb 16
Herdenverband 44
Heu 34ff.
Hilfsmittel 133
Hilfszügel 114, 147
Hinterhand 112
Hohe Schule 128
Homöopathie 65
Horn 55
Horsemanship 80, 103
Huf 26, 55, 157
-beurteilung 77
-beschlag 26ff, 46
-schmied 1
-rehe 57
Husten 63ff

Infektion 56
Injektion 58
Insekten 42
Instinkt 131
IPO 107, 115, 133, 150, 152
IPZV 46, 75
Islandkandare 96

Jungpferd 18, 75ff, 156
Jungpferdebeurteilung 46

Kaffee 28
Kaufvertrag 158

Kimblewick 95
Kineton 92
Kleben 136
Klima 8
Knieaktion 122
Knochen 50ff
Körpersprache 113
Kolik 60
Kondition 28, 30, 46ff, 79, 132
Kontinuität 131
Kopf 157
-haltung 101ff
Kosten 159ff
Krankheit 40ff
Kreislauf 60
Kreuzgalopp 125
Kronsaum 58

Lahmheit 47, 51, 54, 78
Lammfell 88
Lastentransport 15
Lauffreude 16
Laufstall 23ff, 56
Lebensraum 18
Leber 30
Lederdecke 88
Legen 128
Lehrgang s. Reitkurse
Lernfähigkeit 106
Longe 113
Luft 40
Luwex 29

Materialprüfung 47
Matratze 56ff
Maul 102
Mineralstoff 38
Müsli 37
Mundstück 93
Muskulatur 48ff

Nachgeburt 74
Nenngeld 161
Note 76

Offenstall 21ff, 18, 56
Ovalbahn 144ff

Paddock s. Auslauf
Parade 102

Parasiten 65
Pelham 96
Pellets 36
Phosphor 39
Pilzbefall 65
Protein s. Eiweiß
Prototyp 10ff
Przewalskipferd 10

Rangordnung 108
Ration 39
Reinzucht 13
Reiteigenschaften 76
Reiterfahrung 103
Reithelm 98
Reitkurs 106, 161
Reitschule 103ff
Reittour 106
Reitunterricht 105, 161
Rennpass 76, 127ff
Renntölt 75
Respekt 74, 111
Rippe 30
Rippsitz 82, 86
Rittigkeit 11, 78, 81
Rosse 71ff
Rosstäuscher 154
Rücken 47ff, 157
Rundballen 34
Rundraufe 25

Sattel 48ff, 85
Satteldruck 48
Sattelunterlagen 83
Schale 54
Schaumstoffunterlage 86
Schenkelweichen 135ff
Schimmelpilz 34, 36
Schlachtpferd 16
Schritt 116ff
Schulterherein 136ff
Schulpferd 103
Schulung 140, 145
Schweifriemen 85ff
Schwitzen 60
Sehnen 46, 49
Selektion s. Auslese
Sitz 100
Smartjock 114
Sommerekzem 42ff
Sozialverhalten 15, 44
Späne 25
Spanischer Reiter s. Smartjock
Spannung 145
Spat 54
Speck 30
Spezialbeschlag 54
Spitzenpferd 78
Sporen 96
Sportturnier 153
Springkandare 95
Stall 18, 23
Stangengebiss 94
Steigbügel 88
Stethoskop 63
Stiefel 99
Stoßdämpfung 29
Straßenverkehr 139
Strickfang 59ff
Stroh 25, 35ff, 56
Sulky 147

Takt 27
Temperament 15, 78ff, 129, 145
Tempo 141
Tetanus 59
Therapie 54
Tölt 78, 82,120ff
Töltdistanz 153
Tölter 157
Trab 117
Trächtigkeit 72ff
Transporter 163
Trense 89
Tribulieren s. wechseln
Trittsicherheit 14
Tupfer (-bescheinigung) 71
Turnier 107
-richter 98

Überlastung 49
Urlaub 131

Veranstaltung 161
Verdauung 60
Verein 150
Verletzung 59
Versicherung 160
Verspannung 49
Viergänger 80, 115, 157
Vitamine 33ff, 38
Vollsitz 118
Vorfahren 10
Vorgurt 85, 87
Vorhandwendung 134

Wälzen 60
Wanderritt 152
Wasser 21, 32ff
Wassertrense 94
Wechselstreu 57
Weide 18, 40, 57
Weidepflege 32
Weiße Linie 58
Westernkandare 96
Wettkampfreiten 134
Wikinger 10
Wurmkur 40, 65

Zackeln 117
Zaun 20, 40
Zucht 68ff
Zuchtpferd 20, 46
Züchter 46
Zügel 82
Zuverlässigkeit 16

ALLES FÜR DEN OFFENSTALL
Rund- und Großballenfütterer mit Palisadenfreßgittern für Pferde. 2 x 2 m oder 2 x 2,8 m mit 12 oder 14 Freßplätzen.
Die frostsichere Nelson-Tränke, elektrisch beheizt. Komplett mit thermostatgeregelter Heizung und Transformator.
Pferdeboxen und Paddocks aus Panels, als mobile Einrichtung für Wettbewerbe, als semipermanente Einbauten zur sicheren und artgerechten Unterbringung von Pferden.
TEXAS TRADING
Landsberger Straße 33 • D-86949 Windach
Telefon 0 81 93/93 13-0 • Fax 0 81 93/63 47
Internet: www.texas-trading.de

DIE NEUE LÖSUNG
Pferde können beim Transport am besten im 45° Winkel auf das Anfahren und Bremsen sowie auf die Fliehkraft in den Kurven reagieren.
Unsere Anhänger sind Spitzenmodelle: Unverwechselbares Äußeres mit einem Maximum an Verarbeitung und innovativer Komfortausstattung.
Mehr Informationen erhalten Sie bei Ihrem BÖCKMANN-Händler oder bei GÆDINGAR GROUP. Rufen Sie uns an!
BÖCKMANN
BÖCKMANN FAHRZEUGWERKE GMBH
49688 LASTRUP · TELEFON 04472/8950
http://www.boeckmann.com
GÆDINGAR GROUP
49086 OSNABRÜCK · TELEFON 05406/3059
http://www.gaedingar-group.de

Mehr zum Thema.

Der Trend der selbständigen Weiterbildung von Reiter und Pferd nimmt immer mehr zu. Doch in vielen Büchern bleibt der wichtige Bereich der passenden Ausrüstung ausgespart. Da aber viele Probleme aus der Wahl der falschen oder nicht passenden Ausrüstung resultieren, befaßt sich dieses Buch ausführlich mit diesem Thema. Es ist als Leitfaden durch den schier unüberschaubaren Wald der Ausrüstungsgegenstände konzipiert. So wird das große Angebot an unterschiedlichsten Gebissen, Zäumungen, Hilfszügeln und Sätteln so umfassend beschrieben, damit sich der Leser ein Bild davon machen kann, wie er die Ausrüstung als positive Unterstützung in seine Arbeit mit dem Pferd einbeziehen kann.

Gebisse, Zäume, Sättel Die richtige Ausrüstung für Pferde und Ponys. Andrea von Borries. 1998. 126 Seiten, 72 Farbfotos, 20 Zeichnungen. ISBN 3-8001-7389-1.

Mehr zum Thema.

Pferdebesitzer bemühen sich in der Regel besonders intensiv um die Gesundheit ihrer Tiere. Dieses Buch vermittelt das Basiswissen, um Krankheiten erkennen und einschätzen zu lernen. Wichtige Fachbegriffe werden erläutert, damit Mißverständnisse zwischen Tierarzt und Tierhalter vermieden werden.

Aus dem Inhalt: Ernährung. Anatomie des Pferdes. Erkrankungen des Atmungsapparates, von Herz, Kreislauf und Blutgefäßen. Erkrankungen des Verdauungsapparates. Stoffwechselkrankheiten: Leber und Niere. Erkrankungen des Bewegungsapparates. Hauterkrankungen. Infektionskrankheiten. Vergiftungen. Töten und Tierkörperbeseitigung. Notfallapotheke und Erstversorgung.

Pferdekrankheiten. Dr. med. vet. W. Bellinghausen, Prof. Dr. H. Woernle (Hrsg.). 2.Auflage 1996. 127 Seiten, 80 Farbfotos. ISBN 3-8001-7350-6.